古代歷史文化 研究輯刊

二一編

王明蓀 主編

第 25 冊

清朝中前期正式法律淵源研究（1644～1840）

于之倫 著

國家圖書館出版品預行編目資料

清朝中前期正式法律淵源研究（1644～1840）／于之倫 著—
初版— 新北市：花木蘭文化事業有限公司，2019〔民108〕
目 4+228 面；19×26 公分
（古代歷史文化研究輯刊 二一編：第 25 冊）
ISBN 978-986-485-743-2（精裝）
1. 法制史 2. 清代
618   108001543

ISBN-978-986-485-743-2

古代歷史文化研究輯刊
二一編　第二五冊　　　　　　　ISBN：978-986-485-743-2

清朝中前期正式法律淵源研究（1644～1840）

作　　者　于之倫
主　　編　王明蓀
總 編 輯　杜潔祥
副總編輯　楊嘉樂
編　　輯　許郁翎、王筑　美術編輯　陳逸婷
出　　版　花木蘭文化事業有限公司
發 行 人　高小娟
聯絡地址　235 新北市中和區中安街七二號十三樓
　　　　　電話：02-2923-1455／傳真：02-2923-1452
網　　址　http://www.huamulan.tw 信箱 hml 810518@gmail.com
印　　刷　普羅文化出版廣告事業
初　　版　2019 年 3 月
全書字數　205408 字
定　　價　二一編 49 冊（精裝）台幣 122,000 元　　版權所有·請勿翻印

清朝中前期正式法律淵源研究（1644～1840）

于之倫 著

作者簡介

于之倫，1982 年生，遼寧營口人，法學博士，2011 年畢業於中國人民大學，長期從事法理學和法律史研究。

提　　要

　　本文關注的是清朝中前期正式法律淵源問題。清朝作爲中國歷史上最後一個封建王朝，其諸多制度在中國歷史發展進程中都達到了巔峰。本文力圖通過考察清朝中前期正式法律淵源進而探究中國傳統法制內在規律，透過籠罩在法律之上的層層迷霧去發掘中國傳統法制的正式法律淵源。從歷史考察視角來看，清朝中前期正式法律淵源可以分爲律、則例和通行。從西方法學理論視角來看，清朝中前期法律不僅有制定法而且有判例法。兩個結論並不矛盾，它們分別從不同維度反映了清朝中前期正式法律淵源。滿清入關至清末修律之間，清廷主要頒佈過三部律例，三部律例中都包含著制定法和判例法成分。清廷又頒佈了大量則例和通行，則例、通行同律例一樣，也是制定法和判例法的混合體，其內部也包含了大量的制定法和判例法內容。清朝法律淵源可以劃分爲制定法和判例法的根本原因在於皇權的崇高地位，皇權是一個融合了各種最高權力於一體的權力，其包含了最高立法權、最高司法權、最高行政權、最高決定權等一系列終極權力。以清朝中前期正式法律淵源爲鑰匙，在一定程度上可以理解清末修律的曲折之路以及清末修律選擇大陸法系道路的內在邏輯。清朝法制狀況體現了中華法系和大陸法系在中國的分野。

目次

導　論

0.1 問題之緣起：攝政王的改判

　　順治四年八月初六日，天氣悶熱，江南松江府華亭縣境內一條小河中，肩挑腳夫沈壽和報船水手顧小二一同浸在水中，享受沐浴之清涼。閒來無事，二人拍水戲爭。顧小二在和沈壽的戲水中敗下陣來，同船水手朱和尚於船內聽到顧小二受人欺負的聲音，立即從船內躍入水中為顧小二助陣。同船水手徐大二也聽到顧小二受欺負，但是他沒有作出任何反應。面對朱和尚的出頭，徐大二既沒有參與，又沒有制止。朱和尚在水中先用拳頭擊打，後用纖板揮打，致使沈壽當場被打死。就這樣，朱和尚攤上人命官司了。

　　當場就有人報知在官總甲龐山，龐山在拿獲一干人犯和證人之後，將其一併交給另一在官總甲夏顧，同時將口供等呈報給華亭縣令潘知縣。潘知縣派出劉主簿驗屍。在驗屍報告和相關證據基礎上，潘知縣經過審理，依據大清律作出裁決，「朱和尚以同謀共毆人致死判處絞刑，顧小二以原謀判處徒刑，徐大二依餘人律判處杖刑」，並將初審結果呈報松江府林知府。林知府在複審之後，同意潘知縣處理結果，並將該結果呈報巡按察院梁禦史。梁禦史會同道府刑官逐一會審後，一致認為朱和尚應判處絞刑，並將結果呈報蘇松道兵備副使金一鳳。

　　金副使複審後，作出裁決，「朱和尚以同謀共毆人致人死亡，並以致死傷為重下手者，按律當絞；顧小二則作為原謀者依律杖一百徒三年；徐大二依

餘人律杖一百。」金副使與巡撫江寧等處地方都察院右僉都御史周伯達會審，認爲「朱和尚本係無賴，拳打械鬥致使沈壽身死，判處絞刑抵命，顧小二和徐大二分別判處杖刑，並呈報刑部。」經過如此程序，該案件就逐級遞交到地處北京的刑部。

順治五年五月十二日，多爾袞下聖旨，命三法司核擬具奏本案。刑部啓心郎會同刑部湖廣司郎中覆核該案，均沒有異議。這樣一來，刑部與都察院、大理寺共同會審作出最終判決，「朱和尚判處絞監候，顧小二責二十板，徐大二責十板。」

順治五年七月二十四日，刑部尚書黨崇雅、刑部左侍郎阿拉善等人以刑部名義向皇帝遞交題本，將三法司處理結果奏報皇帝，恭請聖裁。朱和尚案即將履行的是司法程序中的最後一步，由皇帝欽定罪犯死刑。至此，朱和尚一案算是走完了一套完整的司法審判程序，由下面的圖到縣、由縣到府、由府到省、由省到部、經三法司會審、最終上報到最高審判者——皇帝。

從初審、複審、會審、終審等程序的裁決內容比較來看，不同裁決出入並不大，主犯朱和尚都是被判處絞監候。這是因爲一年前頒佈的《大清律集解附例》中《刑律·人命》門下「鬥毆及故殺人」這一律文具體內容就是這樣規定的，如果所有法官適用該條法律，必然作出同樣判決。到此也可以看出清朝從中央到地方各級執法部門在具體執法裁判時都要適用國家頒佈的正式法律，執法官員不能按照自己想法隨意作出判決。

如果一切都按法定程序進行，朱和尚避免不了絞監候的結局。這一時期的清王朝，順治帝沒有親政，一切都由「大清皇父攝政王」——多爾袞全權負責。多爾袞在這一天受理了很多題本，對於其他刑科題本處理結果基本同意，然而多爾袞沒有採納這一題本處理結果，反而將其改判爲「朱和尚姑責四十板，賠人一名，餘依議。」

這一改判結果完全出人意料，既然國家已經頒佈了《大清律集解附例》，那麼多爾袞爲什麼改判，他爲什麼能夠改判，這一改判將會造成什麼樣的影響？多爾袞改判結果和現行法律規定之間出現了衝突，各級執法官員在以後具體案件處理過程中將依據何種法律內容進行審判，遵循多爾袞的改判抑或依據現行法律規定？

0.2 研究範圍

0.2.1 清朝中前期之選定

　　清朝是中國歷史上一個比較特殊的王朝。1616 年努爾哈赤於赫圖阿拉建立後金政權，此時的政權尚處東北一隅。1635 年，皇太極得到傳國玉璽，於第二年正式改國號爲清，建元崇德，定都盛京。清朝的正式建國時間是 1636 年，如果將其前身——後金也算上的話，最早可以推到 1616 年。1644 年，多爾袞率軍入山海關，滿洲人從白山黑水來到了中原大地，建立了全國範圍政權，藉此機會，清朝正式取代了明朝的歷史地位，從此成爲承繼中華民族法統的王朝。這開啓了一個全新時代，更開創了一個空前帝國。1840 年鴉片戰爭打碎了滿清天朝上國夢，中國開始淪爲半殖民地半封建社會，也正是從此刻開始，中外之間的交流日益密切與頻繁，只是形式和結果有些慘不忍睹。1912 年 2 月 12 日，宣統皇帝遜位，滿清王朝終結。對於清朝來說，可以分成三個重要時段，第一個時段是從 1616 年至 1644 年，這一時期的統治區域只局限於東北，國家經濟方式以牧獵爲主。第二個時段是從 1644 年至 1840 年，這一時期的清朝開疆擴土，國力逐漸達到鼎盛，構建了一個疆域龐大的帝國，將中國封建社會推到極致。第三個時段是從 1840 年至 1912 年，這一時期的清朝飽受蹂躪，大片疆土割讓，逐漸淪爲半殖民地半封建社會。

　　本文所選定的時段是 1644 年至 1840 年的清朝。因爲第一個時段，即 1616 年至 1644 年，時間很短，更爲重要的是，後金或清朝統治區域只局限於東北，未承繼中華法統，不具有代表性。從時間長度來看，第二個時段是清朝的中前期。這一時期的清朝沒有受到任何外在侵擾和影響，其獨立發展達到頂峰。清朝在這一時期創造的制度成果，是中國傳統社會各項制度發展達到巔峰的集中表現。這一時段的制度成果對第三個階段（1840 年至 1912 年），即清朝淪爲半殖民地半封建社會後的制度發展，有著巨大的慣性影響。

0.2.2 清朝中前期正式法律淵源之選定

　　清朝入關後頒佈的第一部具有權威效力的法律文件是《大清律集解附例》，這是多爾袞的傑作。這部律例作爲清朝入關之後頒佈的首部成文法典，連接了明清兩朝法律體系。中國在歷史上是一個有著成文法傳統的國家，清朝這一舉措進一步延續了中國傳統法制血脈。

公元前 536 年，鄭國執政子產命令把鄭國的法律條文鑄到鼎上，公佈於眾。通常將歷史上這一事件作為中國成文法開始的標誌。從這開始，中國歷朝歷代基本都頒佈過成文法，但是中國古代法律能夠完整保留下來的尚屬少數，一般以唐律為現存最早法典。從唐開始，歷代王朝也都頒佈了成文法典，如宋之《宋刑統》、元之《大元通制》、明之《大明律》等。這些都是目前可以找到的法典。清承明制，清初即頒佈了《大清律集解附例》，這一律例內容基本是仿造明朝的《大明律集解附例》而成。清朝這一做法承接了中華法系成文法典傳統，實現了中國傳統法律文化的延續。

《大清律集解附例》作為多爾袞傑作，為什麼在已經頒行全國的情況下，多爾袞還要作出如此改判呢，多爾袞改判真實原因是什麼呢，這一改判會造成什麼樣後果呢？正因為改判結果與現行法律規定之間產生了張力，清朝各級執法官員在日後此類案件審理過程中到底依據何種法律淵源呢，是依據《大清律集解附例》原文內容還是遵循多爾袞改判內容呢？

清朝正式法律淵源是一個動態概念。1644 年之前，滿洲雄踞東北一隅。清朝統治下的各民族基本處於牧獵生活狀態，這一時期頒佈的法律規範不同於儒家學說影響下的中國傳統法律，基本談不上以禮為本、禮法結合。1644 年入關之後，滿洲生產生活方式發生了根本變化，逐漸由游牧狀態轉向農耕狀態。他們在文化領域內廣泛學習中原文化，在政治制度上借鑒明朝政府統治模式，開始採用科舉制等中原王朝特色方式進行統治。中國傳統制度在清代發展達到了一個巔峰，清朝也是中國傳統法律制度最為完備的一個朝代。從《唐律疏議》到《大清律例》，中國傳統法制正是借助於每一部律例的頒佈和纂修，逐漸發展並完善。1840 年，英國發動鴉片戰爭。戰爭的慘敗引發了中國社會全方位變革，清政府也開始捲入世界體系，中國傳統法制獨立自主發展開始全面瓦解，中國逐漸淪為半殖民地半封建社會。1902 年，以慈禧太后為首的清政府領導人任命沈家本和伍廷芳為修律大臣，著手開展清末修律工作。這一時期的清政府逐步拋棄中國傳統法制，開始取道現代法律發展之路。

由此可見，清王朝法制發展主要歷經了三個發展階段，如果算上後金政權存在的時間，這三個階段的具體時間可以劃分為，第一個階段為 1616 年至 1644 年；第二個階段為 1644 年至 1902 年；第三個階段為 1902 年至 1912 年。三個階段發展差異既體現了一個少數民族被納入中國傳統的過程，又反映了

在西風東漸過程中，中國傳統文化節節敗退的狀況。這正近似中國幾千年傳統發展的一個縮影，體現了我們民族怎樣建立起影響世界的文明古國，又通過何種方式被納入所謂的西方現代化進程。有學者認為，「晚清修律的主要成果不是十年之功，而是幾十年輸入西方法文化的積累；也不是沈家本一人之力，而是自林則徐、魏源以來幾代人的努力」〔註1〕。1840 年爆發的鴉片戰爭打開了清政府多處通商口岸，這一事件影響深遠。在法律領域內，一個更重要的標誌是，1839 年兩廣總督林則徐著手組織翻譯《滑達爾各國律例》，這標誌著近代國際法思想開始傳入中國。

近些年隨著清史纂修工程逐漸開展，大量古籍文獻得到重視，而就現有學術成果來看，研究工作遠遠不夠。正是基於這樣的原因，筆者選擇了清朝中前期正式法律淵源作為研究對象，本文所涉及的正式法律淵源體系存續時間為清朝中前期，即 1644 年至 1840 年。

0.3 研究綜述

在本文中，法律淵源和清朝中前期法律是兩個不同命題，前者屬於傳統法理學研究範疇，後者屬於傳統法律史研究範疇。

目前來看，對清代法律問題進行深入研究的國內外學者主要分佈於中國大陸、中國臺灣地區、美國、日本等處。中國大陸研究成果最為豐富，專門研究清代法律的著作主要有鄭秦教授的《清代法律制度研究》、蘇亦工研究員的《明清律典與條例》、何勤華教授的《清代法律淵源考》等。中國臺灣地區主要有陶希聖教授的《明清政治制度》和《清代州縣衙門刑事審判制度及程序》，以及張偉仁研究員的《清代法制研究》等。美國主要以黃宗智教授成果為代表，翻譯成中文的主要有《清代的法律、社會與文化：民法的表達與實踐》、《法典、習俗與司法實踐：清代與民國的比較》等。日本在傳統中國研究方面做出了很多具有開創意義的貢獻，他們在清代法律研究領域也取得了豐碩成果，主要代表有淺井虎夫及其著作《中國法典編纂沿革史》，此書將中國歷史上所有朝代法典編纂的歷史沿革進行了研究，資料翔實，令人歎為觀止。瀧川政次郎、仁井田陞、島田正郎、滋賀秀三、寺田浩明等日本學者也

〔註1〕 張晉藩：《中國法律的傳統與近代轉型》，北京：法律出版社，2005 年版，第 406 頁。

都是研究清代法律問題的專家，他們做出了大量的有意義的成果。

針對清代法律淵源進行專題研究的著作主要有：一是何勤華教授的《清代法律淵源考》（《中國社會科學》2001 年第 2 期），此文主要利用《刑案匯覽》等資料，從判決出發對清代法律淵源進行了考證。全文第一部分是針對律和例的適用情況進行考證，第二部分是對習慣法和判例法的適用情況進行考證，第三部分是對律、例、習慣法和判例所未能顧及的領域進行考證。文章得出的結論是情理在其中發揮了很大作用，作者認爲律學著作也是審判機關適用的法律淵源。此文重點論述了律、例、習慣法、判例法、情理和律學著作作爲法律淵源。就全篇文章來說，筆者認爲其具有很強開創性，從司法視角將一個法理學命題和一個法史學觀察緊密結合在一起，作者運用了大量古籍文獻內容，從原始資料出發去探究清代法律淵源，這樣的做法避免了道聽途說，有利於正本清源，突出地反映了作者的智慧和能力。該文章無論是論點還是研究路徑，都給予筆者很大啓發，是本文寫作的重點借鑒成果。

另一篇關於清代法律淵源研究的論文是熊命輝副教授的《論清末法律淵源》（《湘南學院學報》2004 年 12 月第 6 期）。此文分爲兩部分，一部分將清末法律改革之前的法律淵源分爲正式淵源和非正式淵源。另一部分從憲法、法律法規方面對清末法律改革後的法律形式進行了分析，闡釋了作者對清末法律改革失敗的看法。文章對於律、例、會典、民族性法規、地方立法、條約等正式淵源，以及習慣、成案與斷例、法律解釋等非正式淵源進行了深入分析，通過寥寥數語就將一個混亂局面表述清楚，充分展示了作者的能力，以及對清末法律淵源的把握程度。

黃宗智教授在他的一系列著作中，也對清代法律淵源有所涉及。他重點研究對象是「1760 年至 1850 年間四川巴縣的檔案，1810 年至 1900 年間河北寶坻縣的檔案，以及 1830 年至 1890 年間臺灣淡水分府與新竹縣的檔案」〔註2〕。這些基層原始檔案都眞實地反映了清代州縣官在法律適用方面的具體作爲。作者嫻熟地運用原始檔案技術開創了一個全新研究路徑，這爲後來學者研究工作指引了新的方向。

此外，關於清代習慣法這一論題，大陸也有諸多著作，重點有以下三部作品：一是朱勇教授的《清代宗族法研究》。朱勇教授在書中詳細論述了清代

〔註2〕 黃宗智：《清代的法律、社會與文化：民法的表達與實踐》，上海：上海書店出版社，2007 年版，第 3 頁。

宗族法的基本內容，清代宗族法的制定與執行，清代宗族法的社會作用，以及清代宗族法和國家法律之間的關係等內容。二是梁治平教授的《清代習慣法：社會與國家》。梁治平教授在書中從民間法的法律社會學角度探討了清朝習慣法的起源，習慣法中的婚姻、典當、土地交易等具體制度，以及習慣法與國家法、習慣法與社會等內容。這些內容爲後來學者研究清朝習慣法指引了一條新的路徑。三是南京師範大學李力教授的博士論文《清代民間契約中的法律——民事習慣法視角下的理論建構》。李力教授選擇了清代民間契約作爲研究對象，該論文致力於挖掘民間契約中所蘊含的民事習慣和習慣法，將中國古代民法的研究視角從官方成文法轉向民間習慣法，進而理解和把握中華法系的民法傳統。這篇文章於 2005 年被評爲全國百篇優秀博士論文，這一獎項完全可以反映作者的才智。上述著作從民間法視角都對清代習慣法進行了重點研究，每部著作側重點有所不同，都爲後來學者深入研究工作奠定了很高的學術基礎。

除了上述著作和文章，還有一系列著作對清代法律淵源有過深入研究，比如鄭秦教授《清代法律制度研究》中就有很多文章是關於清律的具體考證，蘇亦工研究員《明清律典與條例》的緒篇、上篇和中篇都是對清代法律形式淵源的深入研究。這些成果具有很強開創性，都體現了作者的智慧和汗水。

0.4 路徑與概念

0.4.1 研究路徑

正如日本學者滋賀秀三教授在《清代訴訟制度之民事法源的概括性考察——情、理、法》一文中所說的，中國法律史法律淵源理論研究路徑共有兩條：一條是法典編纂沿革問題；一條是著眼於現實訴訟場景，通過分析審判事例，揭示什麼被作爲審判的依據。〔註3〕其中，後一條研究路徑已經爲很多學者所重視，並且取得了比較多成果。這些成果具有很強開創性，繼續研究下去難度很大。相比較來說，雖然法典編纂沿革問題很早就受到關注，但是

〔註3〕 參見〔日〕滋賀秀三：「清代訴訟制度之民事法源的概括性考察——情、理、法」，載《明清時期的民事審判與民間契約》，北京：法律出版社，1998 年版，第 19 頁。

「這個方面也仍有無數應做而未做之事」〔註4〕。

筆者願意利用此次寫作機會，從滋賀秀三教授所指出的法典編纂沿革角度來探究清朝中前期正式法律淵源，希望能運用法學理論專業知識深入法律史領域，為清代法律研究做出一點貢獻。現有著作成果大多是從全局高度來論述中國傳統法制內容和特點，是一種宏觀把握，很少以單一朝代法律體系和內容特點來分析中國傳統法制。那些關於清代法律淵源的研究著述大多數是從訴訟場景和司法領域角度進行系統論述，較少有專門著作從清朝中央立法角度論述法律淵源。本文力圖對清朝中前期正式法律淵源進行梳理，以具體形式為線索，充分探討清朝中前期正式法律淵源及其與制定法、判例法之間關係，力圖探求中國傳統法制發展深層次規律。

0.4.2 研究概念

本文所採用的法律淵源理論，主要借鑒的是中國人民大學法學院法理教研室集體智慧成果《法理學》教材中的概念，即「法律淵源的研究通常包括兩個方面的問題：一是法律規範的創制機關、創制權限和創制方法（如制定、認可等），即哪些國家機關可以在什麼領域內以何種方式創製法律規範；二是法律規範有哪些表現形式，不同形式規範之間的效力關係如何」〔註5〕。這一概念不但體現了法律淵源理論的一般性理解，而且是從國家立法的法典編纂角度來具體闡述法律淵源理論。在本文中，筆者將從這兩個角度對清朝中前期正式法律淵源進行交叉分析，從創制和表現形式角度來論述清朝中前期正式法律淵源的獨特性。從法律淵源理論二重角度來看，第一個角度是站在傳統法理學角度，是從法律規範創制機關、創制權限和創制方法的角度對法律進行抽象分析，從效力來源方面揭示法律具體淵源；第二個角度則是站在史學角度，以歷史實證考據方法，研究清朝中前期正式法律淵源。清朝中前期正式法律淵源作為曾經的存在，就站在歷史的角落，它不會因為我們的忽視而消失。在本文中，筆者力求從考證角度，真實地再現清朝中前期正式法律淵源。

〔註4〕 〔日〕滋賀秀三：「清代訴訟制度之民事法源的概括性考察——情、理、法」，載《明清時期的民事審判與民間契約》，北京：法律出版社，1998 年版，第19頁。

〔註5〕 朱景文：《法理學》，北京：中國人民大學出版社，2008 年版，第328頁。

0.5 資料與方法

　　筆者選擇清朝中前期正式法律淵源作爲研究的出發點，優勢在於清朝作爲傳統中國最後一個封建王朝，正式退出歷史舞臺剛滿百年，去今未遠。國家清史纂修工程啓動以來，整理了大量清朝歷史檔案資料，這些資料陸續向公眾開放，許多曾經備受冷落的文獻資料越來越爲專家學者所重視。就目前來看，法典編纂沿革領域內的現有研究成果稍顯遜色，筆者希望能夠通過自己的努力，爲這一問題研究成果增加一抹亮色。

　　本文寫作過程充分借助了國家纂修清史工程機會，使用了大量一手材料。文中所使用的古籍、善本、膠片、資料、檔案和材料主要收藏於國家清史編纂委員會、中國國家圖書館、中國第一歷史檔案館、中國人民大學圖書館、北京大學圖書館等處。

　　筆者自修滿文，主要用於校對古籍中存在的歧義之處，本文撰寫工作部分參考了國家圖書館收藏的滿文文獻。滿文作爲清朝官方語言，滿文文獻成爲了諸多史料載體，因爲滿洲統治地位，很多資料是先有滿文，後才翻譯成漢文。從第一歷史檔案館館藏資料來看，清朝皇帝在很多漢文題本和奏摺上的批示是以滿文形式表達的，這充分體現了滿洲是一個具有很強獨立性的民族，他們接受漢化程度相對緩慢。在本文資料收集和分析過程中，筆者將滿文資料和漢文資料對比利用，解決了一些表面看來不易清楚的問題。正是從檔案資料出發，筆者力圖勾勒出清王朝中前期中央立法全貌，進而探尋正式法律淵源發展的內在規律。

　　「一時代之學術，必有其新材料與新問題。取用此材料，以研求問題，則爲此時代學術之新潮流。治學之士，得預於此潮流者，謂之預流。其未得預者，謂之未入流。此古今學術史之通義，非彼閉門造車之徒，所能同喻者也。」〔註6〕寅恪先生這段話一直影響著筆者。本書寫作工作正逢盛世修史之際，筆者盡自己最大努力發掘清史纂修過程中出現的新資料，重點研究過去並沒有被學術界所重視的史料。清史編纂工程使得筆者深刻認識到，雖然前輩學人在清朝中前期中央立法方面的研究工作已經取得了很大成績，但是傳統研究大多局限於律例領域，沒有將法律研究擴大到這一時期全部法律內容。究其原因，可能與學界認識有關，清朝諸多法律中，只有律例和普通百

〔註6〕　陳寅恪：「陳垣燉煌刼餘錄序」，載《金明館叢稿二編》，北京：三聯書店，2001年版，第266頁。

姓聯繫最爲緊密，也只有刑部才是專業審判機關，律例基本內容主要由刑部及地方各級問刑衙門具體運用，這樣一來，眼界更容易局限於律例範圍。清政府由諸多機關組成，在中央國家機關中，刑部確實主要行使審判職能，但是能夠行使審判職能的機關卻不只有刑部，理藩院和宗人府也享有審判職能，理藩院是處理蒙古族、藏族等少數民族案件的機關，宗人府是負責處理宗族事務的機關，它們管轄範圍內的事務，刑部不能插手。文官議處議敘工作由吏部負責辦理，武將議處議敘工作由兵部負責辦理，這些工作刑部也不能插手。筆者在本文中力圖打破原有框架壁壘，採用一種大審判方式的廣闊視角，將研究內容努力擴大到清政府頒佈的所有法律法規。

本文中，筆者採取的是一種法學和史學緊密聯繫的交叉研究方法。筆者努力將馬克思主義法學和馬克思主義史學緊密結合起來，探究清朝中前期正式法律淵源。在具體分析中，以法學理論知識爲基礎，通過運用史學考證方法對清朝中前期正式法律淵源進行系統性研究。本文運用了馬克思主義法學中的法律與國家權力緊密結合視角以及傳統分析法學的法律淵源研究路徑對清朝中央政府頒佈的法律進行系統性研究，力圖勾勒出清朝中前期正式法律淵源的法理圖景。

0.6 創新與不足

本文創新之處主要體現在論點和論據兩個方面：

從論點角度來說，本文選取清朝中前期正式法律淵源作爲研究對象，運用史學考證方法，證明清朝中前期正式法律淵源是一個制定法和判例法的混合體，這種混合對清末修律選擇大陸法系 [註7] 制定法有一定影響。雖然有學

〔註7〕 大陸法系和英美法系之間不存在嚴格的對應關係。大陸法系和海洋法系相對應，而英美法系和羅馬法系相對應。英美法系，最初只是英國法系而已，美國是後加入的。隨著國家實力的增強，美國逐漸取得世界霸主地位，世界影響力日益擴大，英國在這一時期則處於衰落態勢，這樣一來，英國法系這一名稱逐漸被英美法系所代替。反觀羅馬法系，法德等國繼受了羅馬法，分別制定了以民法典爲代表的系列法典。就民法典來說，法國和德國繼受的側重點有所不同，前者側重於法學階梯，後者側重於學說匯纂。相對於法國和德國位處歐洲大陸，雄踞英倫三島的英國則是一個島國，可以說是海洋上的國家，所以英國法系也稱爲海洋法系。相對於羅馬法系，大陸法系的稱呼更頻繁，而英美法系也相對於海洋法系更通俗。所以在本文中，筆者分別稱其爲大陸法系和英美法系。

者提出清朝法律淵源是一種制定法和判例法的結合體，其中律是指制定法而例是指判例法。這一說法在某種程度上只是一個口號，幾乎沒有學者採用考證方法予以證明，本文是對這一口號的回應。經過筆者考證，事實是清朝中前期正式法律淵源的律、則例和通行中都有制定法內容和判例法內容。這是本文創新之所在。

從論據角度來說，本文重點選取的是清朝中前期中央立法資料，是中國大陸少數直接運用原始文本檔案資料證明論點的文章之一。中國大陸其他運用原始檔案的著作大多是從司法裁判角度進行研究，很少從立法角度專門研究清朝中前期正式法律淵源。筆者親赴各大圖書館和檔案館查詢古籍善本資料，在文中進行對比研究。本文無論從論點角度還是從論據角度都有一定創新性。

本文不足之處在於，筆者參考的某些資料是國內現存孤本，無法進行對比研究，比如中國國家圖書館藏《刑部現行則例》除了對比《古今圖書集成》中收錄部分以外，沒有其他版本可以參照。文中收錄《中樞政考》版本之外，可能尚存其他版本，如王鍾翰先生在《清代各部署則例經眼錄》中提到的雍正十三年版《中樞政考》，筆者尚無緣見到。如以後發現其他版本，很多內容可能需要進一步論證。此外，美國和日本等地有一些資料和著作，現行條件下無法搜集。

總之，由於清朝的一些文獻資料已經散佚，筆者目前在論據方面無法得到更多資料補充，論證過程多受掣肘。但就論點和論據來說，相關材料的缺乏並不影響結論的成立。

第 1 章　他山之石：正式法律淵源的一般理論

　　對清朝中前期法律淵源問題的研究必然要涉及到法律淵源理論。法律淵源理論是傳統法理學的基本理論。英國功利主義法學創始人傑里米・邊沁就認為法律淵源「必然被認為是某個國家內主權者的意志」〔註1〕，邊沁的這一思想影響了許多學者。

1.1 法律淵源理論之研究現狀概述

　　1861 年，英國學者約翰・奧斯丁在《法理學講演錄》一書中就以十二次演講內容專門介紹了「法律淵源」問題。〔註2〕

　　對於奧斯丁就法律淵源問題給出的答案，美國學者羅斯科・龐德認為「奧斯丁是第一個提出要讓內容含混的法律淵源理論變得清晰，但是他的討論不能令人滿意」〔註3〕。雖然奧斯丁未能很好地完成這一工作，但其作為現代法理學的開創者和奠基人，將「法律淵源」問題納入了現代法理學的主流問題範圍。「法律淵源」問題從現代法理學誕生之初就成為一個一直被關注的傳統問題。在奧斯丁的基礎上，國內外學者對於這一問題的研究已經取得了豐碩成果。

〔註1〕　〔英〕傑里米・邊沁：《論一般法律》，毛國權譯，上海：上海三聯書店，2008年版，第 23 頁。
〔註2〕　See John Austin: Lectures on Jurisprudence, Vol. 2, Beijing, China Social Sciences Publishing House. 1999. P509-P681.
〔註3〕　Roscoe Pound: Jurisprudece , ST. Paul, Minn. West Publishing CO. 1959. P380.

1.1.1 法律淵源理論之國外研究概述

1880 年，英國學者托馬斯・霍蘭德在其《法理學元素》一書中，以第五章專章形式系統闡述了「法律淵源」理論。在他看來，「法律淵源」一詞有四種理解，一是法律是從哪些形式中知曉的，是成文法彙編、報告、還是有權威的論文；二是誰賦予了這些法律以傚力，即它的權力來源，這一般指國家；三是那些獲得權力效力的具體內容，或出於習慣，或出於宗教，或出於科學研究；四是那些獲得授權的國家機構宣示或者自己創造了法，如司法判決、衡平、立法。〔註4〕霍蘭德的努力推動法律淵源理論在後奧斯丁時代進一步發展。

1921 年，美國學者約翰・格雷在《法律的性質和淵源》一書中，將法律和法律淵源嚴格區分開來。在他看來，法律淵源是那些制定法律的來源。法律的第一個淵源就是社會的立法機關。法律的第二個淵源應當從先例中去查找，法院運用這些先例來控制自己的行爲，先例是一個很廣泛的概念，其涵蓋了所有爲後來實踐提供準則的一切言語和行爲。第三個淵源則來自於專家的意見，這些意見有時被社會的立法機關所採納並成爲制定法的一部分。第四個淵源是習慣和道德原則。公平正義也有時被認爲是法律的淵源。所以格雷將法律淵源劃分爲制定法、司法判例、專家意見、習慣、倫理道德和公平正義。〔註5〕

1959 年，羅斯科・龐德在《法理學》一書系統闡述了他對法律淵源理論的觀點和看法。他認爲，在學術著作裏，法律淵源這個詞有五個以上的含義，第一種是分析法學的觀點，它們認爲法律淵源是法律的基礎，就是法律格言之權威的實際來源，換言之，即國家。奧斯丁就是在這個基礎上使用的。第二種意味著法律的權威文本，以供於作爲法律系統之傳統元素的法理基礎和學理發展。對於大陸法系的法學家來說，這個意義上的法律淵源根源於羅馬法；而對於英美法系的法學家來說，這個意義上的法律淵源根源於有權威的判例彙編。第三種意味著原材料，無論是成文的還是傳統的，都是法官從中獲得判決依據的源泉。格雷的法律淵源理論就是建立在這個意義基礎上的。第四種法律淵源意味著作爲一種規範制定機構，這個機構使得規則、原則、概念得以形成，通過立法和司法判決賦予它們權威性。第五種法律淵源意味

〔註4〕 See Thomas Erskine Holland: The Elements of Jurisprudence, 12th Edition, Oxford, At The Clarendon Press, 1916, P55-P78.

〔註5〕 See John Chipman Gray: The Nature and Sources of the Law, 2nd Edition, New York, Macmillan Company, 1921, P152-P309.

著著作形式，這是法律格言的載體，從中可以明晰它們表達的形式。〔註6〕

　　龐德在迴避了法律的效力來源——國家之後，區分了「法律淵源」和「法律形式」兩個概念，他認爲「法律淵源」是回答法律的內容如何制定以及制定主體這類問題，從法律淵源中，法律獲得了內容，並且區分它們的效力和權威。而「法律形式」是一種文本形式，在法律形式中，法律原則得到權威性表達，這種權威的表達形式與法庭對於爭議處理的決定相關，從事法務的相關人員也以法律形式爲基礎，做出基本的預測。〔註7〕

　　龐德將法律淵源具體分爲六種，一是慣例，二是宗教，三是衡平法和自然法中的道德和哲學理念，四是判決，五是科學討論，六是立法。他將法律形式分成三種，一是立法，即國家立法的條文法；二是判例法，即司法判決和過去爭議形式中表達的法；三是著做法，即法理著作中對法律的權威性表達。〔註8〕

　　美國學者博登海默將法律淵源分爲兩大類別，即正式淵源和非正式淵源。他所謂的正式淵源是指「那些可以從體現爲權威性法律文件的明確文本形式中得到的淵源」〔註9〕。而非正式淵源是指「那些具有法律意義的資料和值得考慮的材料尚未在正式法律文件中得到權威性的或至少是明文的闡述與體現」〔註10〕。正式淵源包括立法、授權立法與自主立法、條約與其他經雙方同意的協議、司法判例。其中，立法包括憲法和法律，授權立法與自主立法包括行政法規、行政命令、條例、自主或半自主機構和組織的章程與規章。非正式淵源包括正義標準、理性和事物本質、個別衡平、公共政策、道德信念、社會傾向、習慣法。博登海默的正式淵源可以按主體分類，換成立法機關、行政機關、司法機關和國家。

　　此外，美國學者埃爾曼、純粹法學創始人凱爾森、俄羅斯學者拉札列夫、加拿大學者羅傑‧塞勒等西方國家學者對法律淵源理論都有很大貢獻。在法

〔註6〕　See Roscoe Pound: Jurisprudece, ST. Paul, Minn. West Publishing CO. 1959. P380.
〔註7〕　See Roscoe Pound: Jurisprudece, ST. Paul, Minn. West Publishing CO. 1959. P382-P383.
〔註8〕　See Roscoe Pound: Jurisprudece , ST. Paul, Minn. West Publishing CO. 1959. P383-P416.
〔註9〕　〔美〕博登海默：《法理學：法律哲學與法律方法》，鄧正來譯，北京：中國政法大學出版社，2004年版，第429頁。
〔註10〕　〔美〕博登海默：《法理學：法律哲學與法律方法》，鄧正來譯，北京：中國政法大學出版社，2004年版，第430頁。

律淵源理論研究中，日本學者也貢獻頗多。日本較早接觸西方法律理論，他們不是被動地接受，而是在借鑒中有所發展，甚至提出了一套自己領悟和思考的成果。如織田萬、宮本英雄、大木雅夫、田中英夫等。

　　雖然西方學者和日本學者在法律淵源理論方面取得了一系列成果，但是「西方學界有關法的淵源的專門研究亦未成熟。人們迄今對法的淵源的理解和把握仍然普遍不得要領」〔註11〕。根據北京大學法學院周旺生教授統計結果，西方法理學著作裏很少以專門章節論述法的淵源論題。他手邊的著作中（包括有中譯本和沒有中譯本），除了那些教科書形式出現的旨在系統闡述基本原理的法理學著作中給予了法律淵源以應有的地位外，那些專門解決有關問題的著作基本沒有法律淵源問題的比較集中系統的表述。他認為，難說西方人已形成比較成熟的法律淵源的理論和學說，他將這稱為「遠非成熟的研究狀況」〔註12〕。

1.1.2 法律淵源理論之國內研究概述

　　我國關於法律淵源理論的研究，從清末民初就已經開始了。1904 年，梁啓超先生在《論中國成文法編制之沿革得失》一文中認為，成文法之淵源，主要有慣習、君主之詔敕、先例、學說、外國法〔註13〕。這是我國關於法律淵源理論的最早闡述。從這之後，法律淵源理論成為我國法學理論著作裏經常闡述的理論。下表列舉了一些有影響力的教材和著作，從中可以看出各自對法律淵源理論闡述的異同。

教材和著作	法律淵源理論
孫國華主編：《法理學》，北京：中國人民大學出版社，1994 年版。	法的淵源是指，「法的法律效力的來源，包括法的創制方式和法律規範的外部表現形式。其意義在於說明一個行為規則通過什麼方式產生，具有何種外部形式才被認為是法律規範，具有法律規範的效力，並成為國家機關審理案件或處理問題的規範性依據」。〔註14〕

〔註11〕 參見周旺生：《法理探索》，北京：人民出版社，2005 年版，第 226 頁。

〔註12〕 參見周旺生：《法理探索》，北京：人民出版社，2005 年版，第 226 頁至第 229 頁。

〔註13〕 參見梁啓超：《飲冰室合集》第二卷之文集十六，北京：中華書局，1989 年版，第 45 頁至第 48 頁。

〔註14〕 孫國華：《法理學》，北京：中國人民大學出版社，1994 年版，第 392 頁。

朱景文主編：《法理學》，北京：中國人民大學出版社，2008 年版。	法的淵源是指，「法的效力來源，包括法的創制方式和法律規範的外部表現形式。這一概念的意義在於說明一個行爲規則只有通過什麼方式產生、具有何種外部表現形式才被認爲是法律規範，才具有法的效力，並成爲國家機關審理案件、處理問題的規範性依據」。〔註 15〕
沈宗靈主編：《法理學》，北京：高等教育出版社，1994 年版。	「在中外法學多數著作中，法的淵源指效力淵源，即根據法的效力來源，而劃分法的不同形式，如制定法、判例法以及習慣、法理等」。〔註 16〕「在我國法理學界，對法的淵源的理解，一般也指效力意義上的淵源，主要是各種制定法。」〔註 17〕
張文顯主編：《法理學》，北京：法律出版社，1997 年版。	「法的淵源，也稱『法源』或『法律淵源』，是指那些具有法的效力作用和意義的法的外在表現形式，因此，法的淵源也叫法的形式，它側重於從法的外在的形式意義上來把握法的各種表現形式」。〔註 18〕該書將法的淵源分成五種，即制定法、判例法、習慣法、法理、國際協定和條約。
李龍主編：《法理學》，武漢：武漢大學出版社，1996 年版。	「淵源一詞，在漢語中的本意是來源、本源。在法學中，法的淵源一般有實質意義或形式意義兩種不同的解釋。在實質意義上，法的淵源指法的內容的來源。形式意義上的法的淵源，指法的效力來源，即一定的國家機關依照法定職權和程序制定或認可的具有不同法律效力和地位的法的不同表現形式。」〔註 19〕
葛洪義主編：《法理學》，北京：中國政法大學出版社，2002 年版。	「法的淵源這一概念在本書中專指法的各種具體表現形式，其中，主要是由不同國家機關制定或認可的，因而具有不同法律效力或法律地位的各種類別的規範性法律文件的總稱」。〔註 20〕法律淵源又可以稱爲法的形式，可以劃分爲習慣法、判例法、制定法、協議法和法理。
公丕祥主編：《法理學》，上海：復旦大學出版社，2002 年版。	人們對法律淵源有多種分類：歷史淵源、理論淵源、形式淵源、文件淵源、文獻淵源、法與法律的本質來源。實質意義上是指物質生活條件，形式意義上是指法律淵源，又分爲直接淵源和間接淵源。這裡的「法律淵源是形式意義上的，指由不同的國家機關制定或認可的，因而具有不同法律效力或法律地位的多種類別的規範性法律文件的總稱。一般又稱爲法律的形式」。〔註 21〕

〔註 15〕 朱景文：《法理學》，北京：中國人民大學出版社，2008 年版，第 328 頁。
〔註 16〕 沈宗靈：《法理學》，北京：高等教育出版社，1994 年版，第 303 頁。
〔註 17〕 沈宗靈：《法理學》，北京：高等教育出版社，1994 年版，第 304 頁。
〔註 18〕 張文顯：《法理學》，北京：法律出版社，1997 年版，第 77 頁。
〔註 19〕 李龍：《法理學》，武漢：武漢大學出版社，1996 年版，第 314 頁。
〔註 20〕 葛洪義：《法理學》，北京：中國政法大學出版社，2002 年版，第 266 頁。
〔註 21〕 公丕祥：《法理學》，上海：復旦大學出版社，2002 年版，第 320 頁。

舒國瀅主編：《法理學導論》，北京：北京大學出版社，2006 年版。	「法律淵源，就是指被承認具有法的效力、法的權威性或具有法律意義並作爲法官審理案件之依據的規範或準則來源，如制定法（成文法）、判例法、習慣法、法理，等等」。〔註22〕在《法理學導論》一書中，作者將現代國家法的淵源主要分爲：立法、國家機關的決策、決定或闡釋、司法機關的判例和法律解釋、國家和有關社會組織的政策、習慣、道德規範、正義觀念、宗教規則、理論學說、鄉規民約、社團規章以及其他民間合約性規則、外國法、國際法。〔註23〕
孫笑俠主編：《法理學》，北京：清華大學出版社，2008 年版。	「法律淵源，也稱『法的淵源』或『法源』，是指那些具有法的效力作用和意義的法的外在表現形式，因此，法律淵源也叫法的形式，它側重於從法的外在的形式意義上來把握法的各種表現形式」。〔註24〕法律淵源分成歷史淵源、理論淵源、政治淵源、物質淵源、效力淵源、形式淵源和解釋淵源。此外，法律淵源還可分成正式淵源和非正式淵源。
付子堂主編：《法理學初階》，北京：法律出版社，2006 年版。	「法律淵源是指法律規範的來源或源頭，又稱法的淵源或法源。法律淵源作爲一個特定的法學術語，不能反之將它當成法律的來源」。〔註25〕「應當從司法角度理解法律淵源，即法官或執法者發現法律之處」
周永坤著：《法理學——全球視野》，北京：法律出版社，2000 年版。	「法律淵源是指法律的權威及強制力的來源或法律的存在形態」。〔註26〕法律淵源既可分爲歷史來源、文件來源、法律產生的根源、法律的形式淵源，又可分爲制定法、判例法、習慣法。
周旺生著：《法理探索》北京：人民出版社，2005 年版。	法的淵源是由資源、進路和動因三項基本要素所構成的綜合的概念和事物。其中資源性要素是法和法律制度據以形成的原料性或質料性淵源，資源性法的淵源基本範圍至少包括習慣、判例（先例）、個別衡平、道德規範、正義觀念、宗教規則、禮儀、鄉規民約、社團規章、契約；先前法、外地法、外國法、國際法、法的解釋；國家和有關社會組織的政策、決策、決定、行政命令；司法判決或報告書；法理、法學家著作、理性和事物的性質、哲學觀念、科學探討。進路性要素是法得以形成的途徑性要素，進路性法的淵源主要包括立法途徑、司法途徑、行政途徑、國際交往途徑。動因性要素是指法和法律不是無緣無故地出現的，是基於一定的動力和原因而形成的，動因性要素多種多樣，其中最主要的動因是人們的實際社會生活的需要。〔註27〕

〔註22〕舒國瀅：《法理學導論》，北京：北京大學出版社，2006 年版，第 66 頁。
〔註23〕參見舒國瀅：《法理學導論》，北京：北京大學出版社，2006 年版，第 70 頁。
〔註24〕孫笑俠：《法理學》，北京：清華大學出版社，2008 年版，第 153 頁。
〔註25〕付子堂：《法理學初階》，北京：法律出版社，2006 年版，第 119 頁。
〔註26〕周永坤：《法理學——全球視野》，北京：法律出版社，2000 年版，第 36 頁。
〔註27〕參見周旺生：《法理探索》，北京：人民出版社，2005 年版，第 230 頁至第 238 頁。

　　此外，國內還有一些文章論述了法律淵源理論。如：1991 年陳金釗教授於《法律科學》上發表了「論法律淵源」。2000 年王果純教授於《衡陽師範學院學報》上發表了「法律淵源的概念與類型劃分」。2002 年程宗璋博士後於《重慶廣播電視大學學報》上發表了「法律淵源新釋」。2004 年李龍教授等學者於《江西公安專科學校學報》上發表了「法律淵源的方法論思考」。2005 年李龍教授等學者於《法律科學》上發表了「論法律淵源——以法學方法和法律方法為視角」。2005 年陳金釗教授於《甘肅政法學院學報》上發表了「法律淵源：司法視角的定位」。2007 年郭忠副教授於《法治論叢（上海政法學院學報）》發表了「法律淵源含義辨析」。2009 年劉作翔研究員於《南京大學法律評論》發表了「習慣作為一種特殊條件下的法律淵源及其在司法中的適用」。2009 年劉作翔研究員於《金陵法律評論》發表了「特殊條件下的法律淵源——關於習慣、政策、司法解釋、國際條約(慣例)在法律中的地位以及對『非正式法律淵源』命題的反思」。

　　上述法理學教材、著作和論文可以看出中國大陸學者的思考和努力，這些成果表明了他們從不同角度思考法律淵源理論，最後得出的結論雖然存在些許差別，但是反映的都是法律淵源理論的不同側面。這些學者所有的努力都指向了法律淵源理論的核心問題，即法律的本原問題。綜合各學者的理論成果可以看出，從最廣闊的視角來看，法律淵源包含歷史淵源、理論淵源、政治淵源等各個方面，包括資源、進路、動因。而法律淵源理論的核心問題是「指法的效力來源，包括法的創制方式和法律規範的外部表現形式」〔註28〕。由此可見，法律淵源理論研究主要包括法律規範的創制方式和法律規範的外部表現形式兩個方面，前者主要以國家立法權為中心，包括了法律的創制機關、創制權限和創制方法等，後者則包含了所有記載法律內容的各類表現形式。

1.2 正式法律淵源

　　筆者在本文中運用的法律淵源理論盡可能採納的是一種通說，因為許多學者對法律淵源理論從各個角度進行了論述，筆者只能選擇大多數法律淵源理論都涉及的內容，這樣的內容更多是各個理論之間的交集。從這個角度來

〔註28〕朱景文：《法理學》，北京：中國人民大學出版社，2008 年版，第 328 頁。

說，中國人民大學法學院法理教研室的集體智慧成果《法理學》中的法律淵源理論更接近通說，它也充分體現了馬克思主義法理學的基本精神。在這本書中，法律淵源「包括兩個方面的問題：一是法律規範的創制機關、創制權限和創制方法（如制定、認可等），即哪些國家機關可以在什麼領域內以何種方式創製法律規範；二是法律規範有哪些表現形式，不同形式規範之間的效力關係如何」〔註29〕。

法律淵源可以分為正式法律淵源和非正式法律淵源。其中正式淵源是指「那些可以從體現為權威性法律文件的明確文本形式中得到的淵源」〔註30〕。正式法律淵源體現的是不同國家機關在各自職權範圍內依據法定的程序制定或認可的，以規範性法律文件形式表現出來的法律。非正式淵源則是指「那些具有法律意義的資料和值得考慮的材料尚未在正式法律文件中得到權威性的或至少是明文的闡述與體現」〔註31〕。那些尚未在規範性法律文件中得到權威性表述的準則、觀念等內容僅僅是一種非正式法律淵源。正式法律淵源具體涉及到法律的創制機關、創制權限和創制方法等內容，從這一角度可以將法律淵源具體分為制定法和判例法。

非正式法律淵源則包括習慣法、學說和法理等內容。其中，習慣法是在民眾長期生產和生活過程中逐漸形成的，用來分配民眾之間的權利和義務，調整和解決他們之間利益衝突的法律。它有自發形成的一面，這個意義上的習慣法與民間法緊密聯繫在一起，與國家法相對應。

習慣體現了某個地區人們長久以來形成的思維模式和行為方式，很多內容並不能通過邏輯等方法解釋清楚。究其原因在於，「一個地區與另一個地區之間的差別所反映出來的，並非是對相同問題的不同回答，而是其生活方式的不同」〔註32〕。正是某一地域長期不同的生活方式形成了這個地區與眾不同的生活習慣。當這種習慣與該地區宗族或村落等共同體首領的威信和權勢聯繫在一起時，就會產生某種強制力，進而要求這個地區人員都予以遵守。

〔註29〕 朱景文：《法理學》，北京：中國人民大學出版社，2008年版，第328頁。
〔註30〕 〔美〕博登海默：《法理學：法律哲學與法律方法》，鄧正來譯，北京：中國政法大學出版社，2004年版，第429頁。
〔註31〕 〔美〕博登海默：《法理學：法律哲學與法律方法》，鄧正來譯，北京：中國政法大學出版社，2004年版，第430頁。
〔註32〕 〔英〕S.F.C.密爾松：《普通法的歷史基礎》，李顯冬等譯，北京：中國大百科全書出版社，1999年版，第3頁。

但是這些所謂的習慣法並不能和國家機關聯繫起來，它的實施無法得到國家強制力保障。正是缺乏國家強制力作爲後盾，習慣法只是處於非正式法律淵源範圍之內。如果習慣法某天披上了制定法或判例法的外衣，那麼它就不再是習慣法，而成爲正式法律淵源的組成部分。

改革開放以來，中國大陸學者在習慣法領域取得了大量成果，其中直接和習慣法名字相關的論文七百餘篇，在主題內容方面和習慣法相關的文章則有兩千八百餘篇。按照高其才教授在《中國習慣法論》的分類，中國習慣法可以分成宗族習慣法、村落習慣法、行會習慣法、行業習慣法、宗教寺院習慣法、秘密社會習慣法、少數民族習慣法等七種。目前成果最輝煌的就是少數民族習慣法，尤其近幾年有大量成果陸續問世。謝暉教授從 2006 年至今在《甘肅政法學院學報》開設「民間法、民族習慣法研究專欄」。這些成就都標誌了我國習慣法研究已經取得了相當豐碩的成果。

有些學者認爲，學說和法理則是法學家對法律的觀點和看法的集合體，它們是對法律基本精神的理解，也是對法律基本原理的闡釋。在某種特定情況下，如果現行法律對某種行爲的約束出現缺失，法官確實可能根據法學家的學說或自己對於法的基本精神和基本原理的理解來裁決具體案件。如一九〇七年的《瑞士民法典》第一條規定的是「法律的適用淵源」，其具體內容是「（一）凡本法在文字上或解釋上有相應規定的任何法律問題，一律適用本法。（二）如本法無相應規定時，法官應依據慣例；如無慣例時，依據自己作爲立法人所提出的規則裁判。（三）在前款情況下，法官應依據經過實踐確定的學理和慣例」〔註 33〕。臺灣地區《民法》的規定則更爲直接，其中第一條就是關於「法源」的明確規定，其具體內容是「民事，法律所未規定者，依習慣；無習慣者，依法理。」正是有了這樣明確的立法規定，在民事審判中，完全是可以做到有法律依法律，無法律依習慣，無習慣依法理。這從另外一個角度也充分體現了，習慣、學說和法理在法律淵源中的地位、價值和作用。

即使存在這樣的規定，學說和法理也不是正式法律淵源，眞正具有法律效力的法律淵源實際上只包含立法機關和行政機關的制定法以及司法機關的判例法。因爲法是由國家制定或認可並得到國家強制力保障實施的規範體系，法律淵源必然要和有權制定或認可法律的國家機關緊密聯繫在一起，這樣的法律淵源最終必然以制定法或判例法爲依歸，切實體現國家強制力的有

〔註33〕《瑞士民法典》，殷生根譯，北京：法律出版社，1987 年版，第 1 頁。

效保障，否則作爲國家司法機關的裁決得不到有效執行，這要求法律淵源的具體內容必須附著於現實法律之上。從這一角度來看，習慣、學說和法理無論是產生過程還是具體實施過程都不能和國家強制力聯繫起來，它們根本不具備法律效力，也不能被納入法律淵源體系之內。

1.2.1 正式法律淵源的立法基礎

法律規範的創制方式包括法律規範的創制機關、創制權限和創制方法，即哪些國家機關可以在什麼領域內以何種方式創製法律規範。

1.2.1.1 創制機關

從國家機關設置角度來看，法律規範創制機關主要包括立法機關、行政機關、司法機關三類。

立法機關，通常是指具有代表性質的權力機關或議會。這些機關當然享有立法權，一般是一個憲政國家在憲法中予以明確規定。綜觀世界各國，許多國家都設有立法機關，立法機關享有很多權力，其中包含立法權力，也包含代表不同利益集團訴求，反映民意，進行重大決策等權力。立法機關首要職能必然是制定法律，這也是立法機關稱之爲立法機關的關鍵所在。

行政機關，通常是指依法成立並行使國家行政職權的行政組織，包括政府及有關部門。從立法權、行政權、司法權相分立的角度來看，任何立法活動只能由立法機關來行使，行政機關沒有立法權限。但是隨著社會發展，行政機關漸漸有了制定行政法規和行政規章的權限，在某些特定情況下通過法律授權或者通過立法機關特殊規定，將本屬於立法機關的個別立法權限授予給行政機關。這樣一來，行政機關也有了相對的特別立法權。在本文中，行政機關可以代表那些被國家機關授權或法律規定的社會組織、團體。從立法角度來說，行政機關和被授權的社會組織、團體，本質上是相同的，都是一種授權立法，因爲這些機關、組織、團體自身並不享有眞正意義上的立法權。

司法機關，通常是指行使國家審判權等司法權限的國家機關。在通常意義上，司法機關只能適用立法機關的立法以及行政機關的授權立法。在理論上，司法機關自身不享有立法權，其是享有審判權的國家機關，在審判時，司法機關要嚴格依據立法機關所創制的法律作出判決，但是任何法律都可能會在理解上有分歧，這也是語言無法彌補的缺憾，對於以文本形態存在的法

律，這種精確理解更大程度上是一種假設。而且隨著時空移轉，法律條文的理解可能會與當初制定時的初衷相去甚遠，甚至有可能出現完全背離的情形。這樣一來，司法機關在審判時要作出什麼樣的選擇就至關重要，也正是在這一程度上司法機關享有了立法權。司法機關在作出判決之後，日後對於類似案件基本都是會作出類似處理的，而且下級司法機關對於上級司法機關判決通常都會參考和借鑒，所以司法機關也可以通過判決的方式形成一種有約束力的「法律」。通過掌握司法解釋和司法判決這兩個工具，司法機關在特定語境下也成為國家法律的創制機關。

　　從法律規範創制機關角度來看，清政府的機構設置並不是按照立法機關、行政機關、司法機關進行分類。首先，清政府中沒有設置一個專門的立法機關，各種法律的纂修都是由職權部門負責，如吏部則例就是由吏部堂官負責編修，戶部則例則是由戶部堂官負責編修。雖然由這些官員負責編修相關法律，但是最終具有約束效力則需要皇帝認可，否則編修後的法律沒有法律效力。其次，清政府也沒有設置一個專門的行政機關，甚至可以說所有的機關都是行政機關，他們都在負責這個龐大帝國國家機器的連續運轉。最後，清政府的中央司法機關一般稱為「三法司」，由刑部、大理寺、都察院三個部分組成。「清則外省刑案，統由刑部核覆。不會法者，院寺無由過問，應會法者，亦由刑部主稿。在京訟獄，無論奏咨，俱由刑部審理，而部權特重」〔註34〕。由此可見，大理寺和都察院就是擺設，它們權限很小，完全不能和刑部相提並論，這樣一來，清朝的中央司法機關主要就是指刑部。但是清代有爭議的案件和死刑案件最終都要由皇帝親自決定，甚至很多刑部定擬的案件，皇帝可以直接改判，所以三法司表面上是清朝中央司法機關，但是它們實際上不是中央最高司法機關，中央最高司法機關是皇帝。在開篇案例中，多爾袞作出改判就是因為他替天子行事，代順治理朝政，是以皇帝身份進行的改判。

1.2.1.2 創制權限

　　立法機關立法權是廣義而全面的。在一個國家主權範圍內，立法機關通常是最高國家權力機關。在一般情況下，它所享有的立法權可以覆蓋到全社會各個角落，可以就任何事情立法。立法機關權限通常是由憲法賦予的，憲

〔註34〕趙爾巽等：《清史稿・刑法志三》，北京：中華書局，1977 年版，第 4206 頁。

法一般會明確規定立法機關的立法權，憲法也是立法機關創製法律活動的合法性來源。立法機關享有法律規範的制定、修改和廢止等各方面權限。但是憲法在賦予立法機關權限的同時，還賦予了行政機關行政權和司法機關司法權來對制約立法機關立法權，以防止立法權濫用。

行政機關立法權則是一種派生式權力。嚴格說來，行政機關自身不享有立法權，從政體設計角度來看，行政機關職能是執行立法機關制定的法律和從事社會管理職能，其不應當享有立法權限。如果行政機關享有立法權限，自身又執行相關立法內容，這樣一來，行政機關的權限會大到無法約束的境地，所以行政機關在理論上不應當享有立法權。但在特定情況下，立法機關不便於及時行使立法權，立法機關通常會授予行政機關某些領域立法的權力。這樣一來，行政機關就享有了一種立法機關授權產生的立法權，這種立法權是一種間接立法權。

司法機關通常不應當享有立法權，因為司法機關權限範圍就是對任何行為合法與否作出判斷。如果其既享有立法權又享有審判權，那麼它將成為一個國家內部權力最大的機關。反觀那些有著判例法傳統的國家，「法律是由法院作出決定的規則所組成的，這些規則都是法律，法院沒有適用的規則不是法律，事實上法院適用規則就是把它們變成法律，離開了這些規則就沒有任何神秘的獨立存在的法律，法官是法律的創造者而不是法律的發現者」〔註35〕。從這段話可以看出，司法機關在某種程度上也享有一定立法權。

從法律規範創制權限角度來看，中國傳統社會並不存在立法權、行政權和司法權這種分類方式。傳統中國尤其是帝制中國，嚴格說來只存在一種權力——皇權。清朝各種法律在制定之後、頒佈之前的最後一道程序是請求皇權欽定，正是皇帝通過皇權欽定，使得法律草案成為正式法律，享有法律拘束力。在清朝，皇帝不是個人榮譽的體現，而是一個國家機關。它既代表了最高立法機關，又代表了最高司法機關。所以皇權既是最高立法權，又是最高司法權，甚至它還包含著其他各種最高權力，如最高行政權、最高決定權。只要存在某一權力，皇權就是這個權力領域內的最高權力。帝制時代中國的皇權代表著至高無上，沒有其他任何權力能夠與之匹敵。在開篇案例中，多爾袞之所以能夠改判，正是因為他依據了皇權中最高司法權那一面，改變了

〔註35〕 John Chipman Gray: The Nature and Sources of the Law, 2nd Edition, New York, Macmillan Company, 1921, P121.

三法司定擬的結果。這個案件的最終結果其實是皇權欽定的產物。這時的多爾袞儼然就是大清帝國的皇帝，他個人的意思就是皇帝的意思，就是皇權的表示。這一改判結果還按照多爾袞的意思，形成正式文字納入律例中，成爲律文組成部分。這樣一來，該案成爲了滿洲入關之後的第一個判例，即日後所有類似案件都要首先依據這條法律進行裁決，案件本身也成爲各級執法官員所必須遵循的法律淵源。

1.2.1.3 創制方法

　　法律的創制方法通常包括兩種方式，即「制定」和「認可」。這兩種方式基本涵蓋了法律在制定過程中所可能採納的所有方式。

　　「制定」是一種創造性嘗試，它被廣泛地應用在法律制定的全部過程。隨著社會逐漸發展，其所面臨的新情況要比歷史上曾經處理過情況更爲複雜，更爲繁瑣，更爲棘手。要應對出現的新情況，社會對於法律內容的要求就變得更加嚴格、更加專業、更加細緻、更易理解、也更便於操作。這樣的標準對於法律制定者來說，無疑是高標準、嚴要求。在法律創制過程中，法律內容的創造性部分在逐漸增多，創造性工作就是「制定」，它可以充分發揮人的主觀能動性，將法律條文以從無到有的方式呈現在人們面前。在這種情形下，制定是一種發明，是一種創造，是採用前所未有的依據處理新情況。

　　在法律制定過程中，「認可」曾經扮演過非常重要的角色。在人類社會發展初期，法律尚未產生，習慣在很大程度上起著類似法律的作用。人們在共同生產和生活過程中逐漸形成了部落，構建了民族，成就了國家。隨著國家的產生，必然會出現專門處理糾紛的國家機關，這些機關在處理問題時，通常要依據明確的法律。有的時候，國家會將這個民族或部落中長期使用的習慣作爲處理依據，並通過立法形式固定下來。這些早已存在的處理方法，就被賦予了法律規範的效力和作用。正是通過這樣的方式，習慣逐漸成爲一個國家法律體系中不可分割的組成部分，直到今天這種方式仍發揮著重要作用。這種方式就是「認可」。

　　當某部法律出臺的時候，有些條文是通過制定的方式產生，有些條文是通過認可的方式產生，甚至有些條文是通過二者混合的方式產生。制定更多是一種從無到有的方式，含有在立法機關手中產生的意思，立法機關負責將新生的制定法內容推廣給需要法律的人們。認可更多是將早已廣爲人知的內容納入法律中，這種方式更多是一種從潛在的有到明確的有，含有立法機關

給予名分的意思。對於習慣，由於早爲人們所熟知，立法機關並不需要特別推廣。總之，創造性的制定和習慣性的認可都是國家制定法律的手段，它們之間沒有孰優孰劣之分，都是價值中立方法，二者之間沒有本質區別。

從法律規範創制方法角度來看，清朝法律在制定過程中也會涉及制定和認可兩種方法。滿清入關之後，明朝政府已經退出歷史舞臺，從法理上看，明朝法律就不再有法律效力。然而順治年間頒佈的《大清律集解附例》中大量內容直接抄自明律，那些原本存在的、不再具有法律效力的條文在《大清律集解附例》中獲得了新生，這種立法方式可以被看作是認可。雍正年間頒佈的《欽定大清律》中，大量內容是清朝自己的創造，很多條文沒有前人經驗可以借鑒，這種方式就是制定。多爾袞對三法司定擬結果作出改判並追認爲法律，他所依據的內容其實是滿洲入關前的習慣法（具體論證參見下一章），這種立法方式其實就是認可。清政府在制定法律規範時，不覺間運用了「制定」和「認可」兩種立法方法。

1.2.2 正式法律淵源的表現形式

從法的創制方式來看，正式法律淵源可以分成以立法機關爲主導的制定法和以司法機關爲主導的判例法兩種形式。行政機關等其他機關是以法律或決定等方式授權獲得的授權立法權，這種立法權是一種派生式權力，可以看作和立法機關立法權相類似的權力，只是派生立法權與立法機關立法權之間的效力位階不同。因此，正式法律淵源可以分成立法機關及其授權機關通過立法程序創制的制定法以及司法機關通過司法判決方式創制的判例法。

1.2.2.1 制定法

制定法又稱法條法，是指法定國家機關依照法定程序，在其法定職權範圍內制定或認可，通常以條文形式表現出來的規範性法律文件。歷史上很多國家採用的就是制定法，如兩河流域古巴比倫王國《漢謨拉比法典》、古印度《摩奴法典》、古羅馬《十二銅表法》等等。這些法律共同特點在於，都採用法律條文形式，將法律條文按照某種標準排成一定序列，進而組成一部法律，作爲本國民眾所必須遵守的規則。

公元十二世紀，古羅馬查士丁尼《國法大全》原稿被偶然發現，這引起了法學界的濃厚興趣和普遍關注，進而引起了一場轟轟烈烈羅馬法復興運

動。羅馬法復興波及了西歐大部分國家和地區，那些繼受羅馬法影響的國家被歸爲大陸法系。大陸法系兩大代表性標誌——《法國民法典》和《德國民法典》，都根源於羅馬法《國法大全》，呈現出體系性特點，而不是簡單羅列法條。這種制定法與古代各國制定法之間產生了體系性差別，這種成體系化的法條可以被賦予一個新的名字——「法典」。

「法典，最早曾用來指把各種法律收集到一起的彙編；十九世紀時，法典這個稱呼好像專指某些以闡述現代普通法原則爲目的而編纂的集子；在當前的時代，法典這個詞被廣泛用來指目的在於把有關某項特殊內容的規定收集起來、系統闡述的編輯物」〔註 36〕。在嚴格意義上，法典與制定法存在差別，法典是一個以嚴密理論體系構築的系統，它以法理爲線索，將各個部分巧妙組合在一起，每個組成部分的結構內容和排列順序都要符合法律思維。今天我們所說的法典是近代才產生，它的出現成爲了歷史上具有開創意義的法律形式。雖然曾經也不乏具有「法典」稱謂的法律，但是它們的系統性無法和現代意義法典相提並論。「編纂法典有很多原因，但是最主要的還是人們懷有使法律明確和使全國的法律保持統一的願望」〔註 37〕。這個原因可以看作是《法國民法典》和《德國民法典》出臺的主要原因，它們起到了統一各個國家內部不同地區間法律差異的作用。

以法典爲主要代表的制定法體系在世界各國中有眾多擁躉，制定法以其特有的魅力征服了世界上許多國家。這些國家借鑒了以成文憲法和民法典爲主要標誌的制定法體系，統一了國內眾多法律淵源形式。法典本身作爲一個複雜而周全的系統，從內部結構來看，它是一個邏輯的整體。法典幫助各個國家進一步認清立法中的工作重點，有助於彌補現有法律形式的缺點和不足。

《法國民法典》和《德國民法典》兩部具有標誌性意義法典頒佈後，作爲制定法的完備形式——「法典」立即成爲人類社會中最具有競爭力的法律淵源。究其原因在於，「法典通常是對各種規範的系統而廣泛的編纂，他們力圖在最簡短的篇幅中對廣泛的法律關係加以調整，這一點通常是通過運用概括性的法律概念來實現的」〔註 38〕。正是借助於概括性的法律概念，法典這

〔註36〕 參見〔法〕勒內・達維德：《當代主要法律體系》，漆竹生譯，上海：上海譯文出版社，1984 年版，第 104 頁至第 105 頁。

〔註37〕 〔法〕勒內・達維：《英國法與法國法：一種實質性比較》，潘華仿、高鴻鈞、賀衛方譯，北京：清華大學出版社，2002 年版，第 25 頁。

〔註38〕 〔美〕埃爾曼：《比較法律文化》，賀衛方、高鴻鈞譯，北京：清華大學出版

種制定法形式更有利於普通民眾記憶和遵守。立法機關在制定法典時應當充分考慮到這種概括性，將具體行爲規範依據某種標準抽象出具有普遍約束力的準則，隨後將這一準則通過法律術語表達出來，形成一條條可以適用的法律條文，然後將各個條文納入法典並予以公佈。法律工作者和普通民眾在閱讀法典時，看到的是一個個抽象的概念和準則，這種概括性的表達通過對應理解，可以對社會生活中出現的各種各樣行爲，形成普遍約束力。這樣的法律條文與具體法律行爲之間形成了一種從一般到特殊的聯繫方式，法官在適用法律時，有時會針對不同的行爲依據同一法律條文作出判決，這正是基於法律條文的概括性表達。這種概括性表達使得法律條文具有一定彈性，可以適用多種行爲，法官可以通過自由裁量權選擇適用最合適的條款。通常來說，制定法的適用方式是一種從一般到特殊的演繹性處理方式。

從制定法角度來看清朝中前期正式法律淵源，可以發現二者不完全一致。清王朝統治者沒有權力分立意識，他們並不知道立法權和制定法之間的關係，這一時期的制定法也沒有嚴格的統一的創制和頒佈程序。因此，清朝中前期的制定法和傳統法理學意義上的制定法存在一定差異。但從法律規範具體內容、內在體系、適用方式等角度來看，二者又具有很強相似性。因此，清朝中前期正式法律淵源中的制定法內容也可以稱爲制定法因素。

1.2.2.2 判例法

判例一詞，是指英美法系中特有的「Judicial Precedent」，即「判決上的先例」。「判例」的具體含義是指，「法院的判例是同級法院或下級法院以後處理有相同或類似法律問題案件的範例，以前的司法判決是以後處理類似案件的法律依據」〔註 39〕。

與判例法相伴隨的是「遵循先例」的原則，該原則是英美法系精髓之所在。「遵循先例」是拉丁語「stare decisis et non quieta movere [to stand by things decided and not disturb settled points]」，意爲遵照執行已決之事項。如果用一般方式來表述，遵循先例意味著某個法律要點一經司法判決確立，便構成了一個日後不應背離的先例。如果用另一種方式來表述，即一個直接相關的先前案例，必須在日後的案件中得到遵循。〔註 40〕這意味著一旦針對某一具體法

社，2002 年版，第 38 頁。

〔註 39〕 薛波：《元照英美法詞典》，北京：法律出版社，2003 年版，第 1076 頁。

〔註 40〕 〔美〕E・博登海默：《法理學——法律哲學與法律方法》，北京：中國政法大

律情形確立了一項法律原則，法院應當在未來的類似案件中堅持該原則，而那些法律規範所依存的案件則被稱爲先例。實際上，該原則意味著一個先前的判決對隨後根據它確立的規範產生的任何問題都有拘束力。當法院考慮一個新的法律問題或對制定法作出一項解釋時，就可能建立一個先例。〔註 41〕先例就是普通法的淵源。判例法具有一種確定性和靈活性相結合的特點，正是因爲遵循先例原則，在相似案件中法官會作出相似判決，「這一原則成爲普通法曾篤守的一句聖潔的信條，法官們爲維持這種法律的確定性，不惜將正義與公平犧牲在它的祭壇上——他們情願爲了確定性，而去遵循一個看似極不公正甚至荒謬的判決，因爲法官一旦開始無視先例或完全將其拋在一邊，普通法的一根支柱甚至是中流砥柱便將會坍塌」〔註 42〕。雖然「遵循先例」原則由來已久，但是「事實上，迫使英國法官恪守其前輩提出的規範的先例規則只是從十九世紀前半葉以後才嚴格確立起來的。」〔註 43〕

「遵循先例」原則使得法院作出的判決對同級法院或下級法院日後相同或相似案件的處理具有拘束力。在英國，上級法院就特定事件作出的判決，如果將來出現相同或相類似的案件，該判決對本院和下級法院同樣具有拘束力，本院後任法官和下級法院法官都必須服從。在英國，貴族院是最高審判機關，它所作出的判決，下屬各級法院必須服從，不得出現與貴族院判決相背離的情形，甚至貴族院自身也不能違反自己曾經作出的判決。如果貴族院判例確有錯誤或不當，只能通過立法程序予以廢除。對於下級法院的錯誤或不當判決，上級法院可以通過判決的方式予以廢除，這時可以不必經過立法程序。但是某一法院判決對於同級其他法院來說，僅僅具有說服性效力。總之，「只有各『高級』法院即最高法院與上議院的判決才是有強制力的先例。其他法院或準司法機構的判決可以有說服力，但從來不是必須遵守的」〔註 44〕。

學出版社，2004 年版，第 563 頁。
〔註41〕〔美〕彼得·G·倫斯特洛姆：《美國法律辭典》，北京：中國政法大學出版社，1998 年版，第 37 頁。
〔註42〕〔比〕R.C.范·卡內岡：《法官、立法者與法學教授》，薛張敏敏譯，北京：北京大學出版社，2006 年版，第 124 頁。
〔註43〕〔法〕勒內·達維德：《當代主要法律體系》，漆竹生譯，上海：上海譯文出版社，1984 年版，第 355 頁。
〔註44〕〔法〕勒內·達維德：《當代主要法律體系》，漆竹生譯，上海：上海譯文出版社，1984 年版，第 355 頁至第 356 頁。

由於地位所在，「郡法院及值季法庭，那裡的判決不能創設先例」〔註45〕。

　　法官在審理案件時，首先要找出與當前案件相類似的先例。這種相類似是指，先例中的法律事實與當前案件的法律事實相同或相類似，符合這一條件的先例可能有很多，這就需要法官運用區別技術來選取最合適的先例。其次在每個先例中，並不是每一句話都具有拘束力。普通法院的判例在結構上由兩個部分構成，一個是判決的必要根據——「判決理由」，一個是法官們陳述的意見——「附帶意見」。正如達維德所說的，「在法官為了支持其判決而提出的理由中，英國法學家應區別判決的必要根據即判決的『決定的理由』與『附帶意見』即法官所述對判決並非絕對必要。『決定的理由』構成判例規範，今後應予以遵守。反之『附帶意見』的內容則無這種權威，其價值僅僅是說服性的，說服力的大小則取決於發表意見的法官本身的聲望、分析的正確性及大量的因每個案件而不同的情況」〔註46〕。可見，判決理由具有法律效力，是今後的判決所必須遵循的部分。而附帶意見沒有這種權威，附帶意見也可能包含對這一判例今後發展有影響的內容，但它本身並沒有嚴格的約束力，它的影響力僅僅取決於發表意見法官本人的聲望和分析的正確與否等各方面因素。雖然「判決理由」和「附帶意見」之間存在著巨大差異，但是就某個判例來說，哪個部分是「判決理由」而哪個部分是「附帶意見」並不能嚴格區分開來，這要由具體辦案法官通過區別技術加以區分。「區別技術」是指，每個法官在具體處理案件的過程中，親自決定先例中哪個部分是必須嚴格遵守的，而哪個部分是予以參考的。查找這些先例對於非法律專業人士來說，是件難度極大的挑戰，技術含量極高。正如馬克斯·韋伯所說的，「英國法律的傳承方式，並不是通過邏輯、歸納、抽象、三段論推理等方式形成一般的定理，這種方式也不容易應用於從一般到個別的演繹推理。在純粹的法律實踐和法律訓練中，總是以個別到個別的類推方式來解決問題，而不習慣於採用從個別到一般的定理，再採用演繹的方法將一般的定理應用於新的個別的案件的方式」〔註47〕。韋伯一語道破了判例法應用方法的本質。這種

〔註45〕　〔英〕靳克斯：《英國法》，張季忻譯，北京：中國政法大學出版社，2007 年版，第 42 頁

〔註46〕　〔法〕勒內·達維德：《當代主要法律體系》，漆竹生譯，上海：上海譯文出版社，1984 年版，第 356 頁。

〔註47〕　See Max Weber: Economy and Society, Vol. Two, Berkeley, University of California Press, 1978, P787.

適用方式類似於一種從特殊到特殊的類推適用，這一方法主要是靠法官個人的辛苦和努力完成，法官要選出與待處理案件相似的先例，然後運用區別技術選出判決理由作為法律依據，再將該依據具體應用到待處理的案件中。經歷過這樣的過程才算是完成了一次判例法的應用。這個過程特別考驗法官的法理素養和具體操作能力，方法論方面的不同也是判例法與制定法重要區別之一。

法官在先例中運用區別技術確定的「判決理由」可能由制定法、習慣和先例所組成。其中，制定法是立法機關制定的法律，先例是司法機關先前的判決。由於英國人奉行經驗主義，這些可能最終追溯到習慣。正如布萊克斯通所說的，「要證明某一條規則是普通法規則的唯一辦法就是證明其長久以來都是人們所遵循的習慣。但是這就出現一個很自然、很基礎的問題，這些習慣和格言如何為民眾所熟知，又由誰來決定它們的效力？答案就是，各級法院中的法官。他們是法律的保管員，是活著的神使，他們通過宣誓來決定在判決中適用什麼樣的規則。他們的普通法知識源於經驗和學習。事實上，這些司法判決是將現有習慣作為普通法的一部分最主要的最權威的證明」〔註48〕。可見，並不是判例本身具有權威和法律效力，而是判例中隱含的甚至說超越判例之上的某種東西賦予判例以權威和法律效力，這些東西正是普通法的一部分，甚至就是某種長久以來民眾共同遵守的習慣。正因為判例法中有法律效力的那部分是人們所熟知的某種習慣，所以判例法造成的一個結果就是「儘管某一法規已不再被使用並且已喪失了它原來具有的立法理由，但卻仍然可以完全的效力繼續存在。」〔註49〕

從判例法的角度來看清朝中前期正式法律淵源，可以發現二者存在一定的區別。清朝的判例法通常是和制定法混雜在同一部法律之中，而且它所規定的具體內容及相應的處理方式也相對細緻，這樣對法官的自由裁量權限制很多，其具體形式稍稍傾向於制定法。但從具體內容來看，法律條文具體內容中記載了案件情況以及相應處理結果，這又是一種判例法表達方式，和制定法存在很大差別。從具體適用方法來看，更近似於判例法的適用方法，和制定法的適用方法差別較大。因此，清朝中前期正式法律淵源中的判例法內

〔註48〕 See William Blackstone, *Commentaries on the Laws of England*, London, The University of Chicago Press, 2002, P68-P69.
〔註49〕 〔美〕博登海默：《法理學：法律哲學與法律方法》，鄧正來譯，北京：中國政法大學出版社，2004 年版，第 499 頁。

容也可以稱爲判例法因素。

1.3 清朝中前期的正式法律淵源

清朝的法律淵源是一個龐大體系，包含了諸多內容，階段不同，體系不同，內容也不同。整個清朝可以分成三個階段，每一個階段都有突出特點。從 1616 年努爾哈赤建立後金政權開始，到 1644 年滿洲入關佔據中原爲止，可以看作是第一個階段。這一時期的法律淵源主要以軍事法令〔註50〕、定例〔註51〕、禁令〔註52〕、條例〔註53〕、會典〔註54〕等內容爲主，但是這些法律並不成體系，而且其內容大多散佚，難以求證。

天聰五年七月，皇太極等議定《離主條例》六條。根據《清實錄》的記載，這部條例是以制定法這一法律形式頒佈，如《離主條例》中第一條的具體內容是，「除八分外有被人訐告私行採獵者其所得之物入官訐告者准其離主」〔註55〕。

從《盛京刑部原檔》中的記載來看，未入關之前的清朝在相類似的案件處理過程中幾乎都會判處同一種類型的刑罰方式，只是根據罪行輕重不同對刑罰數量進行改變。主審官員在審判案件時，也許確實知道相關處理依據，但是這個依據是以一種成文的形式，還是以一種不成文的形式存在於世，根據目前所能找到的非常有限的史料，難以得出確切結論。

順治元年（公元 1644 年），多爾袞率領清軍入關，打敗了農民起義軍和明朝殘餘勢力，建立了統一的封建王朝。從此，清朝取代明朝法統，正式成爲中國歷史上最後一個大一統的封建王朝。清朝借助了順治帝、康熙帝、雍

〔註50〕 「凡行軍出獵，法令森嚴」或「英明汗素好行軍打獵，故治軍治獵，制定法令」（參見《滿文老檔·太祖》卷四，乙卯年十一月）。

〔註51〕 「拾遺物者，即奉還其主，其拾得之物，分爲三份，失主二份，拾者一份……此無前例之法，均以其意而定之」（參見《滿文老檔·太祖》卷四，乙卯年十一月）。

〔註52〕 「諸凡福晉，若不經汗允，即以一匹布、一塊緞給與女人，則被誣爲欺夫買藥；若與男人者，則被誣爲已有外心。有此誣告，則以誣告人之言爲是。故無論何物，均不得給與他人」（參見《滿文老檔·太祖》卷四，天命五年三月）。

〔註53〕 如天聰五年七月頒佈的《離主條例》。

〔註54〕 張晉藩先生認爲清崇德年間以皇太極爲首的滿洲統治者曾經頒佈過《崇德會典》。

〔註55〕 《清太宗實錄》卷九，天聰五年七月。

正帝、乾隆帝等幾位皇帝的聰明才智和勤奮治理，國家實力日益增強，締造了中國歷史上著名的「康乾盛世」。清朝入關後的成文法律自順治元年編纂《大清律集解附例》開始陸續問世，順康兩朝頒佈律例和則例的數量相對較少〔註56〕。從雍正開始，清朝成文法律數量大幅度增加。雍正朝頒佈了《欽定大清律》，乾隆朝頒佈了《大清律例》，乾隆朝還纂修了大量則例，如《欽定吏部則例》《欽定戶部則例》《欽定禮部則例》等。許多單行條例或成案需要通行內外直省督撫一體遵辦時，會採用特事特辦方式，以通行作為公文形式頒發。在康乾盛世中，清朝法律完備程度達到了頂峰。

　　盛極而衰也許是每一件事物都無法迴避的發展規律，清朝也不例外，它在乾隆帝統治時期達到鼎盛之後，開始轉向衰落。嘉慶帝和道光帝都沒有能力駕馭這個龐大的帝國戰艦在盛世的波濤中繼續航行。清王朝在經歷嘉道中衰之後，走向沒落的趨勢再也無法扭轉過來。道光二十年（公元 1840 年），英國軍隊封鎖珠江口，第一次鴉片戰爭爆發。道光二十二年（公元 1842 年）秋，「耆英等請與英兵官定約，鈐御寶」〔註57〕，中英《江寧條約》簽訂，第一次鴉片戰爭結束。從此，滿清封閉的國門被打開，列強壓境。從第一次鴉片戰爭開始，清政府與西方列強被迫簽訂了一系列不平等條約。在以慈禧太后為首統治集團的綏靖政策下，滿清徹底走向了萬劫不復的深淵。在國內，太平天國、捻軍等人民大眾反抗事件此起彼伏。面臨著內憂外患，清政府無暇顧及纂修律例和則例，只能偶而在喘息之際勉力為之，短暫的同光中興也只是它臨終前的迴光返照罷了。1900 年八國聯軍侵華，慈禧太后和光緒皇帝倉皇出逃。在回到北京後，為了繼續鞏固清王朝的統治，清政府任命沈家本為首主持修律工作，仿造西方大陸法系法律內容，創建新的法律制度，制定了《欽定憲法大綱》《大清現行刑律》《欽定大清商律》《大清民律》《法院編制法》等多部法律，很多法律因為清朝覆亡，還未來得及頒行。清末修律作為壓在駱駝背上的最後一根稻草終於發揮了作用。1912 年宣統皇帝遜位，清

〔註56〕這只是筆者根據現有史料得出的結論，也許並不正確。順康兩朝遺留下來的史料非常少，康熙帝在位六十一年，而中國歷史第一檔案館保存的康熙年間史料的數量甚至沒有乾隆帝在位期間任何一年保留下來的史料多，從張偉仁先生編輯的《明清檔案》來看，保存在臺灣的康熙年間史料也非常少。這種少是不正常的，因為順治一朝保存下來的史料遠遠多於康熙一朝保存下來的史料。只是具體原因已經難以考證。

〔註57〕趙爾巽等：《清史稿‧宣宗本紀》，北京：中華書局，1977 年版，第 687 頁。

王朝正式退出歷史舞臺。

綜觀清王朝存在的近三百年（1636～1912）時間，其中順治元年至道光二十年——近兩百年的時間是清朝盤踞中原之後，未受到任何外在干擾的獨立發展時期，這段時間也佔據了清朝二百七十六年時間中的絕大部分，甚至是其發展的精華時期所在。清朝末年雖然進行了法律變革，但那只是局部改變，無力回天。清末法律變革是清政府爲了使自己能夠苟延殘喘，繼續達到有效統治目的，努力包裝自己以滿足西方國家要求而做出的有限讓步而已，這樣的改變只能加快它走向滅亡的腳步。本文重點考察的是從順治元年至道光二十年之間清朝政府的中央立法。作爲中國傳統法制的最後承載者，清王朝在這一時期的國家立法是中國傳統法制內在精神的最終呈現，是一種眞正意義上的「Create in China」，是中國人的自主發明創造，是眞正意義上的中國智造。這一時期的國家立法能更好地反映中國傳統法制的純粹精神和內在機理。

本文研究對象主要著眼於清朝中央政府立法。其實，有清一代正式法律淵源不僅包括清朝早期頒佈的法律法令，入關之後頒佈的律、則例、通行以及清末修律工作中所頒佈的各項法律，這些只是從清朝中央立法角度進行考察。清朝地方督撫也有權力制定限於自己管轄範圍內適用的省例，但是省例的纂修相對來說並不嚴格，適用範圍也僅僅局限於某個地域。省例存在的目的一是對中央法律的重申，二是以中央法律爲前提制定具體實施細則，三是彌補中央法律空白。更爲重要的是，並非每個直省都有省例，這樣一來，每部省例就很難有代表性，因此，省例不在本文考慮範圍內。

本文研究對象主要集中於清朝中前期中央政府制定的國內法，這一範圍不包括清朝與其他國家之間簽訂的國際條約，如中俄尼布楚條約、中俄恰克圖條約、中英江寧條約等大量國際條約不在本文考慮範圍內。

法律淵源理論是一個龐大的體系，從不同角度出發可以得出不同結論。如果以和國家權力結合爲標準，可以將法律淵源分爲正式法律淵源和非正式法律淵源。其中，正式法律淵源可以劃分爲和國家立法權緊密聯繫的制定法與和國家司法權緊密聯繫的判例法。那些和社會自治相關的習慣法、民族法、宗族法、行會法等民間法內容則可以稱爲非正式法律淵源。民間法最突出表現是源自民間的自發塑造，它體現了非立法者的理性和意志。正因爲民間法沒能和國家權力聯繫在一起，它幾乎只能存在於某個地區，受到明顯的地域

限制。清朝在律例中明確規定了「斷罪引律令」，所以各級官吏在具體裁決中必須援引清政府所頒佈的律令作爲裁決依據。像民間法這種非正式法律淵源，不是清朝中央政府制定的，所以它不會成爲法官審判的依據〔註 58〕。這種非正式法律淵源也不在本文討論範圍內。

在本文中，筆者將法律淵源嚴格界定在清代中央立法範圍，將法與國家權力緊密結合，這樣的法必然局限於制定法和判例法兩種形式。但實際上清朝各級問刑衙門在處理案件時也存在援引清代律學著作的現象，比如沈之奇的《大清律輯注》在很多案件的判決中都曾作爲裁判標準〔註 59〕。但是這並不意味著這些律學著作當然地享有法律效力，只是因爲它們所闡釋的律文享有法律強制力，而著作本身只是起到了解釋律文的作用，方便了執法官員對於律文的理解和運用。從實質上說，清政府拒絕此類學術著作享有法律效力，甚至禁止地方各級問刑衙門的執法官員在裁判中援引律學著作。因爲律文是由皇帝欽定的，其內容應當且只能由皇帝作出解釋，只有皇帝的解釋才有法律效力，其他人的解釋不能享有法律效力。從這點來看，清朝律學著作不可能享有法律淵源效力。

從清朝中前期法律淵源和歷史上其他朝代法律淵源傳承來看，清朝中前期各項制度是傳統中國制度發展到頂峰的產物。清朝作爲治理空前龐大疆域的帝國，其觸角延伸到中華文化覆蓋的各個角落，可以說清朝所頒佈的制度及其內容深入了其轄區內的每個中國人的靈魂，中國人的思想文化和行爲方式反過來又對清朝中前期法律淵源產生影響。清朝中前期正式法律淵源是少數民族文化和中國傳統文化磨合，並最終不斷漢化的產物，其體現的也正是傳統中國正式法律淵源的主要特點和重要成果。

〔註 58〕黃宗智教授通過對大量檔案作出實證考察並進行科學分析，最終得出結論是，清朝法官們聽訟斷案直接依據律例規章辦事，因爲一旦案件進入正式的法庭審理，他們總是毫不猶豫地按照《大清律例》來審斷（參見黃宗智：《清代的法律、社會與文化：民法的表達與實踐》，上海：上海書店出版社，2007年版，第 11 頁）。

〔註 59〕美籍華人陳張富美女士就《大清律輯注》對清代司法判決的影響進行過研究，具體論述請參見：Chen, Fu-Mei Chang. "The Influence of Shen Chih-ch'I's Chi-chu Commentary upon Ch'ing Judical Decisions," in Jerome Alan Cohen, R. Randle Edwards, and Fu-mei Chang Chen, eds., *Essays on China's Legal Tradition*, Princeton: Princeton University Press, 1980, pp.170-221.

第 2 章　不易常經：清朝中前期正式 法律淵源之「律」

　　清朝中前期法律淵源中，最著名的是律，清政府一共頒佈過三部律例，即順治年間的《大清律集解附例》、雍正年間的《欽定大清律》以及乾隆年間的《大清律例》。

2.1 「順治律」：清朝律例的開創先驅

　　順治元年是一個特殊年份，這一年是滿洲在全國範圍內建立了統一王朝的開端，從此清王朝勢力範圍不再偏安於東北一隅，清朝作爲滿洲在馬背上取得的大一統國家，有效地覆蓋了一個龐大的疆域。滿洲是一個特殊民族，滿洲文化和中原文化之間存在著巨大差異。反映在刑罰內容方面，中原文化在幾千年歷史沉澱中，基本確立了「笞、杖、徒、流、死」五刑制度，反觀同一時期滿洲，存在射背〔註1〕、打腮〔註2〕、割耳〔註3〕、貫耳〔註4〕、射肋

〔註1〕　吳晗：《朝鮮李朝實錄中的中國史料》第六冊，北京：中華書局，1980 年版，第 2216 頁。

〔註2〕　〔朝〕申忠一：「建州紀程圖記」，載潘喆等編《清入關前史料選輯》第二輯，北京：中國人民大學出版社，1989 年版，第 444 頁。

〔註3〕　《盛京刑部原檔（清太宗崇德三年至崇德四年）》，中國人民大學清史研究所、中國第一歷史檔案館譯，北京：群眾出版社，1985 年版，第 68 頁。

〔註4〕　《盛京刑部原檔（清太宗崇德三年至崇德四年）》，中國人民大學清史研究所、中國第一歷史檔案館譯，北京：群眾出版社，1985 年版，第 14 頁。《盛京刑部原檔》中出現更多的是「貫耳鼻」，處罰時甚至還區分成「貫一耳即鼻」的情況。可見相關處罰是根據罪行輕重來具體決定。

〔註5〕、鞭刑等肉刑，存在囚禁〔註6〕、餓禁〔註7〕等自由刑，也存在奪其軍兵、妻妾、奴婢、家財〔註8〕、罰俸〔註9〕等財產性刑罰，當然也適用死刑。從《盛京刑部原檔》內容來看，滿洲雖然將各種刑罰混雜在一起，但是基本趨勢逐漸從肉刑向財產刑過渡，甚至已經存在將貫耳鼻、鞭刑等刑罰採用罰銀的折贖方式。上述刑罰與中原文化仍存在相當大差異，其實二者之間並不存在孰優孰劣之分。滿洲要有效統治中原地區廣大民眾，則要適用於他們所熟知的，更能體現他們思維方式的刑罰方式。因此，清朝法律要在全國範圍內適用並行之有效，只能作出改革。這種改革要適應廣大漢族人民口味，按照中原文化進行改革。這也是所謂的「漢化」。

2.1.1「順治律」的沿革

正是在以和碩睿親王多爾袞爲首的清朝統治者領導下，滿洲一步一步推動漢化進程。漢化反映在立法上，主要表現是清朝仿傚明朝《大明律》頒佈了《大清律》。有清一代，中央政府共刊布過三部律例，分別是順治年間刊布的《大清律集解附例》、雍正年間刊布的《欽定大清律》和乾隆年間刊布的《大清律例》。對這三個版本律例，學術界的通稱是「順治三年律」、「雍正三年律」和「乾隆五年律」。〔註10〕爲了行文方便，本文以「順治律」、「雍正律」和「乾隆律」作相應替代。

「順治律」是清朝入關之後頒佈的第一部律例。正因爲這部律例的出臺是清朝在中原地區首次立法，它的命運也就格外多舛，一波多折。甚至在順治律出臺過程中產生了諸多疑問，很多問題至今仍無法找到滿意答案。

〔註5〕　〔朝〕李民寏：「建州聞見錄」，載遼寧大學歷史系編：《清初史料叢刊第八、九種——柵中日錄校釋、建州聞見錄校釋》，1978年，第44頁。

〔註6〕　《盛京刑部原檔（清太宗崇德三年至崇德四年）》，中國人民大學清史研究所、中國第一歷史檔案館譯，北京：群眾出版社，1985年版，第37頁。

〔註7〕　《盛京刑部原檔（清太宗崇德三年至崇德四年）》，中國人民大學清史研究所、中國第一歷史檔案館譯，北京：群眾出版社，1985年版，第54頁。

〔註8〕　〔朝〕李民寏：「建州聞見錄」，載遼寧大學歷史系編：《清初史料叢刊第八、九種——柵中日錄校釋、建州聞見錄校釋》，1978年，第44頁。

〔註9〕　《盛京刑部原檔（清太宗崇德三年至崇德四年）》中記載了大量的「規定之罪」（滿文 tuhere weile），罰規定之罪就是罰以應得之罪。

〔註10〕　「順治三年律」、「雍正三年律」和「乾隆五年律」的判定是根據各部律例全書卷首御製序言的落款時間。「順治三年律」、「雍正三年律」刊布的具體時間，學術界仍存有很大爭議，後文中會進一步討論。

　　清世祖順治元年五月，攝政和碩睿親王多爾袞入關定亂，定鼎中原，入主北京。進京之後僅僅一個月，即順治元年六月，多爾袞即傳諭「各衙門應責人犯，悉遵本朝鞭責舊制，不許用杖」〔註11〕。這是多爾袞代表清朝官方

〔註11〕《清世祖實錄》卷五，順治元年六月乙丑。此處的杖刑是個模糊的概念，《欽定大清會典事例》（光緒朝）中載有，「國初定旗下人有犯俱用鞭責，順治元年定悉遵舊例，仍不許用杖」（《刑部·名例律·犯罪免發遣》，載〔清〕李鴻章等：《欽定大清會典事例》卷七百二十七）。是否可以認爲，這裡所謂的「不許用杖」是指不許適用《大明律·五刑》中的杖刑呢？在筆者看來，這確實是一個很大的疑問。首先看《欽定大清會典事例》（光緒朝）中的記載，這裡的杖刑所不能適用的對象是「旗下人」，表述內容很明確，就是旗人。旗人不能用杖刑，只能用鞭責，原因很容易理解，滿洲是馬背上得天下的民族，他們征戰沙場取得成功的重要原因就是有著精良的騎兵。滿洲對騎射也非常重視，甚至皇帝也不能荒廢，他們在很小時候就要重點培養騎射的技能。鞭刑是用鞭子抽打脊背，而杖刑是用刑杖擊打臀部。如果承受了杖刑，受傷的臀部在短時間內很難恢復，甚至會留下終生難以克服的後遺症。臀部受傷的直接後果就是不利於騎馬，更有甚者一生都可能告別馬背。在滿洲舊例中，對旗人的刑罰即是不適用於杖刑，實行鞭責，這是和滿洲軍事需要緊密聯繫在一起，鞭刑是軍法上的需要，所以滿洲採取鞭刑是完全可以理解的。但是《實錄》中杖刑的適用對象是「各衙門應責人犯」，這就是疑問之所在，這裡所謂的「應責人犯」包含旗人嗎？多爾袞率軍隊進駐北京才僅僅一個月，接收的人犯絕大部分是明朝衙門中的舊犯，如果這些「應責人犯」是旗人，滿洲應將他們立即釋放，因爲這些人本來就是自己人。如果是民人，就要區別對待，通常會存在兩種情況，一種是普通百姓，一種是官員。多爾袞打著爲明朝除害的旗號率兵入關。從維護社會穩定的角度來看，這些應責人犯，無論是官還是民，都是應當受到處罰的。但無論對於普通百姓還是政府官員來說，實行鞭刑或者實行杖刑幾乎沒有區別，除非要將這些人進行收編，組成軍隊作戰。這種情況是可能存在的，但是可能性並不大，因爲各衙門中的應責人犯根本沒多少值得滿洲利用。所以從這裡來看，確實是一個不大容易解開的謎團，但能否將其簡單定性爲杖刑呢？筆者認爲是否定的。如果這個杖刑僅僅指五刑之中的杖刑，那麼爲什麼不明確其他刑罰呢？笞、杖、徒、流、死是一個完整的整體，單獨的杖刑沒有特殊意義，所以直接將矛頭對準「杖刑」是值得商榷的。根據《實錄》記載，順治二年五月戊子，福建道試監察御史姜金允，在奏疏中明確提出，「斬之下有絞、徒、流、笞、杖」。可見在當時人們的心目中，統一的五刑才具有完整意義，如果沒有前後語境，單獨提出任何一種刑罰，都是難以推斷的。因此，僅僅將該刑罰理解爲「杖刑」是不對的。這裡的「不許用杖」，筆者認爲，可理解爲明朝的廷杖制度。明代的廷杖是依據皇帝的旨意，對那些犯顏直諫或忤旨過犯的官員，杖責於殿階之下（後行杖於午門外），由宦官監刑，錦衣衛行杖（曾憲義主編：《中國法制史》，北京：中國人民大學出版社，2000年版，第187頁）。廷杖制度傷盡了明朝官員的顏面，正如《明史·刑法志》所載，「公卿之辱，前此未有」，而且很多傷害是無法補救的，有的官員被立即杖斃，有的官員雖幸免一死，但也要醫

第一次明確表達刑罰處理方式。該聲明出現之後第九天，官居順天巡按的柳寅東就向多爾袞建議，「帝王弼教，不廢五刑，恐鞭責不足以威眾，明罰乃所以教法，宜速定律令，頒示中外」〔註12〕。在柳寅東上疏之後，多爾袞反應迅速，立刻宣佈「此後官吏犯贓，審實立行處斬。鞭責似覺過寬，自後問刑，准依明律，副予刑期無刑之意」〔註13〕。這個想法似乎在多爾袞腦海裏存在很長時間了，他只是借助柳寅東的奏疏予以宣佈。

順治元年八月初一日，刑科給事中孫襄就「定刑書」、「存國體」、「禁刁訟」、「蘇滯獄」等問題上奏一篇條陳，孫襄認為，「刑之有律，猶物之有規矩準繩，一成而不可變者也。……今法司雖恪秉章程，而遠近或莫知遵奉，即前朝大明律令，未嘗不家喻戶曉，然而時當并刃始，事有變通，或繁瑣宜裁，或簡略宜補，或情法宜加劑量，或疏密當酌時宜，必詳稽往昔之典章，參合新朝之法守、會議、定式，刊布成書，使內而國都，外而郡邑，皆曉然」〔註14〕。

孫襄條陳語詞懇切，且條條都是有關國家穩定、四海安寧之措施，多爾袞自然十分重視。他立即朱批，「法律至重，國憲有常，歷代帝王莫不刊定律書。着法司官會同廷臣，詳繹明律，參酌時宜，有繁簡疏密、應增損劑量的，都要集議妥當，以便裁定成書，頒行天下。庶幾刑措，仰副好生。本內存國體、禁刁訟、蘇滯獄各款，皆屬要論。以後凡文武官員犯罪，必先經吏、兵

治數月，後可能留下嚴重的後遺症，而且當眾扒去褲子行刑給官員留下的屈辱是終生的，因此這項制度久為詬病。和碩睿親王多爾袞在知道這一制度後，立即表明了清廷的態度，這一態度有助於獲得前明遺留官員的支持，並且給予清朝官員以信心。滿洲廢除明朝廷杖制度，改由執行民族習慣中的鞭刑，雖然形式有所改變，但是這一改變對於促使官員心境產生變化是可以預期的，官員在腦海中不至於再留下恥辱的印跡。總之，筆者認為這裡的杖刑是指「廷杖」，而不是《欽定大清會典事例》（光緒朝）中所記載的杖刑，不是俗稱的「打板子」。

〔註12〕《清世祖實錄》卷五，順治元年六月甲戌。從這裡可以看出，多爾袞於九天前宣佈廢除的正是「廷杖」制度，改為實行滿洲的「鞭責」制度。如果多爾袞明確廢止的是明律五刑中的「杖刑」，在九天之後，筆者深信僅僅官居順天巡按的柳寅東是無論如何也不敢向多爾袞進言，要求重新推行明朝五刑制度，而且多爾袞的態度也不會在九天之後就來了個一百八十度大轉彎，要求「自後問刑衙門准依明律」。同時，多爾袞也明確表態「官吏犯贓，審實立即處斬」，他的矛頭不但指向政府官員，對於官吏的處罰問題，也不再局限於鞭責，而是「審實立即處斬」。

〔註13〕《清世祖實錄》卷五，順治元年六月甲戌。

〔註14〕「刑科給事中孫襄啟本」，載中研院史語所編：《明清史料》丙編第三本，臺北：維新書局，1972年版，第224頁。

二部啓准，革去見任職銜，然後送問。在外詞訟，專責撫按道府有司聽理。
在京刑部等衙門除奉旨重大事情，百里之外不許提人，有司亦不許擅發。非
係眞正冤枉、既結復告、四處遍告者，加等重治。婦女毋得輕拘，獄情毋得
久滯，悉如議通行嚴飭。問刑官悖旨害民的，你每科道官據實參來重處。如
或狥畏不舉，一體坐罪，該科記着。」〔註15〕

　　從多爾袞批示可以看出，其對律書非常重視，多爾袞要求「詳繹明律，
參酌時宜」。從此，「順治律」編纂基調就正式宣佈了，不僅要「詳繹明律」，
而且要「參酌時宜」。這表明清朝法律既要借鑒明朝頒佈的律令，又要按照新
時期新情況予以改進，與時俱進，以便於更好適應國家需要。

　　順治元年九月，刑部右侍郎提橋啓言，「修明律令，需人甚急，請令內院
酌議遴選各衙門官爲總裁，爲分校，刻期刊定，頒式天下」〔註16〕。多爾袞
隨即簽發令旨，「各衙門中有材識通明，熟諳律令的，着堂上官開送內院，以
憑酌派具啓」〔註17〕。由提橋上書多爾袞下旨內容可見，「順治律」編纂工作
正式啓動了。這一啓動從人選落實開始，多爾袞要求各部院都要派員參加。
由此可見，「順治律」是清王朝的大事，它不是某一部院某一司衙門的小事，
而是事關清廷內部所有機關的大事。從《都察院揭帖》可以看出，都察院選
取巡視南城陝西道監察御史趙開心〔註18〕派送內院修訂律例。不僅都察院，
各部院都在委派修例官員。修纂律例官員人選的確定，以及「詳繹明律，參
酌時宜」這一編制律例指導原則的提出，種種跡象都表明了清朝第一部律例
編纂工作正式宣告開始。

　　一個月後，刑部左侍郎黨崇雅奏言，「臣按舊制，凡刑獄重犯，自大逆大
盜，決不待時外，余俱監候處決。在京有熱審朝審之例，每歲霜降後，方請

〔註15〕　「刑科給事中孫襄啓本」，載中研院史語所編：《明清史料》丙編第三本，臺
　　　　　北：維新書局，1972 年版，第 225 頁。
〔註16〕　《清世祖實錄》卷八，順治元年九月丁亥。
〔註17〕　「都察院揭帖」，載中研院史語所編：《明清史料》丙編第三本，臺北：維新
　　　　　書局，1972 年版，第 239 頁。
〔註18〕　趙開心，字靈伯，湖南長沙人。明崇禎進士，官至兵部員外郎。順治元年，
　　　　　授陝西道監察御史。二年，擢左僉都御史。三年，坐事，罷。八年，召起原
　　　　　官。旋超擢左都御史。九年，開心疏乞許而拊會試，禮部議不許，開心坐奪
　　　　　職，永不敍用。十年，授原官。十一年，降補太僕寺卿。十二年，還戶部侍
　　　　　郎，後降補太僕寺寺丞。尋擢少卿，協理兵部督捕事。十三年，上以逃人多
　　　　　不獲，所司督責不嚴，復降補鴻臚寺少卿。十六年，遷太僕寺少卿。康熙元
　　　　　年，擢總督倉場戶部侍郎，加工部尚書銜。卒官。參見《清史稿·趙開心傳》。

旨處決。在外直省，亦有三司秋審之例，未嘗一麗死刑，輒棄於市，皆委曲為冤民計也。我皇上好生之心，同揆先聖。凡罪人之決不待時，與秋後處決者，敢望照例區別，以昭欽恤。臣更有請者，在外官吏，乘茲新制未定，不無憑臆舞文之弊，並乞暫用明律，侯國制畫一，永垂令甲。」〔註19〕

自順治元年六月多爾袞諭令「問刑衙門准依明律」開始，僅僅過了四個月，黨崇雅就在題本中「乞暫用明律」。多爾袞對該題本的批示是，「人命至重。豈容一概即行殺戮。以後在京重大獄情，詳審明確，奏請正法。在外仍照明律以行，如有恣意輕重等弊，指參重處。」可見，多爾袞將明律適用範圍從問刑衙門擴大到京外各級衙門，進一步擴大了明律適用範圍。從法律地位來看，在清律沒有刊布之前，明律儼然已經成為清律暫時替代品。

自順治元年九月始，清政府纂修律例工作一直在進行。順治二年二月，刑科都給事中李士焜奏言，「古帝王制律，輕重有倫，情罪允協。今者律例未定，止有杖決二法。重者畸重，輕者畸輕。請敕部臣蚤定律法。務期援古酌今，詳明切當，分別杖流絞斬之例。凡有罪者，先期具奏，必俟宸斷遵行，則法得其平，而刑當其罪矣。」〔註20〕

從李士焜題本內容可以看出，纂修律例工作正在進行，但是進展非常緩慢，內含申請皇帝催促之意。這一次多爾袞頒發聖旨，要求「修律官參酌滿漢條例，分別輕重差等，匯成一編進覽」。可見，多爾袞對律例出臺也是望眼欲穿，他也是迫不及待。各級問刑衙門每年都會處理大量案件，始終用明律作為處理依據顯然不合時宜，清律及時出臺就成為一項緊迫任務。從開始編纂律例僅僅過了半年多時間，纂修官員很難拿出一部相對成熟的律例，所以多爾袞只是要求將一些已經編纂好的必要條款「匯成一編進覽」。

順治二年三月，河南道監察御史趙繼鼎奏言，「刑罰之設，原期無刑，或殺一二人，以生千萬人，聖王猶兢兢也。臣見刑部金有光正法一事，內稱奉諭不論有毒無毒，將金有光處決。金大念其年幼釋放，以幼兒頑要，致殺其父。恐於軫念民生之意不合，但已往者不可追，而將來者猶宜慎，請急議修律，以垂永久。」〔註21〕

對待這一題本，多爾袞批示，「定律已有屢旨，金有光審實處決，原非臆

〔註19〕《清世祖實錄》卷十，順治元年十月乙亥。
〔註20〕《清世祖實錄》卷十四，順治二年二月己未。
〔註21〕《清世祖實錄》卷十五，順治二年三月己丑。

斷，以後所司將刑名本章問過招詞，及奉旨事理，詳明敘述」。多爾袞已經多次下發聖旨，催促內院早日定律，但是律例遲遲未能出臺。根據《清實錄》記載，同一月，山西道監察御史廖攀龍條陳四事，「一講聖學，一興文教，一定新律，一蠲財賦」〔註22〕。修定新律仍是清廷要亟待解決的大事之一。

兩個月後，福建道試監察御史姜金允奏言，「明慎用刑，重民命也。我朝刑書未備，止用鞭闢。臣以小民無知犯法，情有大小，則罪有重輕。斬之下有絞、徒、流、笞、杖，不忍盡死人於法也。斬有立決，復有秋決，於緩死中寓矜全也。故歷朝有大理覆奏，有朝審、熱審，又有臨時停刑。蓋死者不可復生，恒當慎之。今修律之旨久下，未即頒行，非所以大鬯皇仁也。請敕部速行定律，以垂永久。」〔註23〕

多爾袞在該題本批示中寫到，「著作速匯輯進覽，以便裁定頒行。其覆奏朝審、熱審、停刑各款，著三法司一併詳察舊例具奏」。從《實錄》這天記載內容可見，修律聖旨早已下發，但是律例遲遲未能進覽，就更談不上頒行等事項，可是朝廷各部院都在急等著用，所以多份臣工條奏都在催促早日定律一事。

本月，刑科給事中孫襄奏言，「犯人家口入官，婦女至於給配，漸恐廉恥道喪，節義風微。臣以為惟叛逆強盜，應盡誅沒，外此均宜及身而止，至修律屢奉綸音，諸臣或以開創之始，未免過於鄭重，而不知此非可以創為者，但取清律明律，訂其同異，刪其冗繁，即足以憲百王而垂後世。似無事過為紛更。」〔註24〕

孫襄在奏疏中提到了，「諸臣或以開創之始，未免過於鄭重」，這似乎是首部大清律遲遲不肯出臺的直接原因。負責修訂律例之臣以「順治律」是清朝開創之律例，不能更不敢過於隨意，負責纂修「順治律」的具體人員主要以漢人為主，他們以明律為稿本進行修纂，制定出來的律例不僅要在漢人中具體適用，而且要符合滿洲貴族口味，從法律地位來說，漢人官員實際上是給滿洲貴族打工，這樣的工作確實很難快速推進。新編律例的具體內容不能完全照搬明律，必須顧及滿洲情事，否則後果相當麻煩。「順治律」主要牽頭官員以滿洲為首，他們時刻在監督律例制定工作。因此，由於能力和技術水

〔註22〕《清世祖實錄》卷十五，順治二年三月戊戌。
〔註23〕《清世祖實錄》卷十六，順治二年五月戊子。
〔註24〕《清世祖實錄》卷十六，順治二年五月己亥。

平限制，這些纂修官員注定了不能開創一部全新律例，如果將滿洲習慣法通過中原方式表達出來，這樣的結果很難在漢人中推廣。「詳繹明律」也決定了他們要以鄭重態度來對待「明律」，這樣的纂修過程必然進展遲緩。纂修工作進展緩慢完全可以理解。

順治二年閏六月，大理寺卿房可壯等奏言，「臣寺職司刑名，舊有合律、照駁、番異之例，凡內外問擬，俱送寺覆擬。當者，奏聞歸結。不當者，奏請再訊，無非慎重獄情之意。邇來懲前代稽延之弊，一切務爲簡捷，即重如人命，亦止憑綠頭牌面奏，先行處決，後補招疏，似非良法。莫若以照駁番異之職，還歸臣寺，而其要在蚤定律令，慎選刑官，庶幾明允之治，可以復見矣。」〔註25〕

大理寺卿代表觀點在於「早定律令」和「慎選刑官」，律令的早日出臺已然是眾望所歸。多爾袞隨即下發聖旨，「大理寺職掌，准照舊例舉行。律令候即頒發，刑官著慎加遴選」。從多爾袞批覆內容可以看出，清王朝首部律例在這個時候可能基本纂修完畢，或者說至少是處於準備收尾的階段，內外臣工翹首企盼的「順治律」就要出臺了。然而，隨後就沒了任何動靜，直到順治三年六月，刑科給事中楊瓘疏言，「國家制刑，先定律令，所以彰明憲典，示民畫一也。龍飛三載，更定律令，尚未頒行，天下無所遵守。不但犯法者不知其得罪之由，而用法者不免乘一時之意。乞敕所司，刊定頒示，以幾刑措之風，下部知之。」〔註26〕

直到順治三年六月，律令仍未能頒行。但是題本內容透露了另一個信息，即「龍飛三載，更定律令」。從這裡可以得知，順治元年到順治三年，已經過去了三年時間。對於一部律例編纂時間來說，三年時間已經不算少了，而且這部律例從明律中借鑒了大量內容，創造性並不強，但是到這個時候，這部律例仍然未能出現在眾人面前。

順治四年三月二十四日，「大清律成，命頒行中外」〔註27〕。從順治元年九月一直到順治四年三月，「順治律」編纂工作共花費時間三年零六個月，這一時間不可謂不長。這部以「明律」做參考範本，以「詳繹明律，參酌時宜」爲編纂指導方針的律例，共花費了三年半時間，才「千呼萬喚始出來」。它那

〔註25〕 《清世祖實錄》卷十八，順治二年閏六月丙午。
〔註26〕 《清世祖實錄》卷二十六，順治三年六月癸巳。
〔註27〕 《清世祖實錄》卷三十一，順治四年三月乙丑。

神秘的面紗終於被揭開了，纂修之臣眞是「過於鄭重」了。這部律例在出臺的同時，也留下了一個難以認定的考證問題，即這部律例到底是「順治三年」成，還是「順治四年」成。〔註28〕

〔註28〕順治年間頒行的《大清律集解附例》卷首載有順治皇帝御製序文，具體內容是，「朕惟太祖、太宗創業東方，民淳法簡，大辟之外，惟有鞭笞。朕仰荷天休，撫臨中夏，人民既眾，情僞多端。每遇奏讞，輕重出入，頗煩擬議。律例未定，有司無所稟承，爰敕法司官，廣集廷議，詳譯明律，參以國制，增損劑量，期於平允。書成奏進，朕再三覆閱，仍命內院諸臣，較訂妥確，乃允刊布，名曰大清律集解附例。爾內外有司官吏，敬此成憲，勿得任意低昂，務使百官萬民，畏名義而重犯法，冀幾刑措之風，以昭我祖宗好生之德。子孫臣民，其世世守之。順治三年五月□□日」。從中可以看到，落款時間居然是順治三年五月，這和大清律成於順治四年三月之間存在了十個月的距離。正是這一時間差給後世研究工作帶來了一個難以解決的問題，《大清律集解附例》到底是順治三年律成，還是順治四年律成，抑或是順治三年律成，順治四年頒佈呢？在當朝人士沈家本看來，「此書經始於二年，校定於三年，刊成則在四年也」（〔清〕沈家本：「順治律跋」，《寄簃文存卷八》，載《歷代刑法考》，北京：中華書局，1985年版，第2268頁）。沈先生的認識有一定道理，因爲他的論證主要基於刑部尚書吳達海所奏題本。而從蘇亦工研究員所製作順治律版本的具體圖表來看，只有沈跋本有吳達海的題本，而其他版本的「順治律」則沒有收錄，其他文獻中也沒有關於吳達海該件題本的記載。從筆者所能查到的順治律諸多版本來看，均未載有吳達海所奏題本。在這種情況下，吳達海所奏題本的證明效力大打折扣。因此，沈氏結論存在疑問，筆者目前沒有看到吳達海所奏題本原件，並不知道題本確切時間，更無法知道該件題本是在何種情況下上奏的，因此僅僅依據吳達海的題本很難對順治律的具體時間作出準確判定。

蘇亦工研究員認爲，「很可能是因爲看到了順治三年五月的世祖御製序文，就誤把序文完成的時間，當做清律刊行的時間了」（蘇亦工：《明清律典與條例》，北京：中國政法大學出版社，2000年版，第111頁至第112頁）。筆者在對比不同版本順治律時發現，不同版本順治律中所載剛林題本不僅在「皇上、皇叔父攝政王」的稱呼上存在矛盾，而且在落款的具體日期上也存在矛盾。有的奏疏中載有「順治四年三月二十四日」字樣，而有的奏疏中卻是「臣等謹將刊完大清律集解附例十卷具疏奏進伏乞聖鑒裁定頒行中外庶法守昭明臣民永知遵守矣爲此具本謹題請旨奉聖旨是大清律著頒行」，其中完全省略了具體日期。在筆者查閱的各個版本順治律中，凡是出現無具體日期結尾的剛林題本後，均載有康熙九年刑部尚書對喀納的題本。因此，筆者推測，在康熙九年修改律例全書之後，纂修人員將剛林題本中的具體時間刪掉了，康熙九年之後頒行的《大清律集解附例》所載剛林題本中都不再載有具體日期。這樣做的具體原因已經難以知曉，但這樣做所引起的後果就是將御製序文所標注的時間定義爲順治律頒佈的具體時間——順治三年五月，這很可能就是造成順治律到底是順治三年頒佈抑或順治四年頒佈的直接原因之所在。

筆者認爲，早期剛林所奏題本中清楚地寫明了「順治四年三月二十四日

「順治律」全稱是《大清律集解附例》，正文中不僅有律文，而且附有例文和集解〔註29〕，是一個混編的整體。甚至於這部律例之中還有一部分稱爲

題本日奉聖旨是大清律著頒行」，但是康熙九年之後頒佈的《大清律集解附例》則刪去了具體時間。如果僅僅看到康熙九年之後頒佈的《大清律集解附例》，而沒有看到康熙九年之前頒佈的《大清律集解附例》，縱觀全部律例，也只有在開篇的御製序文中載有「順治三年五月」有關時間的字樣，這樣就會很容易得出《大清律集解附例》於「順治三年五月」頒佈的結論。

從筆者考證來看，《大清律集解附例》於順治元年開始編纂，「順治三年五月」這一時間很可能是進呈御覽的時間，多爾袞和順治帝在看到「順治律」進呈之後，就揮筆成就了這篇御製序文。但是這部《大清律集解附例》並不是最終的定本，因爲即使進呈御覽，多爾袞仍要提出諸多疑問，之後他必定會命令律例纂修工作人員繼續審校考訂。從「順治律」首所載剛林題本起始部分可以看到，「奉旨審校臣等考訂已完」，後面附的是「大清律著頒行」，具體的落款時間是「順治四年三月二十四日」。同時，從「雍正律」前所載朱軾題本內容中也可以看出，「書成奏進，又命內院諸臣校訂妥確刊布中外」。因此，「順治律」成於「順治三年五月」，《清史稿·刑法志》中記載，「三年五月，大清律成」。而又經過了十個月的審校考訂，最終定稿於「順治四年三月」，頒行天下。

〔註29〕 鄭秦先生認爲，「查遍上述各種版本順治律，書中僅有附例而無集解」（鄭秦：《清代法律制度研究》，北京：中國政法大學出版社，2000 年版，第 9 頁）。很多學者可能都會有類似觀點，都會認爲順治律有附例但是無集解，與其名字《大清律集解附例》相矛盾，甚至想鉤沉出「順治律」選擇《大清律集解附例》這個名字的初衷。正如鄭秦先生所說的，《大明律集解附例》僅僅是一種普通的官刻本，並不是欽定法典的名稱，而滿清卻將《大清律集解附例》作爲欽定法典的名稱，可謂貽笑大方。但依筆者之愚見，情況也許並非如此。

「集解」是明朝人對律的各種私家注解的集合，朝廷從來不曾修纂過，甚至也沒有認可哪個版本的「集解」具有法律效力。這表明了明朝政府對大明律的具體解釋持審慎的態度，他們沒有干預，也沒有肯定任何一個版本。《大明律集解附例》編纂於明萬曆三十八年，由巡按浙江監察御史鄭繼芳等三人訂正，浙江布政使司布政使洪啓睿等十一人校定，由巡按浙江等處都察院右僉都御史高舉發刻。「在明代，袁貞吉、高舉刊行的《大明律集解附例》，其中律與例係欽定，而集解則爲臣下私撰」。這是一件影響深遠的刻本，沈家本認爲它是「所見明律最後之本」（雖然沈家本認爲萬曆三十八年《大明律集解附例》是所見明律最後之本，但是經過張伯元教授的考證，王肯堂的《大明律附例箋釋》初稿成於萬曆三十九年，晚於《大明律集解附例》，所以沈氏此說有誤。具體內容參見張伯元著「《大明律集解附例》『集解』考」，載《華東政法學院學報》2000 年第 6 期，第 36 頁至第 40 頁。臺灣中央研究院院士黃彰健先生在其《明代律例彙編》一書的自序中，通過對各個版本明律的艱苦搜集和嚴密考證，對明萬曆一朝的明律刊本進行了列舉，其中《大明律集解附例》也不是萬曆朝的最後一版，甚至崇禎朝仍有傳世的明律刊本，具體內容參見黃彰健編著：《明代律例彙編》，臺北：臺灣商務印書館，1994 年版），

《大清律附》，上面標注的時間是順治二年奏定。而《大清律附》具體內容實際上是明弘治十年奏定《眞犯雜犯死罪》〔註 30〕和明萬曆十三年奏定《眞犯死罪充軍爲民例》的集合體，清政府律例纂修人員所做的工作僅僅是將其中明顯的明朝痕跡抹去了而已。從奏定時間來看，《大清律附》是順治二年奏定，《大清律集解附例》是順治三年奏定，這時間上的差異很可能就是順治二年律例未能及時出臺的原因。當時，各級問刑衙門急需具體裁判引用依據，因此那段時間奏請速頒律例的題本就特別多，多爾袞爲了臨時應付這一局面而不得已臨時頒佈了《大清律附》，備於應急之需。《大清律附》僅僅是作爲臨時應急而存在，因此在順治律出臺之後，律附重要性和適用頻繁程度就明顯下降了。

順治律承襲了明律大部分內容，但是也有一定改進，具體內容參見下表：

順治版	大清律集解附例
刪除律目律文三條	《吏律・公式・漏用鈔印》 《戶律・倉庫・鈔法》 《刑律・詐僞・僞造寶鈔》
移改律目律文二條	《吏律・職制・信牌》自《吏律・公式》移入 《兵律・軍政・漏泄軍情大事》自《吏律・公式》移入

因而在重刻明律時，沈家本選取的就是這一版本。清初制定律例全書時，是否借鑒了這個版本，今天已經不得而知，但是筆者傾向於借鑒過《大明律集解附例》。

　　然而筆者認爲，《大清律集解附例》的具體內容中存在集解，只不過它沒有以明確的形式表達出來，其內容已經暗含在小注之中，這些集解是前明臣民作出的，如果明確使用很可能不利於清朝統治，而使用明朝律文就不能不用當朝人士的注解，這些集解也不僅給漢人看，還要給旗人讀。因此，集解的表達不宜採用明確具體的方法，只能巧妙地運用小注方式。這樣做不僅能分清律文和集解，也有助於提高相關人員對律文的理解程度。

〔註 30〕清順治二年奏定《大清律附》，其中關於「眞犯雜犯死罪」的內容多於明弘治十年奏定《眞犯雜犯死罪》的具體內容，在「雜犯死罪」的「斬罪」和「絞罪」後又增加了「邊遠充軍」和「充軍」兩項刑罰及多項罪名。增加的內容很可能就是源自明隆慶元年陳省刊本《大明律例》、袁貞吉《明律集解附例》、高舉《明律集解附例》等刊本中所記載的關於「邊遠充軍」和「充軍」兩項刑罰下的多種罪名。由此可見，《大清律附》很可能就是抄自於《明律集解附例》。而且陳省刊本「邊遠充軍」下有小字注云「續類抄者」，可見「邊遠充軍」和「充軍」並非明弘治十年奏定（參見黃彰健：《明代律例彙編》，臺北：臺灣商務印書館，1994 年版，第 189 頁至第 190 頁）。

移改律目次序五條	《吏律・職制・官員襲蔭》於《吏律・職制・文官不許封侯》之後移改第一條
	《吏律・職制・選用軍職》於第一條移改《吏律・職制・濫設官吏》之後
	《刑律・受贓・官吏聽許財物》於《刑律・受贓・扣留盜贓》之後移改第四條
	《刑律・受贓・扣留盜贓》與《刑律・受贓・私受公侯財物》互移
修改律目二條	《戶律・婚姻・蒙古色目人婚姻》改爲《戶律・婚姻・外番色目人婚姻》
	《刑律・受贓・因公擅科斂》刪「擅」字
修並律文一條	《吏律・公式・棄毀制書印信》二條修並爲一
增纂律目律文一條	《名例・邊遠充軍》中加串注疏通律意注明斬絞監候

從上表所列清律對明律所做的改變可以看出，「順治律」律文絕大部分因襲於「明律」，它所做的修改限於少量幾條，纂修人員所做的僅僅是將律文具體措詞和順序改變而已。

當然「順治律」在其充分發揮作用的順康兩朝，並非一成不變，歷經多次修訂。清政府對「順治律」的態度不同於「雍正律」和「乾隆律」，「順治律」修訂工作比較隨意。這種隨意不僅體現在具體條文內容修訂上，甚至某些律文的加入和刪除都沒有詳細記載，似乎是隨時都可以。「順治律」除了在刊布時間存在歧義外，甚至它到底包含有多少條律文也是一個難以解決的疑問。順治四年三月二十四日刊布的律例到底是四百五十八條還是四百五十九條？〔註31〕這個問題的答案在目前仍是存疑的，任何人都很難給出準確結論。這個疑難問題所關乎的那條律文就是《戶律・戶役》門下所屬的「隱匿滿洲逃亡新舊家人」條。

這是一條很奇特的律文，首先它的開頭方式並不是普通的「凡」字開頭，而是以條例特有的「一」開始。雖然順治版《大清律集解附例》律文大部分因襲於《大明律》，但是這一條絕對是清朝統治時期所特有的，因爲它所體現的內容就是清初三大惡政之一的「逃人法」。

根據《大清世祖章皇帝實錄》記載，順治元年八月，攝政和碩睿親王諭官民人等曰，「各府州縣衛所屬鄉村，十家置一甲長，百家置一總甲。凡遇盜

〔註31〕雍正年間頒佈《欽定大清律・凡例》中的第一條起始就是「原律四百五十七條」。

賊逃人，奸宄竊發事故，鄰祐即報知甲長，甲長報知總甲，總甲報知府州縣衛，府州縣衛核實，申解兵部。若一家隱匿，其鄰祐九家，甲長、總甲不行首告，俱治以重罪，不貸。」〔註32〕

　　從多爾袞諭令內容可以看出，清政府對逃人事件的處理非常嚴厲，甚至採用連坐制度。這是因為清朝統治者在入關之後，進行了大範圍跑馬圈地，滿洲原籍東北，在關內沒有自己土地，甚至於滿洲自身就不是農耕民族，關內生活方式根本不適宜於他們擅長的牧獵生活，他們只能將順天府、永平府、保定府、河間府等地的肥田沃土圈為官莊旗地，靠這些土地去養活帝國新貴。在這些官莊旗地中，滿洲權貴顯然不適應更不適於親自勞作，自然就需要大量奴僕代替他們去精耕細作。順治元年九月，順治帝在和碩鄭親王濟爾哈朗等人陪同下，從盛京遷到北京，路過永平府，即向知府馮如京、副將張維義下達諭令，「須嚴查各屬，遇有一二逃人，獲時即行解京。倘隱匿不解，被原主識認，或被旁人告發，所屬官員從重治罪，窩逃者置之重刑」〔註33〕，並傳諭山海關曉示各屬。這表明了滿洲統治者的態度，他們對圈地工作的重視以及想方設法杜絕逃人是緊密聯繫在一起的。奴僕不能逃走，他們要世代為奴，從事農業生產，以滿足滿洲權貴生活需要。

　　由於滿洲權貴對奴僕實行殘酷壓榨，即使有嚴刑峻罰，大量奴僕仍選擇逃亡，以躲避悲慘生活。加上明末清初常年戰亂，雖然滿洲權貴大面積跑馬圈地，但是可供耕作的荒地仍然較多，奴僕在逃走之後仍能有很多機會謀生，所以他們選擇逃走的機率較大，奴僕逃走現象增多，逐漸形成了一個全社會範圍內的大問題。奴僕大量逃走自然會影響到滿洲權貴生活質量，面對這一難以解決的社會問題，多爾袞採取的是將處罰逃人與嚴懲窩主相結合方式。

　　順治二年三月，和碩睿親王多爾袞下達諭令，「此等投充旗下人民，有逃走者，逃人及窩逃之人，兩鄰，十家長，百家長，俱照逃人定例治罪」〔註34〕。從多爾袞對逃人和窩主的處罰來看，他絕非心慈手軟之輩。順治七年正月，「先是平南王尚可喜、靖南王耿仲明，率師征粵時，隱匿旗下逃人千餘名。至是刑部鞫實，議削可喜仲明爵，仍各罰銀五千兩……得旨：尚可喜、耿仲明等，

〔註32〕《清世祖實錄》卷七，順治元年八月癸亥。
〔註33〕《清世祖實錄》卷八，順治元年九月丁酉。
〔註34〕《清世祖實錄》卷十五，順治二年三月戊申。

有航海投誠之功，免削爵，各罰銀四千兩」〔註35〕。根據《清史稿》記載，靖南王耿仲明由於窩藏逃人三百餘名，自動請罪。因為知道逃人律的殘酷後果以及清廷對逃人處罰的強大執行力，他心懷恐懼，在沒有收到皇帝寬恕旨意的情形下，竟然選擇自縊。〔註36〕對於耿仲明自縊，禮部出於禮節考慮，題請派遣官員祭奠。但是得到的旨意是，「靖南王耿仲明，若陣亡，或病故，理宜往祭。今係自盡，不必遣祭」〔註37〕。這從另一個角度可以看出以順治帝、多爾袞為首的清政府領導人對逃人問題是懷著多麼大的仇恨，其所採取的處罰手段是多麼殘忍，居然能把大清靖南王嚇得採用自裁方式以謝聖恩。

如果對比「逃人律」具體內容以及《清實錄》對於逃人問題處理的記載則可以看到：

《隱匿滿洲逃亡新舊家人》	《清實錄》
一凡隱匿滿洲逃亡新舊家人者須逃案先在兵部准理或被旁人告首或失主察獲或地方官察出將隱匿之主及鄰祐九家百家長盡行捉拿並隱主家資起解兵部審明記簿轉送刑部勘問的確將逃人鞭一百歸還原主隱匿犯人處斬其家資無多者給失主家資豐厚者或全給半給請旨定奪處分將本犯家資三分之內以一分賞給首告人大約不出百兩之外其鄰祐九家百家長各鞭一百流徒邊遠如不係該地方官察出者其本犯居住某府州縣即坐本官以怠忽稽察之罪府降州州降縣縣降縣丞若本犯出於某縣其該管上司若知州知府道官計隱一人罰俸一個月至十二人應罰俸一年則降一級該管巡撫失於稽察亦計逃人多寡遞為罰俸巡按失於稽察回道嚴加考核各地方逃人若經一月不行察送者本府本州島本縣官如律問罪知府司道若係所屬地方其逃人經四十五日以內不行察送者如律問罪撫按六十日以內不行察送者如律問罪如隱匿之人自行出首罪止	「隱匿滿洲逃人，不行舉首，或被旁人訐告，或察獲，或地方官察出。即將隱匿之人，及鄰祐九家、甲長、鄉約人等，提送刑部勘問的確。將逃人鞭一百，歸還原主。隱匿犯人，從重治罪。其家貲無多者，斷給失主。家貲豐厚者，或全給、半給，請旨定奪處分。首告之人，將本犯家貲，三分之一賞給，不出百兩之外。其鄰祐九家、甲長、鄉約各鞭一百，流徒邊遠，如不係該地方官察首者，其本犯居住某府某州縣，即坐府州縣官以怠忽稽察之罪，降級、調用。若本犯所居州縣，其知府以上各官，不將逃人察解，照逃人數多寡治罪。如隱匿之人，自行出首，罪止逃人，餘俱無罪。如鄰祐、甲長、鄉約舉首，亦將隱匿家貲賞給三分之一。撫按及各該地方官，於考察之時，以其察解多寡，分其殿最。臣部刊示頒行，務使人人通曉，無致犯法。」〔註38〕
	「諭兵部：先定逃人自歸尋主者，將窩逃之人正法。其九家及甲長鄉約，俱各鞭一百，流徒。該管官，俱行治罪。今定逃人自歸者，窩逃之人，及兩鄰，流徒。甲長、并七家之

〔註35〕 《清世祖實錄》卷四十七，順治七年正月己卯。
〔註36〕 趙爾巽等：《清史稿・耿仲明傳》，北京：中華書局，1977年版，第9406頁。
〔註37〕 《清世祖實錄》卷四十八，順治七年四月壬辰。
〔註38〕 《清世祖實錄》卷二十六，順治三年五月庚戌。

| 逃人或一鄰舉首亦罪止逃人並隱匿之人餘俱無罪如鄰祐百家長舉首亦將隱匿家資賞給三分之一自回投主者隱匿之家並左右二鄰俱流徙邊遠餘鄰七家十長各責五十鞭該管官員及百家長俱免罪撫按及各該地方官以察解之多寡爲功殿最有犯此律者遇赦不赦 | 人，各鞭五十。該管官、及鄉約，俱免罪。其餘俱照以前定例。」〔註39〕 |
| | 「滿洲赦前逃人，如在順治六年八月以前自歸者，匿主鄰祐官長人等，一概免議。在九月初一以後者，不免。若在限定日期之內被人告犯，或失主認識者，仍舊例問罪。」〔註40〕 |

　　從逃人律具體內容和三條實錄記載內容對比來看，逃人律具體內容主要包含了這三條實錄所記載內容，而且處罰程序更嚴格，內容更明確，甚至最後一句是「遇赦不赦」。順治五年十一月初八日，順治帝祭祀於南郊，並宣佈大赦天下。他明確提出了赦免順治六年八月以前的自歸逃人，這個時間之後的逃人即使自歸仍不赦免。可見，逃人律中的「遇赦不赦」很可能就是以這裡爲根源的。從這可以斷定，這條逃人律的編纂工作很可能是在順治五年十一月之後完成的。律文所載的「隱匿犯人處斬」，在實錄中找不到相應記載，很可能是後來的某個規定，清初實錄記載並不規範，史官漏記也極爲可能。順治六年三月上諭內載有「先令有隱匿逃人者斬」〔註41〕的字樣，這個「先令」可能指的就是「逃人律」或者是其他有關處理逃人問題的法令。如果指的是「逃人律」，這條律文很可能是在順治五年十一月初八日之後，順治六年三月之前頒佈的。如果指的是其他法令，該律文很可能是在順治六年三月之後頒佈的。實錄明確記載了，順治六年九月初一日之後逃人就不再赦免了，在這時間之前分爲兩種情況，一種是自歸等赦免情形，另一種是告發等赦免情形，而律文則不分情況一律不赦。從這些內容來看，筆者認爲這條律文很可能是順治六年九月之後頒佈的。從這個推論來看，順治六年三月上諭中的「先令」很可能指的就是關於逃人的法令，而不是指該條律文。當然筆者的假設和推論也可能不成立，這條律文是在順治四年三月大清律頒佈的時候就已經存在於律例之後，抑或後來借助某個機會補入律例，目前無法有準確定論。最有力的證據當是找到眞正意義上的順治四年三月頒佈時刊發的《大清律集解附例》，然而由於相關史料大多散佚，無法準確得知哪一版本確爲順治四年三月版。所以「順治律」到底是 458 條還是 459 條，很可能是一個無解

〔註39〕《清世祖實錄》卷二十七，順治三年七月壬子。
〔註40〕《清世祖實錄》卷四十一，順治五年十一月辛未。
〔註41〕《清世祖實錄》卷四十三，順治六年三月甲申。

的答案。

可以肯定的是，這條律文於康熙年間被刪去了，但是具體哪一年被刪出律例，又沒有準確的史料可以證明。從蘇亦工研究員所做的努力——《順康刻本清律特徵比較》〔註 42〕和筆者查找到的資料來看，一共有五個版本的順治律載有康熙九年刑部尚書對喀納奏疏，其中有四個版本記載的是 458 條，即沒有「隱匿滿洲逃亡新舊家人」，而那個記載 459 條且載有對喀納奏疏的「順治律」是蘇亦工研究員所記載的康熙四十四年錢鳳文、陸鳳來同校，遵道堂藏版《大清律箋釋合鈔》〔註 43〕。由於四比一的壓倒性優勢，筆者猜測康熙九年之後的順治律就不再載有「隱匿滿洲逃亡新舊家人」這一律文了。這條律文到底什麼時間從律例中刪除的呢？

根據《實錄》記載，順治九年（1652 年）五月，清政府「定隱匿查解逃人功罪例」〔註 44〕，七月「兵刑二部，會議查解逃人例」〔註 45〕。可見對於逃人事宜，順治一朝從始至終都在不遺餘力地解決，清政府陸續頒佈了很多例文以解決這一棘手問題。除了法律方面，清政府的重視也體現在機構設置上，順治十年十一月「設兵部督捕滿漢侍郎各一員，增司官各六員。另設公署，專理緝逃捕寇事務」〔註 46〕。清政府在這一階段只是設立了隸屬於兵部的督捕侍郎，並沒有成立專門的督捕衙門。隨後於順治十一年初正式成立了督捕衙門，專門從事捕逃事宜，「督捕衙門始設兵部兼攝之，順治甲午尚書王公永吉奏，增設兵部督捕衙門，滿漢左右侍郎各一員，滿漢司員各六員」〔註 47〕。這也標誌著逃人事宜的處理工作在不斷加強。

順治末年康熙初年刊刻的「順治律」後附有《兵部督捕欽定逃人事宜》。筆者在中國國家圖書館北海分館查到了該版順治律，其中正文 459 條（《戶律·戶役》門下載有「隱匿滿洲逃亡新舊家人」條），律後又附有《兵部督捕欽定逃人事宜》。這版順治律的律首，載有順治皇帝御製序文以及順治四年剛林奏

〔註 42〕 蘇亦工：《明清律典與條例》，北京：中國政法大學出版社，2000 年版，第 136 頁至第 138 頁。

〔註 43〕 筆者至今無緣見到這一版本之順治律，如有機緣一睹真容，也許會改變現有觀點。

〔註 44〕 《清世祖實錄》卷六十五，順治九年五月丙申。

〔註 45〕 《清世祖實錄》卷六十六，順治九年七月丙戌。

〔註 46〕 《清世祖實錄》卷七十九，順治十年十二月癸未。

〔註 47〕 〔清〕王士禎：《池北偶談》，靳斯仁點校，北京：中華書局，1982 年版，第 55 頁。

疏，卻沒有康熙九年刑部尚書對喀納奏疏。這樣來看，它理論上是康熙九年之前的版本。從《兵部督捕欽定逃人事宜》具體內容來看，具體載有從太宗朝到康熙朝年間的題本，可見它應該是康熙年間制定頒佈的。從逃人律到督捕侍郎，到督捕衙門，再到單行的《兵部督捕欽定逃人事宜》，處理逃人事件的手段在逐步升級。

康熙十五年，康熙帝選取索額圖、熊賜履等人會同督捕衙門重新刊定舊有條例，編纂《督捕則例》。從此《兵部督捕欽定逃人事宜》身份升級了，成為一部則例，也不再附於律後，而是單獨刊刻頒行。康熙三十八年（1699 年）十一月，康熙帝下令「裁兵部督捕衙門。督捕事務，歸併刑部管理」〔註 48〕。從此兵部督捕衙門塵歸歷史，取而代之的是刑部督捕司，《督捕則例》也從兵部內屬則例一舉變為刑部內屬則例。此後《督捕則例》也從乾隆八年開始借助歷次纂修《大清律例》的機緣，重行校刊，隨同律例共同進退，直到清朝結束。因此，康熙五十四年，沈之奇在《大清律輯注》中對「滿洲逃亡新舊家人」律文加注的按語是「此俱有刑部督捕新例」〔註 49〕。

不僅是「逃人律」，其他律文也有更改之處。如順治四年「竊盜」律：

凡竊盜已行而不得財，笞五十，免刺。但得財（不論分贓，不分贓。）以一主為重，並贓論罪。為從者，各（指上得財、不得財言。）減一等。（以一主為重，謂如盜得二家財物，從一家贓多者科罪。「並贓論」，謂如十人共盜得一家財物，計贓四十兩，雖各分得四兩，通算作一處，其十人各得四十兩之罪。造意者為首，該杖一百。餘人為從，各減一等，止杖九十之類。餘條準此。）初犯，並於右小臂膊上刺「竊盜」二字。再犯，刺左小臂膊。三犯者，絞（監候）。以曾經刺字為坐。〇掏摸者，罪同。〇若軍人為盜，（或竊或掏摸贓至一百二十兩者）雖免刺字三犯（立有文案明白），一體處絞（監候）。

一兩以下，杖六十

一兩以上至一十兩，杖七十

二十兩，杖八十

三十兩，杖九十

〔註 48〕《清聖祖實錄》卷一九六，康熙三十八年十一月庚子。

〔註 49〕〔清〕沈之奇：《大清律輯注》，懷效峰、李俊點校，北京：法律出版社，2000年版，第 205 頁。

四十兩，杖一百

五十兩，杖六十、徒一年

六十兩，杖七十、徒一年半

七十兩，杖八十、徒二年

八十兩，杖九十、徒二年半

九十兩，杖一百、徒三年

一百兩，杖一百、流二千里

一百一十兩，杖一百、流二千五百里

一百二十兩，絞（監候）○三犯，不論贓數，絞（監候）〔註50〕

根據《大清律例通考》記載，該條律文下標有吳壇注釋，具體內容是：

原律竊盜贓一百二十兩罪止杖一百流三千里順治四年定竊盜

贓一百二十兩者絞監候至康熙十一年八月刑科彭之鳳題准增改一百

二十兩者杖一百流三千里一百二十兩以上者擬絞監候〔註51〕

從注釋內容可以看出，修改後的「竊盜」律就與流刑體系嚴格對應起來。流刑主要分爲三等，即「二千里」、「二千五百里」和「三千里」三個部分。順治律最初版本遺落了「三千里」那部分，這無形中加重了「贓一百二十兩」的處罰，將原本應該判處的「流三千里」直接判爲「絞監候」，這樣一來，很多犯罪人的命運走到了無法挽回的境地。康熙十一年對該條律文進行修訂，在一定程度上保住了很多犯罪人的生命，也使得律文內容和傳統五刑體系嚴格對應起來，這不但可以保持了律文穩定，而且保證了五刑體系嚴格執行。

順治十二年十二月，清王朝「頒行滿文大清律」〔註52〕。這個滿文版大清律更是引起了很大爭議，具體表現在法律條文翻譯〔註53〕的問題上。從實

〔註50〕〔清〕剛林：《大清律集解附例》，中國國家圖書館北海分館藏。

〔註51〕〔清〕吳壇：《大清律例通考》卷二十四，「刑律賊盜中·竊盜」，光緒十二年刻本，中國人民大學圖書館藏。

〔註52〕《清世祖實錄》卷九十六，順治十二年十二月乙丑。

〔註53〕對於「順治律」的創制方法，至今仍存在爭議。爭議主要集中於「繹」和「譯」兩字之間的差異。《刑科給事中孫襄啓本》後附「硃批」以及《清實錄》中對於「刑科給事中孫襄條陳刑法四事」的記載都標注的是「詳繹明律，參酌時宜」，而《大清律集解附例》卷首所載順治帝的御製序文標明的是「詳譯明律，參以國制」。「繹」和「譯」兩字之間存在很大區別，鄭秦先生在「順治三年律考」一文中認爲，應該是「詳繹明律，參酌時宜」，他認爲「確實在一些版本中也有將『繹』做『譯』的，但那是刊刻者以爲通假借用」（鄭秦：《清代法律制度研究》，北京：中國政法大學出版社，2000年版，第4頁），但是順

治帝的御製序文中確確實實地採用就是「譯」字（筆者查閱了中國國家圖書
館古籍館館藏的所有版本《大清律集解附例》的「御製大清律序」，雍正年間
刊布《大清律集解附例》中卷首的「世祖章皇帝御製大清律原序」，以及乾隆
年間刊布《大清律例》中卷首所載「世祖章皇帝御製大清律原序」，結果無一
例外的都是「詳譯明律」。而且鄭秦先生和田濤先生點校的《大清律例》中，
也記載的是「詳譯明律」）。由此可見，清廷對於兩個字的使用是存在區別的，
御製序文的法律效力最高，它是至高無上皇權的體現，因此序文中的字理論
上不應該有誤。順治帝的御製序文刊載於清政府所頒佈的每一部律例之首，
如果這個字是錯字，是會及時改正還是將錯就錯呢？這樣的結果於今天已經
無法假設了，抑或假設已經沒有意義了。

　　在《大清律集解附例》編纂過程中，也許永遠無法知道「繹」與「譯」
各自佔了多大比重。能否理解爲先將《大明律》翻譯成滿文，經過清朝統治
者定奪，再用漢文頒佈定稿版《大清律集解附例》呢。從某種程度上來看，
這是可能的，而可以質疑的地方在於《實錄》所記載的順治十二年十二月「頒
行滿文大清律」。令筆者懷疑的是，清初入關之後，很多官員建議速頒律例，
面對立法大事，清朝統治者顯然不可能聽任漢人官員全權操作，清政府中大
量官員曾經在明政府中做過官，如趙開心的履歷就清楚地表明他是崇禎朝進
士，曾經在明政府中官至兵部員外郎，這個時期的清朝統治者不得不防範這
些背景複雜的人。外有南明政權，內有前明遺臣，而作爲發揮管理天下百姓
作用的《大清律集解附例》，清廷肯定不會放手不管。在這種大事面前，也許
慎之又慎才是更應該做的。因此，筆者認爲《大清律集解附例》中應當有「譯」
的成分，甚至可能「譯」的地位和作用很可能超過了「繹」。當世人記載，「大
清律即大明律改名也，雖剛林奏定，實出胥吏手」（〔清〕談遷：《北遊錄》，
北京：中華書局，1997 年版，第 378 頁）。也許確如所說，《大清律集解附例》
由胥吏具體操辦，但是滿洲權貴也會重點過問。清初統治者的漢文功底到底
如何，今天已經無從得知，也許個別人如和碩睿親王多爾袞掌握漢文的程度
可能相對高一些，因爲「睿」字本身即是聰明的意思，其他滿洲統治者也需
要知曉《大清律集解附例》具體內容。順治帝六歲登基，頒佈《大清律集解
附例》時，只有十歲，頒佈御製序文時，只有九歲，當然序文內容可能並非
出自他本人之手，甚至這篇序文在他的記憶中幾乎沒有殘留。順治帝登基時
有兩位輔政大臣，一位是和碩睿親王多爾袞，而另一位則是和碩鄭親王濟爾
哈朗，順治元年正月，「攝政和碩鄭親王濟爾哈朗集內三院、六部、都察院、
理藩院堂官，諭曰：嗣後凡各衙門辦理事務，或有應白於我二王者，或有記
檔者，皆先啓知睿親王，檔子書名亦宜先書睿親王名。其坐立班次，及行禮
儀注俱照前例行」（《清世祖實錄》卷三，順治元年正月己亥）。上述言行並不
代表濟爾哈朗不過問政務，只是鄭親王明確兩位輔政大臣座次而已。在多爾
袞率軍入關之後，濟爾哈朗於盛京輔佐順治帝處理朝政，對於政務尤其是律
例大事，他不可能不知曉，也不可能不過問，只是和多爾袞相比，濟爾哈朗
相對位居幕後罷了。從《實錄》記載來看，確實有很多滿洲統治者知曉律例
內容，內外臣工和天下百姓都要遵守律例，滿洲統治者也不能置身事外。當
然滿洲權貴的漢文水平如何，甚至他們能否讀懂漢文或聽懂漢文都是存在疑
問的，可以預計的是順治朝初期的滿洲權貴很可能漢文功底不深。種種跡象

錄記載可以看出，清政府首先頒行是漢文本大清律，在八年之後才頒行滿文本大清律，但是這個翻譯工作並不盡如人意。正因爲存在「律內小字業經譯完，但閱大字內有滿字不符漢字者，亦有漢字未譯滿字者」〔註54〕這一問題，所以要重新開館進行修訂。康熙九年，康熙帝命大學士管刑部尙書事對喀納〔註55〕負責對順治律的滿漢文本進行校正。刑部隨即將「滿漢字義不符及未譯之處逐一翻譯校定」，並對以前漢文版內參差遺漏等處都進行了校正。

2.1.2「順治律」中的制定法因素

「順治律」是滿洲入關之後頒佈的第一部成文法律，其中包含了大量制定法成分，這些內容大多直接源自明朝法律。如《名例》下的「犯罪共逃」律，該律文在《大明律集解附例》和《大清律集解附例》中都有記載，具體內容如下：

《大明律集解附例》
凡犯罪共逃亡其輕罪囚能捕獲重罪囚而首告及輕重罪相等但獲一半以上首告者皆免其罪（謂同犯罪事發或各犯罪事發而共逃者若流罪囚能捕死罪囚徒罪囚能捕流罪囚首告又如如五人共犯罪在逃內一人能捕二人而首告之類皆得免罪若損傷人及奸者不免仍依常法）其因人連累致罪而罪人自死者聽減本罪二等（謂因別人犯罪連累以得罪者如藏匿引送資給罪人及保勘供證不實或失覺察關防鈐束聽使之類其罪人非刑殺而白死者又聽減罪二等）若罪人自首告及遇赦原免或蒙特恩減罪收贖者亦准罪人原免減等贖罪法（謂因罪人連累以得罪若罪人在後自首告或遇赦恩全免或蒙特恩減一等二等或罰贖之類皆依罪人全免減等收贖之法） 纂注：此條前一節以自犯者言後二節以因人連累者言律文本注亦自明白罪人正犯也首節謂輕能捕重而首少能捕多而首既能服罪又能除惡故俱得全免惟損傷於人及奸者不免止免在逃之罪能獲之人減逃罪二等坐之次節正犯自死則首惡已除連及者宜有寬減故得減本罪二等注云又減者蓋藏匿等項本條已各減等此因正犯自死而再減之故曰又減末節正犯減降贖免則首惡既恕餘可矜憐故皆得照正犯全免降減收贖凡此皆以開自新之路廣緝盜之門而溥矜恤之恩也

表明，「譯」的可能性很大，而「繹」到何種程度，甚至滿洲權貴們能否理解所「繹」內容，則另當別論。當然，這也是《大清律集解附例》留下的又一個疑問。

〔註54〕「康熙九年十二月對喀納奏疏」，載《大清律集解附例》，康熙年間刻本，中國國家圖書館藏。

〔註55〕而《大清律集解附例》中所載對喀納題本的結尾落款卻是「對哈納」。在筆者見過的所有載有康熙九年題本的《大清律集解附例》中標注的都是「對哈納」，這二者之間的差異又是一處疑問。

按：此與自首條強竊盜捕獲同伴者同彼兼給賞此僅免罪者蓋此有在逃之罪故彼兼賞其功而此止宥其罪酌議之審也

備考：

一犯人共逃捕獲不及一半及法得相隱之人有獲共逃重罪而首告者親屬各依事發在逃自首得減逃罪二等若親屬因捕獲有所殺傷者各從殺傷尊長卑幼本法若卑幼原罪輕者仍依干名犯義律論讀法云謀反逆叛緦麻以上親捕送依捕首律論〔註 56〕

《大清律集解附例》

凡犯罪共逃亡其輕罪囚能捕獲重罪囚而首告及輕重罪相等但獲一半以上首告者皆免其罪（以上指自犯者言謂同犯罪事發或各犯罪事發而共逃者若流罪囚能捕死罪囚徒罪囚能捕流罪囚首告又如五人共犯罪在逃內一人能捕二人而首告之類皆得免罪若損傷人及姦者不免仍依常法）其因（他）人（犯罪）連累致罪而（正犯）罪人自死者（連累人）聽減本罪二等（以下指因人連累而言謂因別人犯罪連累以得罪者如藏匿引送資給罪人及保勘供證不實或失覺察關防鈐束聽使之類其罪人非被刑殺而自死者又聽減罪二等）若罪人自首告（得免）及遇赦原免或蒙特恩減罪收贖者（連累人）亦准罪人原免減等贖罪法（謂因罪人連累以得罪若罪人在後自首告或遇赦恩全免或蒙特恩減一等二等或罰贖之類皆依罪人全免減等收贖之法）

　　從該律兩載內容對比可以看出，《大清律集解附例》律文基本延續了《大明律集解附例》律文。清朝統治者爲了方便理解律文內容，將《大明律集解附例》中「纂注」部分融入到律文小注之中。在《大清律集解附例》中，律文和小注能夠通順讀下來，二者共同構成了一個整體，表達了同一個意思。根據中研院史語所黃彰健先生考證，《大明律集解附例》中的律文是明太祖三十年成果，這裡的「纂注」與陳遇文所刊刻《大明律解》內容中有關大明律解釋部分完全相同，《大明律集解附例》中「備考」則與《大明律解》中「補遺」文句內容完全相同。〔註 57〕其實《大清律集解附例》在制定過程中，確實將「纂注」融入律文之中，並且將集解「消化」「吸收」而不是「排泄」了。

〔註56〕〔清〕沈家本編：《明律集解附例》，據清光緒二十四年重刊本影印，臺北：成文出版社，1969 年版，第 319 頁至第 322 頁。

〔註57〕黃彰健先生在對日本尊經閣文庫藏本明萬曆二十一年陳遇文刊刻的《大明律解》和臺北中央圖書館藏明萬曆三十八年高舉刊刻的《大明律集解附例》進行了嚴密地對比考證分析而得出這一結論。（具體內容參見黃彰健編著《明代律例彙編》中的自序。華東政法大學張伯元教授也對《大明律集解附例》中的「集解」進行了考證，張伯元教授也認爲《集解》中的「纂注」出自陳遇文刊刻的《大明律解》。《大明律解》今有殘本藏於吉林大學圖書館古籍部。在本文的寫作過程中，筆者很遺憾沒有能夠看到《大明律解》的原件，今後如有機會，筆者願一睹真容，那樣也許會爲本文的寫作提供更大價值。）

清律律文加小注所表達的意思等於明律律文加纂注所傳達的內容，清律具體意思表達得更直觀，更有助於讀者理解。筆者認爲這樣編纂手法基於明律曾經適用於這片廣大疆域近三百年，洪武三十年大明律一經頒佈，終明之世沒有任何改動，中原各族人民對於明律自然耳熟能詳。對於明律感到陌生的只是那些剛入關的以順治帝和多爾袞爲首的滿洲權貴，他們對明律簡潔表達方式很可能不適應，甚至說在某種程度上根本看不懂律文內容，他們需要借助於「解釋」的方式幫助自己提高對律文的理解水平，而解釋又不能以口授方式告知全體滿洲官員甚至隨著滿洲權貴入關的滿洲百姓，他們只能通過在律文中作注的方式表達出來。滿洲官員擔任的都是各部要職，職位遠比漢官高，他們需要清楚瞭解律文具體意思，以便於在工作和生活中運用自如。律文也是漢族官員在滿洲官員率領下制定的，作爲編纂負責人的滿官必然要求他們首先能讀懂律文意思，隨後他們可以向順治帝和攝政王多爾袞奏報律文內容。一旦皇帝和攝政王提問具體情由，他們可以對應回答。「律內小注」確實如乾隆律中所說的「釋難明之義，解達未足之語氣，句斟字酌，實足補律所未備」〔註58〕。

　　從「順治律」內容和「大明律」內容對比可以看出，順治律的律文大部分直接淵源於明律，只是某部分有所發揮而已，這樣的發揮使得律文更加通俗易懂。在某種程度上，變通後的律文更適合滿洲統治者需要，各級問刑衙門在受理案件之後，可以根據具體案情查找相關律文，依據律例最終作出裁決。這種律文體裁尤其適合傳統中國的國家運轉體系，各級官吏以「天子門生」身份作爲皇權在各地代表，他們在具體裁決中直接引用中央政府頒佈的法律，而這種制定法形式的律文尤其適合全國範圍內各級官員統一思想認識。這也是「順治律」吸收「大明律」的重要原因。

　　從唐律到清律，中國律例制定法形式基本沒有變化，如明律中「犯罪共逃」律文，薛允升先生認爲「此律與唐律同」〔註59〕，可見該律文直接淵源於唐律。除了這一條，明律中大部分條款都淵源於唐律。清律承繼明律，進而間接承繼唐律，唐律創制形式已爲後繼朝代所承襲。從現存最早法典——唐律發展到清律，傳統中國制定法形式爲歷朝所傳承。正因爲大部分律文直

〔註58〕　《大清律例‧凡例》，乾隆五年刻本，中國人民大學圖書館藏。
〔註59〕　〔清〕薛允升：《唐明律合編》，懷效峰、李鳴點校，北京：法律出版社，1999年版，第69頁。

接來自於明律，順治律基本繼承了中國傳統法制以制定法爲主要法律淵源的特點。制定法形式集聚了中國人智慧，它通過建立一般法律行爲規範，普遍適用於社會生活中各種行爲，進而達到通過一部律例規範全部社會行爲之目的。清律制定法形式不僅體現在律文方面，而且律例中條例的行文方式也採用了與律文相同的制定法形式。從這個角度也可以說，制定法是以順治律爲開創的清代律例的主要法律淵源。

2.1.3 「順治律」中的判例法因素

　　清王朝在定鼎中原之後，不但頒佈了制定法而且頒佈了判例法，第一件正式頒佈的判例，恰恰寫入了律例之中。「順治律」第十九卷「刑律·人命」中，有一條律文名稱是「鬥毆及故殺人」。在明律中，這是一條普通得不能再普通的律文，它和其他律文在形式上沒有任何區別。而在順治四年正式頒佈的《大清律集解附例》中，它的具體內容是：

大清律集解附例·刑律·鬥毆及故殺人
（獨毆曰毆有從爲同謀共毆臨時有意欲殺非人所知曰故共毆者惟不及知仍只爲同謀共毆此故殺所以與毆同條而與謀攸分）凡鬥毆殺人者不問手足他物金刃並絞（監候）〇故殺者斬（監候）〇若同謀共毆人因而致死者以致命傷爲重下手（致命傷重）者絞（監候）元謀者（不問共毆與否）杖一百流三千里餘人（不曾下手致命又非元謀）各杖一百（各兼人數多寡及傷之輕重言）〔註60〕

　　將該條律文和明律中的「鬥毆及故殺人」相對比就可以看出，如果除去了小注部分，二者完全相同。可見，這條律文具體內容直接源於明洪武三十年《大明律》，但是本文開頭的那起案件徹底改變了這條律文的命運。

　　「大清皇父攝政王」——多爾袞在三法司上奏的題本中作出改判，改判結果出人意料，因爲在同一日各部院上奏的所有題本中，多爾袞偏偏對這一題本的處理結果是「朱和尚姑責四十板，賠人一名，餘依議」〔註61〕。多爾袞的改判使得這一案件處理結果發生翻天覆地變化，並且按照多爾袞的意思，該案件不僅是一起改判，而且作爲一件判例加入到「順治律」條文之中。無論在順治律的制定還是修改過程中，都無法迴避多爾袞那羸弱的身軀所留

〔註60〕《大清律集解附例》，中國國家圖書館古籍部藏，編號 02387。
〔註61〕〔清〕黨崇雅：「爲遵旨特報成招重囚事」，順治朝題本，刑罰類，1836—14，中國第一歷史檔案館藏。

下的巨大投影。

以今天視角來看，這仍然是一個不可思議的判決結果。按中國傳統五刑理論來看，朱和尚本應判處死刑，而多爾衮改判結果卻是「責四十板」，橫跨笞刑、杖刑、徒刑、流行、死刑五級中的四級刑罰。雖不能說從至重到至輕，也是在相當大的程度上作出輕判。多爾衮作出這一輕判的眞實原因今天已經無從得知了，但是它所造成的影響卻是深遠的。這一結果被加入到順治律「鬥毆及故殺人」的律文之中。筆者在中國國家圖書館查找到一部順治律，它所載的「鬥毆及故殺人」律條在一開始即是上面的律文，隨後緊接著的正是源自明朝的三條例文，直到這裡看到的都是明朝痕跡，但是在三條例文後插入的是下面內容：

一爲欽奉上傳事該刑部左侍郎阿□等於順治五年七月二十四日面奉旨毆殺人命據律應抵或偶相互毆誤傷致死者姑責四十板賠一人如素有讐怨因而毆殺者仍依本律俱確招奏請定奪著著爲例欽此欽遵此係皇上皇叔父攝政王好生至意臣等請旨將新奉綸音特列一條令天下後世其見皇仁垂之有永矣理合具題謹題請旨順治五年七月二十八日奉聖旨是欽此欽遵抄部送司奉此相應請咨各省直督撫按遵奉聖旨內事理於鬥毆及故殺人條例之首將此條新例明白開載一體欽遵等因案呈到部擬合就行爲此合咨貴院煩爲轉箚各該巡按及五城御史將此條新例刊入原頒鬥毆及故殺人條例之首並轉行各該衙門一體欽遵施行〔註62〕

加入到順治律例文中的這一判例在「順治五年七月二十八日」之前的例文內容，與中國第一歷史檔案館藏的《順治朝題本》「順治五年七月二十八日刑部尙書黨崇雅欽奉上傳事」具體內容是一樣的。「順治五年七月二十八日」之後的例文內容則是刑部自己作出的決定，刑部決定將此條新例清楚表達出來，讓各省總督撫按一體遵行，並將此例刊載在鬥毆及故殺人的例首。〔註63〕

〔註62〕 《大清律集解附例》卷十九，「刑律‧人命」，國家圖書館藏，編號02387，第九頁。

〔註63〕 此件《大清律集解附例》編排體例非常奇怪，給人的直觀感受是在順治四年刊行的律例中插入了這一條例。從具體行文來看，該條例文佔據了整整一頁（中國傳統書籍的一張頁面包括正面和反面，折疊後的一整張紙才稱爲一頁）。本條例文插在「鬥毆及故殺人」之後的「屏去人服食」中，律文內容則是第八頁後半頁直接連接到第十頁前半頁，中間是斷開的。這樣一來，第九頁與前後兩頁之間並不是連接關係，是臨時插入進來的。由此引出的一個疑

這樣的修改方式，即將例文直接插入律文之後，以上諭形式直接作爲例文並非本條律文發展的最終結果。在後來頒行的順治律中，律文具體內容再次發生變化。其內容變爲：

> 鬥毆及故殺人（獨毆曰毆有從爲同謀共毆臨時有意欲殺非人所知曰故共毆者惟不及知仍只同爲謀共毆此故殺所以與毆同條而與謀攸分）順治五年七月二十四日刑部面奉旨毆殺人命據律應抵或偶相互毆誤傷致死者姑責四十板賠一人如素有仇怨因而毆殺者仍依本律俱確招奏請定奪著著爲例欽此凡鬥毆殺人者不問手足他物金刃並絞（監候）○故殺者斬（監候）○若同謀共毆人因而致死者以致命傷爲重下手（致命傷重）者絞（監候）元謀者（不問共毆與否）杖一百流三千里餘人（不曾下手致命又非元謀）各杖一百（各兼人數多寡及傷之輕重言）

這一表達方式非常奇怪，「著爲例」已經說明得非常清楚，這是一條例文。但是該例文爲什麼會以這樣的形式而存在，這在清朝歷史進程中是絕無僅有的，其他法律中也沒有類似表達方式。它爲什麼會放在律首，不是放在正式律文後面，也不是單獨成爲一條例文，這是本條律例留下的一個也許永遠無法解決的疑問。

從多爾袞所做改判的具體內容可以看出，這一改判所產生的意義十分重大。這裡的意義並不是簡單地將死刑改爲「責四十板，賠人一名」，多爾袞的改判結果可以分成兩個部分，一部分是「責四十板」，另一部分是「賠人一名」。

首先看前一部分──「責四十板」。根據大清律，五刑圖包括「笞、杖、徒、流、死」五種，其中笞刑分五檔，分別是一十、二十、三十、四十、五十。杖刑也分五檔，分別是六十、七十、八十、九十、一百。在最開始處理該案件的決定中，顧小二以元謀者定刑：杖一百徒三年，然而顧小二照例應當免杖，他只能去「驛遞」工作。徐大二依餘人律：杖一百。而最終三法司

問是，如果這一版本順治律的正文是順治四年頒佈的，爲什麼從頁碼來看並沒有插入的?象，頁碼八、九、十完全是順下來的。頁碼按照順序排列，內容卻存在插入?象。該版順治律首刊載的剛林題本中有具體日期，律中未載康熙九年刑部尚書對喀納的題本，種種?象又表明該版順治律是順治四年頒佈的版本，但在剛林奏疏中，只有一個「皇上」，絲毫不見「皇叔父攝政王」的蹤跡。同時，該版順治律通計 459 條，含有律文「隱匿滿洲逃亡新舊家人」條。這樣一來，局面就更混亂了，直接後果就是無法證明該版順治律到底是哪一年頒佈，這是該版順治律留給我們的又一個疑問。

判定的處理結果是顧小二判處二十板，徐大二判處十板。對於顧小二和徐大二的處理結果，多爾袞是同意的。這個「板」和「笞」、「杖」之間到底是什麼關係呢？從順治律中可以找到結論，笞刑是謂人有輕罪，用小荊杖決打，每二笞折一板，杖刑是謂人犯罪，用大荊杖決打，每二杖折一板。在沈之奇《大清律輯注》中，有更加清楚地說明。在笞刑中，「自一十至五十，凡五等。今笞一、二十折責五板，三十折責十板，四十折責十五板，五十折責二十板」〔註64〕。在杖刑中，「自六十至一百，凡五等。今杖六十折責二十板，七十折責二十五板，八十折責三十板，九十折責三十五板，一百折責四十板」〔註65〕。沈之奇在書中加注釋「杖至一百，不可復加。若責至四十板以外，即是違律矣。笞、杖皆用荊條，但以大小爲別，擬定罪名而後決之也。板即古之訊杖，或竹或木，犯罪不承者，以杖訊之，非笞杖之杖也。訊杖重，笞杖輕，故折算決之」〔註66〕。

在乾隆律中，笞刑是一十折四板，二十除零折五板，三十除零折一十板，四十除零折一十五板，五十折二十板。杖刑是六十除零折二十板，七十除零折二十五板，八十除零折三十板，九十除零折三十五板，一百除零折四十板。薛允升在《讀例存疑》中的注釋是「國初律，笞杖數目下，原注以五折十。康熙年間，始以四折十，並除不及五之零數。故杖一百，止折責四十板。」〔註67〕

從沈之奇和薛允升注釋來看，清朝「笞」和「杖」在具體行刑時是以竹板折算的，這樣的行刑方式並不見於大明律，目前暫推論該制度爲清首創。順治元年九月，「刑部右侍郎提橋啓言：五刑之設所以訐奸除亂。而死刑居二，曰絞、曰斬。明律分別差等，絞斬互用。我朝法制，罪應死者，俱用斬刑。臣以爲自今以後，一切麗於重典者，仍分別絞、斬，按律引擬。至於應笞之人罪不至死，若以板易鞭，或傷民命。宜酌減笞數，以三鞭準一板，庶得其平。伏懇敕下臣部傳示中外，一體遵行」〔註68〕。這件題本在大清律頒佈之

〔註64〕〔清〕沈之奇：《大清律輯注》，懷效峰、李俊點校，北京：法律出版社，2000年版，第2頁。

〔註65〕〔清〕沈之奇：《大清律輯注》，懷效峰、李俊點校，北京：法律出版社，2000年版，第2頁。

〔註66〕〔清〕沈之奇：《大清律輯注》，懷效峰、李俊點校，北京：法律出版社，2000年版，第2頁。

〔註67〕〔清〕薛允升：《讀例存疑》卷一，「名例律上」，北京：琉璃廠翰茂齋，光緒三十一年刻本，第一頁，中國人民大學圖書館藏。

〔註68〕《清世祖實錄》卷八，順治元年九月丙申。

前就已經呈交，可以視爲將竹板作爲主要行刑工具的開端，竹板的出現統一了五刑和鞭刑之間的折算方法。在《大清律集解附例》頒佈之後，清朝的鞭刑、笞刑、杖刑可以統一用竹板折算行刑，清朝這種用竹板行刑的刑罰方式也被人們俗稱爲「打板子」。

　　滿洲在入關之前，大都採用一些不同於中原地區的刑罰，這些內容遠離漢人熟知的傳統五刑，主要刑罰內容有鞭刑，貫耳鼻，割腳筋等。滿洲入關之初，許多野蠻刑罰仍在適用。順治二年，經刑科都給事中李士焜奏請，多爾袞同意除去割腳筋之刑〔註69〕。順治三年，「刑部奏言：凡重辟減等者，鞭一百，貫穿耳鼻。得旨：耳鼻之在人身，最爲顯著，貫穿耳鼻之刑，永行革除」〔註70〕。由此可見，在《大清律集解附例》頒佈之前，滿洲特色刑罰逐漸被革除，刑罰方面障礙逐漸被掃清，「笞、杖、徒、流、死」五刑逐漸成爲清朝主要行刑方式。

　　再看後一部分——「賠人一名」。此種刑罰方式自隋唐時期確立「笞、杖、徒、流、死」五刑以來，爲歷代中原王朝所未見。對於漢人來說，這是一個很特別的處罰方式，這樣的方法絲毫不見於明朝的法令和檔案。順治四年《大清律集解附例》頒佈了，這部仿造明律的法律自然不會載有此種刑罰方式。它的方式太特別了，完全超出漢人士大夫想像的極致。它不是「以眼還眼、以牙還牙」同態復仇性質的處理方式，「賠一人」是非常有利於促進生產力發展，人少了一個，就賠一人，從生產力角度來看，勞動力沒有損失。但是這種方式建立在人身依附關係基礎之上，如果人與人之間平等自由，那麼如何實現賠一個人呢。執行這樣的刑罰就必然要把所賠的那個人視爲一個工具，一件可以交換和買賣的貨物，只有這樣才能產生賠付的可能。滿洲是實行家奴制度的民族，終清一世始終有大量家奴存在。家奴可以通過投充、圈地、買賣、戰爭、刑罰、遺傳等方式獲得。而在本案中，有一處疑問值得商榷，朱和尚、顧小二、徐大二、沈壽四人均沒有任何跡象表明是旗人。如果按照民人角度來思考，這個疑問就存在了，朱和尚如係民人，他如何拿出一人來理賠呢？投充、圈地、戰爭、刑罰、遺傳等方式對他來說都不適用，最後只剩下買賣了。清朝有權勢的人物，手下有大量家奴可供役使，他隨時可以撥出一名進行理賠。而本人如果沒有家奴，則只能通過市場買賣方式予以解決。

〔註69〕《清世祖實錄》卷十八，順治二年閏六月乙未。
〔註70〕《清世祖實錄》卷二十五，順治三年四月戊子。

談遷在《北遊錄》中有這樣記載：「順承門內大街騾馬市、牛市、羊市。又有人市。旗下婦女欲售者叢焉。牙人或引至其家遞閱。噫。誠天下之芻狗斯人也」〔註71〕。可見，從事家奴交易的市場隨處可見，清律中還有「略人略賣人」這樣的罪名，因爲該條直接因襲於明律，可見在明清兩朝，買賣家奴這一行爲完全合法，甚至已經運用法律予以規範。明清時期，嚴格區分良人和賤人。如果出現良人買賣，就會以略人略賣人罪名進行處罰，賤人買賣則是合法的。所以在本案中，朱和尚只能以買一名家奴的形式「賠一人」。這種方式可以通過換算來看，其相當於罰金，而這個罰金指的是購買家奴，不是向政府繳納金錢，這樣的方式更近似於雙方協商的金錢賠償，從而彌補勞動力損失，它還不是簡單的金錢賠償，而是一種以勞動力賠勞動力的賠償方式。這種方式建立的基礎是中國歷史上特有的嚴格區分良賤制度和滿洲家奴制度，兩種制度立足基礎並不是人與人之間的平等關係，否則賠一人就無從談起了。從多爾袞這一判罰來看，結果可能並不那麼野蠻，但是清楚地表明了清王朝建立在一種人身依附關係基礎上。這樣的處罰方式對滿洲權貴有利，他們打死人完全可以以家奴賠償，而不需要抵命。多爾袞也許想通過這一方式爲滿洲貴族特權打下基礎，方便他們特事特辦。當然這種處理方式並非多爾袞首創，其具有滿洲特色。

　　睿親王多爾袞的滿文表達是「mergen chin wang dorgon」，從滿文中可以很清楚地明晰「睿」的滿文表達是「mergen」，其音譯即「墨爾根」。在清史史料中，所謂的墨爾根親王也就是睿親王，二者表達同一個意思，指向的是同一個人——多爾袞。在《盛京原檔》中，第二二〇號是關於睿親王多爾袞在率軍出征時有關刑案處理的檔案。共收錄了兩條，一條是「喀喇沁部落馬查所屬張機泰牛錄下拉木布包衣漢人跟役明安離宿營寨外出被殺，牛錄章京窩德其時在營地，失於覺察，鞭五十，並償一人，交張機泰。張機泰牛錄小撥什庫蒙格、巴達瑪各鞭三十。——墨爾根侍衛鞫審」；另一條是「土謝圖親王下拜斯哈爾臺吉所屬王善之跟役於樵採時被殺，帶領樵採之牛錄章京阿都戶鞭五十，償所缺之人。——墨爾根侍衛鞫審」〔註72〕。落款時間是崇德四年八月二十三日。《盛京原檔》第二〇五號也是處理人命案的檔案，其基本內容

〔註71〕〔清〕談遷：《北遊錄》，北京：中華書局，1997年版，第386頁。

〔註72〕《盛京刑部原檔（清太宗崇德三年至崇德四年）》，中國人民大學清史研究所、中國第一歷史檔案館譯，北京：群眾出版社，1985年版，第150頁。

是由參政吳達海和副理事官阿薩里鞫審，裁決結果一般也都有「償還一人」作為處罰方式，甚至有的案件當事人涉及多爾袞屬下。從上述案件處理結果可以看出，無論是多爾袞包衣涉案，還是多爾袞侍衛處理具體案件，只要不是故意殺人，基本結果都會判處「償一人」。這樣的處罰方式在清初早已成為一種慣例，所有鞫審官都清楚地知道非故意殺人必然要「償一人」。就多爾袞本人來說，這樣的處理方式也許是爛熟於胸，甚至可以推斷出其本人肯定支持這樣做法，否則在他行軍帳中鞫審案件的處罰結果怎會有「償一人」存在。

滿洲不同於久居漢地的中原人，他們有許多獨特習俗，甚至入關之後仍繼續保留。如努爾哈赤死後，多爾袞三兄弟的母親大妃阿巴亥殉葬，其他滿洲權貴在下葬時也有侍女殉葬。這一情況甚至在滿洲入關之後仍然存在，多爾袞死後也有侍女殉葬。由此可見，滿洲在進入中原之後接受漢化非常緩慢，他們的生活方式和處事方式大多仍保留滿洲舊俗。當然這是一個很正常的現象，他們以勝利者的姿態控制了中原廣大地區，勝利使得他們始終迷信自己的優勢，甚至在某種程度上有自戀情節，他們會理所當然地迷戀自己風俗習慣等各種帶有滿洲痕跡的東西，而對於前明遺留下來的任何事物，他們會不自覺地予以貶低，甚至鄙視。此種情節反映在司法審判上，就很明顯地體現在他們喜歡適用滿洲舊俗，以滿洲入關前習慣法作為處理司法案件的依據。他們的指導思想是「參漢酌金」，而不是一味地接受漢化。「參漢」意味著要接受漢化，而「酌金」就意味著保留滿洲本色。多爾袞對本案的處理結果就將「參漢」與「酌金」巧妙地結合起來，「責四十板」可以看作「參漢」，「賠一人」意味著「酌金」。所以「責四十板，賠一人」這個判決結果可以看作是滿洲舊俗和漢人律例相結合的產物。

順治九年，刑部尚書劉餘祐向順治帝上奏題本，提出法令應畫一問題，他認為「竊讀《大清律例》，原以折衷成憲，爰定諸條，其輕重俱酌情事之宜，立為一定之法。近多狃於舊例，而不顧律之合否，似非立法不移之義」。其中提到了「狃於舊例」就是指清朝統治者仍拘泥於舊例，這裡的舊例很可能指的就是滿洲在入關之前的舊例。他從六個角度進行了詳細分析，即舊例對死刑不分斬絞；流徒罪犯一概解部；對於強盜家產如屬旗下聽本主查收，而屬有司則應免籍沒家產，免得藉此名聲騷擾鄉里四鄰；隱匿逃人窩主流徒關外的，應陸續解押免得病死獄中；對於父母隱匿子女或子女隱匿父母的，應予以酌量減懲；投充之人犯法與屬民一體究治，並嚴格區分旗下舊人與投充之

人。此外，劉餘祐特別提到了睿親王多爾袞的這道批覆，他認爲「人命抵償，即約法三章亦云殺人者死。查五年七月有傳諭，偶相互毆誤傷至死者，姑責四十板，賠一人。夫誤傷原有本律，然註亦云，至死並絞。今若以賠人作抵命，是開兇人以狁法之端，而死冤不雪矣。應仍照律定擬，庶人知畏法而不敢縱惡也」〔註73〕。從劉餘祐奏疏內容可以看出，他所列舉的六個方面已經嚴重影響了清初司法審判，而且矛頭直接指向了清初三大弊政中的兩個，即「逃人律」和「投充」問題。當然，這六個方面遠不如多爾袞親手加入律例的判例影響深遠，劉餘祐將人命案件的處理方法上溯到漢初「約法三章」，表明了在以五刑體系構建的法典中穿插了這樣一個判例已經嚴重背離中國傳統法制，條文內容已經嚴重威脅律例統一，所以他建議順治帝將該判例從順治律中刪除。想必劉餘祐的奏疏發揮了作用，康熙年間順治律中的「鬥毆及故殺人」條又恢復了本來面目。

此外，順治版《大清律集解附例》中還有兩條上諭，一條是「服舍違式」位於「禮律・儀制」門。這一上諭位處律文之後、條例之前，其所載內容是順治二年閏六月初一日，禮部接到皇帝聖諭。多爾袞要求禮部確定公侯文武各官應用帽頂、束帶及生儒衣帽。禮部將這些內容按官級爵位分爲十三等，並按多爾袞的要求繪圖貼說，進呈御覽，希望多爾袞能「敕行內外各衙門，一體遵奉」。多爾袞代表順治帝下聖旨，明確肯定了禮部設計的樣式，並通行文武各衙門一體遵行，如有越品僭越官員或民間違禁擅用之人，重治不宥。後面詳細附著了從公、一品至九品、舉人、生員、外郎和耆老等用的帽頂和束帶樣式。

另一條是「驛使稽程」，位於「兵律・郵驛」門。在這條律文中，上傳作爲律後所附條例的形式而存在。該條例一開始就清楚地說明「順治三年五月十五日，欽奉上傳」，該上傳及條文在雍正律和乾隆律中所載內容如下：

《大清律集解附例》	《欽定大清律》	《大清律例》
一順治三年五月十五日，欽奉上傳：凡滿洲官，奉差往還，及在外緊急軍情齎奏，沿途經過地方，有司驛站等衙門，務要照依勘合、火	一（原例）順治三年五月十五日，欽奉上諭：凡滿洲官員因軍務差遣及自軍前赴京齎奏軍情，倘經過地方不照依勘合火牌糧單隨即供	一凡官員因軍務差遣及自軍前赴京齎奏軍情，倘經過地方不照依勘合火牌糧單隨即供應驛馬廩給，不爲預備公館，以致遲誤者，按遲

〔註73〕 劉餘祐：「畫一法守疏」，載《皇清奏議》卷五，《續修四庫全書》，史部詔令奏議類，473，第 55 頁。

牌、糧單，即時應付馬匹，並廩給、口糧、公所，如或違玩稽遲，許差官據實奏聞，定將本地方官並經管衙門員役，按其事體輕重，分別究治。雖本地方官公出，亦係平日怠玩，不能預飭，必不姑恕。著兵部傳諭。	應驛馬廩給，不爲預備公館，以致遲誤者，按遲誤事情鉅細，將本城長官及所派催辦驛馬糧餉官俱指名題參，該部察議擬罪具奏發落。若長官他出不在本城而有遲誤者，其委託怠玩，亦不得免罪，仍行罰治特諭。	誤事情鉅細，將本城長官及所派催辦驛馬糧餉官俱題參，交部察議擬罪。若長官他出不在本城而有遲誤者，其委託怠玩，亦不得免罪，仍交部察議。

　　由「順治律」具體內容可見，順治三年五月十五日的上傳，直接針對的是滿洲官員在地方辦理公務，有時根本得不到漢人支持，多爾袞不得已而爲之。在這條上傳中，規定的內容異常詳細，具體到勘合、火牌、糧單、馬匹、廩給、口糧等各個方面，完全是因爲某一滿洲官員在這些方面沒有得到驛站方面支持而回京奏報後，多爾袞根據其奏報具體內容而下達的聖旨。其根本目的在於保護滿洲官員權威，進而維護滿洲在廣大地區的有效統治。這個判例在「雍正律」中個別文字雖有所變化，但基本內容沒有改變。到了「乾隆律」，判例內容不僅刪去了「上傳」字樣和具體時間，並且將該條例文適用範圍擴大到滿蒙漢一體官員，所有從事軍務的各族官員權威都應得到維護。這表明清朝統治者已經將民族利益上升到國家高度。

　　從順治律的三個判例可以看出，滿洲是一個靈活的民族，不拘泥於漢人傳統，這三個判例都是多爾袞特事特辦，極有魄力之體現，第一種滿洲習慣法處罰方式只能以判例形式而存在，它本身與五刑體系相矛盾，難以融入現有律例，只能通過這種特別方式表達出來。當然，其效力具有優先性，優先於其他制定法內容。第二個和第三個則近似於具體問題具體分析，在某一時期該種問題處於重要地位，需要通過判例予以突出。當矛盾不再尖銳、問題不再突出，則可以通過纂修制定法的方式予以改進。制定法是發展方向，判例法則備一時之需，也正因爲判例法是特例，所以它要優先於制定法適用，皇帝也正是通過這種方式突出強調判例的作用和價值。

2.2 「雍正律」：清朝律文的正式形成

　　雍正初年，雍正帝完成了康熙帝未能付諸實踐的設想，成就了清朝入關後第二部律例——《欽定大清律》。這是一部具有標誌意義的律例，《大清律集解附例》條文是四百五十九條或四百五十八條，而《欽定大清律》最終定

律文四百三十六條，在它之後頒佈的《大清律例》也是四百三十六條。可見，「雍正律」將清朝政府頒佈律文具體數量固定下來。從歷次修律具體內容來看，歷次纂修對律文改動非常少，可以認定清朝律文正式形成正是始於「雍正律」的制定和頒行。

2.2.1 「雍正律」的沿革

「順治律」的律文和例文雖然時常有所變動，但終順治和康熙兩朝均沒有大篇幅修改，這一現象一直持續到雍正帝登基。雍正元年七月，御史湯之旭條奏，「律例款項，請酌定畫一，刊刻成編，頒示天下」。雍正皇帝隨即下達聖旨，「此所奏律例畫一之事，未嘗不是。但天下事，有治人，無治法。得人辦理，則無不允協。不得其人，其間舞文弄法，正自不少。雖條例畫一，弊終難免。著大學士等，會同總理事務王大臣，及刑部、都察院，詳酌密奏。」〔註74〕

修訂律例一事就這樣被提上日程，順治律肩負的歷史使命逐漸走到了盡頭。兩個月後，刑部議覆，「御史湯之旭條奏，六部現行則例輕重不一，請簡諳練律例大臣為律例館總裁，將康熙六十一年以前所行條例，雍正元年以後所奉上諭，陸續纂修增入。應如所請。」〔註75〕隨即雍正皇帝下旨，「左都御史朱軾、兵部尚書盧詢、刑部左侍郎阿錫鼐、兵部左侍郎伊都立，著充總裁官。」〔註76〕在御史湯之旭的奏請之下，律例館隆重開館，正式纂修《大清律》。

雍正三年七月，雍正帝對大學士等人下達上諭，「朕惟治天下之道，首重用人。朕自臨御以來，凡大小文武官員，俱親加看驗考試補用。至降革罰俸等項處分，必再三詳審，務使情罪允當，不令稍有屈抑。今吏兵二部銓選處分則例，刊刻遵行已久。其中不無前後互異之處。又現行則例，有未經校刻者，部內抄白存查，遇事引用，外官無由得知。奸胥猾吏因而上下其手，亦未可定。今律例館纂修律例將竣，著吏兵二部會同將銓選處分則例，並抄白條例，逐一細查詳議。應刪者刪，應留者留。務期簡明確切，可以永遠遵守。仍逐卷繕寫，並原書進呈。朕親加酌量，刊刻頒行。再書肆有刻賣六部則例等書，行文五城並各直省督撫，嚴行禁止。」〔註77〕

〔註74〕《清世宗實錄》卷九，雍正元年七月乙未。
〔註75〕《清世宗實錄》卷十一，雍正元年九月癸巳。
〔註76〕《清世宗實錄》卷十一，雍正元年九月癸巳。
〔註77〕《清世宗實錄》卷三十四，雍正三年七月己亥。

從上諭內容可以看出，律例館纂修律例工程馬上就要完竣了。兩個月後的雍正三年九月〔註 78〕，「欽定律例告成」〔註 79〕。清政府這一次纂修《欽定大清律》所花費的時間是三年，和「順治律」纂修具體時間差不多。但是雍正律制定的歷史背景與順治律不同，這時的清朝各級官員在審判和執法時有「順治律」作爲依據，「雍正律」出臺並不像對「順治律」的要求那樣急迫。

雍正帝在《欽定大清律》的「御製序文」中提到了，「乃命諸臣，將律例館舊所纂修未畢者，遴簡西曹，殫心搜輯，稿本進呈。朕以是書民命攸關，一句一字必親加省覽，每與諸臣辯論商榷，折中裁定，或析異以歸同，或刪繁而就約，務期求造律之意，輕重有權，盡讞獄之情，寬嚴得體。三年八月編校告竣，刊布內外，永爲遵守」〔註 80〕。由御製序文內容可見，雍正皇帝對《欽定大清律》非常重視，以至於「一句一字必親加省覽」。在他的親自過問下，「雍正律」律文最終定爲四百三十六條，終清之世，律文數目不再更改。從這一點就能看出雍正帝的辛勞和成就。

「雍正律」對「順治律」所作的改變可以參見下表：

雍正版	《欽定大清律》
刪除律目律文八條	《名例・軍官有犯》 《名例・吏卒犯死罪》 《名例・殺害軍人》 《名例・在京犯罪軍民》 《吏律・職制・官吏給由》 《吏律・職制・選用軍職》 《戶律・婚姻・外番色目人婚姻》 《兵律・宮衛・懸帶關防牌面》

〔註78〕 「雍正律」卷首《御製大清律集解序》的落款時間是雍正三年九月初九日。根據《實錄》記載，雍正六年十二月「大清律集解附例告成。總裁纂修各官交部議敘」（《清世宗實錄》卷七十六，雍正六年十二月丙申）。四個月後，「纂輯律例告成。總裁纂修官等議敘有差」（《清世宗實錄》卷八十，雍正七年四月戊戌）。從《實錄》記載可以看出，直到雍正七年四月，「雍正律」編纂工作才正式結束，朱軾等人因纂修律例已經由吏部議敘完畢，但是從雍正三年九月至雍正七年四月曆時近四年，從雍正帝的御製序文來看，「三年八月編校告竣，刊布內外」，各個時間點之間又存在諸多矛盾，因此，這又是一處疑問。

〔註79〕 《清世宗實錄》卷三十六，雍正三年九月甲子。

〔註80〕 「世宗憲皇帝御製大清律集解序」，載《欽定大清律》卷首，雍正三年刻本。

刪除律文一條	《戶律・課程・鹽法》十二條內刪除一條
增纂律目律文二條	《名例・犯罪免發遣》 《名例・天文生有犯》
修改律目四條	《名例・軍官軍人犯罪免徒流》改爲《名例・軍籍有犯》 《名例・徒流人在道會赦》改爲《名例・流犯在道會赦》 《名例・邊遠充軍》改爲《名例・充軍地方》 《禮律・儀制・收藏禁書及私習天文》改爲《禮律・儀制・收藏禁書》
欽奉朱批移改律目次序一條	《名例・應議者之父祖有犯》自《名例・文武官犯私罪》後移改第五條
修並六條	《兵律・宮衛・衝突儀仗》三條並一條 《兵律・郵驛・遞送公文》三條並一條

　　從上表內容可以看出，「雍正律」相對「順治律」前進幅度遠比「順治律」對「大明律」前進幅度大。「雍正律」出臺基本固定了清代律例總體格局，後來的「乾隆律」對於「雍正律」律文方面的發展非常有限，這也是「雍正律」立法成就之所在，它體現了雍正朝國家立法技術的發展與完善。

　　除表內改動內容外，「雍正律」另一個特點是加入了「總注」。「總注」是康熙年間修改律例時加入的，而終康熙一朝沒能來得及正式修改律例，「總注」也就沒能正式成文，但是作爲草案的「總注」已經進呈康熙帝御覽了。張玉書在報康熙帝的奏疏中提到，「臣等彙集眾說，於每篇正文後增用總注，疏解律義，期於明白曉暢，使人易知」〔註 81〕，這充分表達了設置「總注」的初衷和目的。但是「總注」內容與簡約分明的律例條文之間又顯得格格不入。從「總注」內容可以看出，「雍正律」總注內容大多出自清朝的律學家著作，如沈之奇《大清律輯注》。由此可見，清代的律學著作也在一定程度上享有法律淵源地位，當然這一地位是要在獲得皇帝首肯之後才能享有。

　　「雍正律」第三個特點是將律文之後所附例文分成三種——「原例」、「增例」和「欽定例」。「原例」是「順治律」原有例文，「順治律」大多數例文都能發揮很好地調整社會的作用，這些例文還有保存在律例中的價值，這部分例文被稱作「原例」。

　　「增例」是康熙年間《刑部現行則例》例文。康熙二十八年廣西道試監察御史盛符升奏請將《刑部現行則例》加入《大清律》。此後，康熙朝修訂律

〔註81〕　「康熙三十四年張玉書奏疏」，載《欽定大清律》，清雍正三年刻本。

例的工作就圍繞著將《現行則例》入律這一工作開展，雖然終康熙一朝沒能
正式頒佈，但是宮中檔案卻完整地記載了這些工作。雍正帝在即位之後著手
實施的修律工作可以借鑒康熙朝成果。在「雍正律」中，《現行則例》中的例
文是以「增例」這一名稱來標識的。

　　「欽定例」是雍正帝登基之後增定的例文。雍正帝聖旨諭令或者雍正朝
臣工條奏都可以編纂成例，這些內容經過雍正初年律例編纂工作之後，編製
成例文，附在律文之後。在律例之中，雍正朝新增例文以「欽定例」這一標
識加以區別。

　　「順治律」後附《大清律附》正式更名為《大律例總類》，仍舊附在「雍
正律」後。筆者在國家圖書館古籍閱覽室看到一種以抄本形式存在的《大清
律集解附例》，這是一部殘卷，很多內容已經無法考證。在這一版本的「大清
律附」中有如下字樣：

> 臣等謹按。以下各條。自凌遲起至真犯斬絞立決監候。並雜犯
> 斬絞。以至軍罪止。皆係律文正條。分類摘出。以便檢閱。其有新
> 經增定刪改者亦照律增刪。載於各條之下。大清律附四字。應改為
> 大清律總類。〔註82〕

　　由此可見，《大清律附》正式落戶在「雍正律」的名稱是《大清律總類》，
從上述內容也可以看出，康熙朝臣工在修改各條律文時，要向皇帝申明具體
修改原由，每條律文都需要呈報皇帝欽定。遺憾的是，該版《大清律集解附
例》只是一部殘卷，缺少很多內容，否則它會幫助我們進一步瞭解雍正律制
定的詳細過程。

　　總之，正是以「順治律」為基礎，「雍正律」獲得了進一步發展，不僅體
現在具體律文數量發生變化，還加入了「總注」，進一步完善了律文內容。「雍
正律」還將例文表現形式細化成三種，並將《大清律附》更名為《大清律總
類》，附在文後。上述幾點正是「雍正律」創新之處。然而這些為雍正帝所自
豪的改變，卻即將面臨著不同命運。

2.2.2 「雍正律」中的制定法因素

　　經過康熙一朝醞釀，加上順康兩朝所積累的司法經驗，到了雍正初年，

〔註82〕《大清律集解附例》，康熙年間奏定本，中國國家圖書館藏。

清政府在立法領域和司法領域所積累的經驗已經達到比較高程度，修改律例時機已經成熟。在具體條文上，「雍正律」幾乎完全繼承了「順治律」，繼續採用以制定法爲主要法律淵源形式。具體內容如下：

欽定大清律・名例・犯罪共逃
凡犯罪共逃亡其輕罪囚能捕獲重罪囚而首告及輕重罪相等但獲一半以上首告者皆免其罪（以上指自犯者言謂同犯罪事發或各犯罪事發而共逃者若流罪囚能捕死罪囚徒罪囚能捕流罪囚首告又如五人共犯罪在逃內一人能捕二人而首告之類皆得免罪若損傷人及奸者不免仍依常法）其因（他）人（犯罪）連累致罪而（正犯）罪人自死者（連累人）聽減本罪二等（以下指因人連累而言謂因別人犯罪連累以得罪者如藏匿引送資給罪人及保勘供證不實或失覺察關防鈐束聽使之類其罪人非被刑殺而自死者又聽減罪二等）若罪人自首告（得免）及遇赦原免或蒙特恩減罪收贖者（連累人）亦准罪人原免減等贖罪法（謂因罪人連累以得罪若罪人在後自首告或遇赦恩全免或蒙特恩減一等二等或罰贖之類皆依罪人全免減等收贖之法）
注：此言罪人在逃得以自相捕獲免罪而因人連累者亦得同罪人減免收贖之法也凡犯罪事發共逃有能以輕捕重或輕重罪相等而能以少捕多不獨免其逃亡之罪並原罪皆得全免惟損傷於人及犯奸者雖自首不免止免在逃之罪若因人連累正犯既自死則累及者宜寬故得減本罪二等本罪乃被累人當得之罪非謂正犯之本罪也小注云又聽減罪二等蓋藏匿等項本條已各減於正犯之罪此因正犯自死而再減之故曰又減若正犯罪人自首告得免或遇赦免或□□或收贖則首惡已宥餘可矜憐故皆得照正犯全免降減收贖再捕獲不及一半及重罪捕獲輕罪首告者律無明文應同損傷人及奸者不免本罪止免其在逃之罪又連累人亦准罪人贖罪法者謂罪人因老小廢疾收贖及婦人犯徒流止杖一百餘罪收贖則被累人亦得收贖

從這條律文內容可以看出，「雍正律」在律文具體內容後加入了大字總注，其目的在於加深人們對律文的理解。大字總注作爲雍正律的突出特點，它盡可能地對律文的立法意圖和法理原則進行深入闡述，力圖達到統一理解律義的目的，這一做法的確有助於統一各級執法官員對律文的理解，便於他們做出內容相近的判決。總注文字的增加並沒有改變清律制定法的基本形式，這樣的補充在某種程度上甚至增強了制定法形式，但是總注並不能成爲制定法形式的法律淵源，其存在只爲引導執法者對律文統一理解。從本條律文來看，大字總注內容甚至多於律文內容，縱觀雍正律，凡是有大字總注的律例條款，大字總注內容通常都多於律文內容。在一部律例中，發揮法律作用的應該是律文，而非律後總注。律後總注這種安排體例使得律例體例顯得臃腫，它給本應簡約的律例增添了累贅，不利於律例發揮制定法的簡約優勢。後來纂修乾隆律時，清政府將大字總注部分大刀闊斧地砍掉了。

欽定大清律・刑律・鬥毆及故殺人
（獨毆曰毆有從爲同謀共毆臨時有意欲殺非人所知曰故共毆者惟不及知仍只爲同謀共毆此故殺所以與毆同條而與謀有分）凡鬥毆殺人者不問手足他物金刃並絞（監候）○故殺者斬（監候）○若同謀共毆人因而致死者以致命傷爲重下手（致命傷重）者絞（監候）原謀者（不問共毆與否）杖一百流三千里餘人（不曾下手致命又非原謀）各杖一百（各兼人數多寡及傷之輕重言）
注：此分別鬥毆殺人者之有心無心以定罪也偶然因事忿爭兩相鬥毆原無欲殺之心故坐絞監候若於鬥毆時忽起殺心欲致人於死是謂故殺應坐斬監候若同謀共毆人因而致死者其類有三或同謀而不共毆或共毆而不同謀或同謀而又共毆要皆以致命傷爲重須究其下手毆傷致命之人坐以絞罪其原謀者不論共毆與否並坐滿流蓋所謀在毆無意殺之是毆爲重而謀爲輕故毆者絞而謀者流至不係下手致命又非原謀皆爲餘人雖毆有別處重傷至折傷以上亦止杖一百再共毆人傷皆致命以最後下手重者當其重罪如當時身死則坐後下手者無疑若當時未死而過後死者當究明何傷致死以傷重者坐罪若原謀共毆亦有致命傷又以原謀爲首至亂毆不知先後輕重者有原謀則坐原謀爲首無原謀則坐初鬥者爲首

　　表內「鬥毆及故殺人」律文是雍正律中所載內容，從中可以看出雍正律幾乎完全繼承了順治律中內容。如果除去文中小注，具體內容和明律中的「鬥毆及故殺人」完全一致。相對於順治律中內容，雍正律只是在律文後增加了總注。上述兩條律文都共同證明了雍正律的一大特點，即在律後附加總注。雍正律和順治律一樣，都繼承了明律的制定法特點。

2.2.3「雍正律」中的判例法因素

　　「雍正律」中不僅存在制定法，也存在判例法。甚至「雍正律」中判例法數量要大於「順治律」中判例法數量。如《欽定大清律》卷一「犯罪存留養親」條後附欽定例：

　　　　一雍正四年五月內刑部議覆呂高戳死胞兄呂美一案奉旨一家
　　兄弟二人弟毆兄至死而父母尚存則有家無次丁存留養親之請倘父母
　　已故而弟殺其兄已無請留養親之人一死一抵必致絕其祖宗禋祀此處
　　甚宜留意若因爭奪財產或另有情由又當別論呂高毆死其兄其家中有
　　無承祀之人交與該部察明具奏嗣後應如何定例之處著九卿確議具奏
　　欽此九卿議覆題准除有父母之人弟殺胞兄家無次丁照律存留養親外
　　其無父母或因奪財產或另有情由致死並家有承祀之人者仍照律例定
　　擬如非爭奪財產並無別情或係一時爭角互毆將胞兄致死而父母已故
　　別無兄弟又家無承祀之人應令該地方官據實查明取具鄰祐闔族保長

並地方官印甘各結將該犯情罪疏內聲明奏請如蒙聖恩准其承祀將該
犯免死減等枷號三個月責四十板存留承祀若死者與兇手已經分家各
有產業令地方官查明死者應嗣親支令其立嗣日後兇手生子不得與立
嗣之人爭產如無應嗣之人死者遺有妻女即給與妻女養贍俟死者之妻
死女嫁後將產業給與族中公祠主祭之人留作祭祀公用若死者與兇手
尚未分居將產業酌量以十分之二給與兇手如恃有存留之例捏稱家無
承祀並隱諱別情以圖開脫該犯者或經查出或被旁人告發將該犯仍照
律治罪其承審各官俱照故出人罪律交與吏部議處將出結之鄉約人等
俱照例責四十板十家長並鄰族之人徒三年到配所責四十板

　　此條判例法是先由刑部議覆案件，後由雍正帝著九卿確議具奏欽定成為
定例。該條例文核心思想正如薛允升先生所說，「查雍正四年有弟殺胞兄之案
奉□旨一家兄弟二人弟毆兄致死而父母尚存則有家無次丁存留養親之請儻父
母已故而弟殺其兄已無請留養親之人一死一抵必致絕其祖宗禋祀此處甚宜留
意等因經九卿議准定有父母尚在則准予留養父母已歿則准予承祀專條蓋為兄
弟二人一死一抵恐絕祖宗祭祀而設此外並未議及」〔註83〕。該條例文將具體
案情以及九卿具奏結合起來，組成一個判例附於律文之後，各級執法官員在
處理存留養親有關案件時，都要遵守該條例文內容。在呂高殺胞兄呂美一案
中，雖然沒有列舉胞弟殺死胞兄的所有情由，但是從案情內容出發，並以九
卿具奏為補充，大致可以窮盡各種情形，以便於各級執法官員在審判類似案
件，作出相應判決結果。

　　除了這條判例法之外，《欽定大清律》卷十九「鬥毆及故殺人」條後也附
有欽定例：

　　　　一刑部審擬陳中甲等一案具題奉旨劉福榮毆打閏喜兒與陳中
甲毫無干涉且被毆之閏喜兒並無怨怒報復之意乃陳中甲好鬥生事邀
約李鎖住同往尋毆因未遇劉福榮輒遷怒於伊父劉萬良毒毆致死似此
強橫兇惡明係光棍該部援引最後下手律擬絞監候甚屬不合著另議具
奏凡人誰無父母乃因與其子弟鬥毆遂遷怒所生至於殞命惡俗殘忍至
此若不嚴加懲治以儆兇頑無以敦厚風化其應如何定擬之處著九卿詳
悉會議具奏欽此刑部會同九卿議准嗣後兇徒好鬥生事有如陳中甲之

〔註83〕　〔清〕薛允升：《讀例存疑》卷三，「名例律上·犯罪存留養親六」，北京：琉
　　　　　璃廠翰茂齋，光緒三十一年刻本，第十一頁，中國人民大學圖書館藏。

類見他人鬥毆與己毫無干涉輒敢約夥尋釁甚而遷怒於其父母毒毆致
斃者照光棍例分別首從治罪其本身與人鬥毆之後仍尋毆報復而遷怒
於其父母毒毆致斃者擬斬監候遇赦不宥

　　這條例文是雍正五年刑部審擬題請的案件，雍正帝在批覆中認為「原來刑部援引最後下手律定擬絞監候」不合時宜，應照光棍例分別首從治罪，而且陳中甲和李鎖住二人係尋毆報復劉福榮，並且遷怒於劉福榮父母，將其父劉萬良毒毆致斃，這樣的行為應定擬斬監候，且此種情況遇赦不宥。從雍正帝批覆結果來看，這是一個相對嚴屬的處罰。相對於原來定擬的「絞監候」，這次改判不僅定擬「斬監候」，而且是「遇赦不宥」。在中國傳統社會，絞和斬雖然均為死刑，但是二者重量級別完全不同，絞保留全屍，而斬則身首異處。根據中國傳統，「身體髮膚，受之父母，不敢毀傷，孝之始也」〔註84〕，滿清入關之初，很多漢人都因為觸犯剃髮令而被處死，保護頭髮尚且如此，肢體更為重要。絞刑和斬刑對於中國人來說，不僅是死刑問題，在更大程度上是能否對得起列祖列宗的家族問題。雍正帝這一改判結果，可以看出其對此種行為深惡痛絕。雍正帝明確表示，此種行為「遇赦不宥」，即無論日後發生何種赦免情形，均不寬宥。

　　上述例文也確立了看見他人鬥毆，雖與自己毫無干涉，但夥同他人事後尋毆報復，甚至將其父母毒毆致死者，應按照光棍例分別首從治罪，定擬斬監候，並且遇赦不宥。文中案例是該判例產生的歷史背景，描述案情有助於各級執法官吏加深對判例理解，以便於在以後的裁判中能夠準確運用。乾隆五年修改律例的時候，該條例文演變成，「一、凡凶徒好鬥生事，見他人鬥毆，與己毫無干涉，輒敢約夥尋釁，遷怒於其父母，毒毆致斃者，照光棍例分別首從治罪。其本身與人鬥毆之後，仍尋毆報復，而遷怒於其父母，毒毆致斃者，擬斬監候」。經過乾隆律的改造，判例法搖身一變成了制定法。

　　「雍正律」中類似判例法仍有很多，大部分都是將案件具體情況、處理結果、皇帝諭旨或臣工條奏等內容融合在一起，作為條例附於律文之後，成為律例一個不可分割的組成部分。各級執法官員在審理案件時，都要嚴格遵守和適用律例中所有條款，無論制定法內容還是判例法內容，甚至條文所反映的內在精神都要準確把握和嚴格遵守。

〔註84〕《孝經・開宗明義》。

2.3 「乾隆律」：清朝律例的最終定型

乾隆五年《大清律例》的出臺標誌著清朝最後一部律例正式問世，它一直陪伴著滿清走完歷史進程。乾隆五年之後的清朝再沒有像順治、雍正和乾隆初年那樣大規模纂修律例。《大清律例》是清朝律例的最終定型，也是傳統中國最後一部法典。

2.3.1 「乾隆律」的沿革

雍正帝晏駕未遠，一字一句經過其心的《欽定大清律》就面臨著被修改的命運。乾隆元年，刑部尚書傅鼐奏請纂修「雍正律」，給出的理由是「現今不行之例讞猶載其中」〔註85〕。傅鼐打著修改例文旗號，就將僅僅存世十年的「雍正律」送進律例館。這一次，乾隆皇帝欽點三泰、徐本、慶復、楊超曾為總裁判官，命令他們主持修訂律例。這一次纂修工作持續了更長時間，直至乾隆五年十一月，「新修大清律例成。議敘總裁、纂修等官有差」〔註86〕，但這只是初戰告捷，還需要進一步的刊刻印發。乾隆六年十二月，「大清律例全書告竣」〔註87〕。至此，有清一代最著名之法典——《大清律例》在歷史長河中「千呼萬喚始出來」。

「乾隆律」保存了「雍正律」四百三十六條律文，基本沒有修改，主要針對「雍正律」中所附條例進行了大範圍修改，這一點確實符合傅鼐奏請內容。例文修訂工作最明顯做法是將「雍正律」中「原例」、「增例」、「欽定例」的分類完全刪掉了。這三種分類是按照例文產生時間先後排序的，乾隆帝登基之後，乾隆朝欽定例文如何命名也許是一個需要解決的問題。而這種依據時間排列的例文只是一種單純的羅列，沒有任何理論價值，形式上也不成系統，最終被刪除也沒有什麼實質影響。在刪掉例文分類同時，負責纂修的官員也將「條款中間所載欽奉上諭」皆編纂成例，附於律文之後。

乾隆年間法律纂修工作是一個系統工程，是大範圍纂修，不僅僅局限於律例領域。在刑部纂修《大清律例》同時，吏部纂修《欽定吏部則例》，兵部纂修《欽定中樞政考》。《欽定吏部則例》和《欽定中樞政考》中載有大量文武官員「議敘」、「議處」內容。原載於律例中，關於文武官員罰俸降革等處

〔註85〕「乾隆元年傅鼐奏請修定律例疏」，載《大清律例》，乾隆五年刻本，中國人民大學圖書館藏。
〔註86〕《清高宗實錄》卷之一百三十一，乾隆五年十一月癸未。
〔註87〕《清高宗實錄》卷之一百五十六，乾隆六年十二月己亥。

分部分，可以俱交吏部和兵部處理，律例則不再承擔行政管理方面職責。原載於律例中，有關吏部和兵部職能部分內容，俱標明「交部議處」或「交部分別議處」。由此開始，律例更像是一部純粹刑法典。

「乾隆律」另一個突出表現是大刀闊斧地砍掉了雍正帝的傑作——律中「總注」。「乾隆律」凡例部分明確表明，「其律文之後大字總注，雖亦原本《箋釋》、《輯注》等書，但意在敷宣，易生枝蔓。又或義本明顯，無事箋疏，今皆不載」〔註 88〕。對於「總注」對律義有所發明，可以補律文不足的內容，單獨列為例文附於律文之後。

從 1644 年開始纂修《大清律集解附例》，一直到 1740 年《大清律例》成，清政府耗費近百年時間，終於完成了一部基本完備、符合清代實際狀況的律例。「乾隆律」標誌著中國傳統法制律例編纂工作走到了最後。從此以後，清朝律例中的律文部分基本固定下來，以後歷次纂修工作主要圍繞例文部分，梁任公先生對清律的基本評價是，「律者永久不變之根本法也，例者隨時變通之細目法也」〔註 89〕。筆者就相關資料進行考證，乾隆律對雍正律的修改及其後來的歷次編修工作，律文部分變化之處僅僅局限於以下三條。

一、乾隆五年修改律目一條

偽造印信曆日等（雍正三年律）	偽造印信時憲書等（乾隆五年律）
凡偽造諸衙門印信，及曆日、起船、起馬符驗、茶鹽引者，為首雕刻。斬監候。為從者，減一等，杖一百、流三千里。有能告捕者，官給賞銀五十兩。偽造關防印記者，為首杖一百、徒三年；告捕者，官給賞銀三十兩；為從及知情行用者，各減一等。各字承上二項而言。若造而未成者，首從各又減一等。其當該官司知而聽行，與同罪；不知者，不坐。印所重者文，若有篆文，雖非銅鑄，亦可以假詐行事；故形質相肖而篆文俱全者，謂之偽造。惟有其質而文不全者，方謂之造而未成。至於全無形質，而惟描之於紙者，乃謂之描摹也。	凡偽造諸衙門印信，及時憲書、起船、起馬符驗、茶鹽引者，為首雕刻。斬監候。為從者，減一等，杖一百、流三千里。有能告捕者，官給賞銀五十兩。偽造關防印記者，為首杖一百、徒三年；告捕者，官給賞銀三十兩；為從及知情行用者，各減一等。各字承上二項而言。若造而未成者，首從各又減一等。其當該官司知而聽行，與同罪；不知者，不坐。印所重者文，若有篆文，雖非銅鑄，亦可以假詐行事；故形質相肖而篆文俱全者，謂之偽造。惟有其質而文不全者，方謂之造而未成。至於全無形質，而惟描之於紙者，乃謂之描摹也。

〔註 88〕《大清律例·凡例》，乾隆五年刻本，中國人民大學圖書館藏。
〔註 89〕梁啓超：《飲冰室合集》第二卷之文集十六，北京：中華書局，1989 年版，第 37 頁。

二、乾隆五年修改律文兩條

殺死姦夫（雍正三年律）	殺死姦夫（乾隆五年律）
凡妻妾與人姦通，而本夫於姦所親獲姦夫、姦婦，登時殺死者，勿論。若止殺死姦夫者，姦婦依和姦律斷罪，入官為奴。或調戲未成姦，或雖成姦已就拘執，或非姦所捕獲，皆不得拘此律。 ○其妻妾因姦同謀殺死親夫者，凌遲處死；姦夫處斬監候。若姦夫自殺其夫者，姦婦雖不知情，絞監候。	1・凡妻妾與人姦通，而本夫於姦所親獲姦夫、姦婦，登時殺死者，勿論。若止殺死姦夫者，姦婦依和姦律斷罪，當官嫁賣，身價入官。或調戲未成姦，或雖成姦已就拘執，或非姦所捕獲，皆不得拘此律。 2・其妻妾因姦同謀殺死親夫者，凌遲處死；姦夫處斬監候。若姦夫自殺其夫者，姦婦雖不知情，絞監候。
殺一家三人（雍正三年律）	殺一家三人（乾隆五年律）
凡殺一家謂同居，雖奴婢、雇工人皆是，或不同居，果係父子兄弟至親亦是。非實犯死罪三人，及支解活人者，但一人，即坐，雖有罪亦坐，不必非死罪三人也。為首之人凌遲處死；財產斷付死者之家；妻子，不言女，不在緣坐之限。流二千里為從加功者，斬。財產妻子，不在斷付應流之限。不加功者，依謀殺人律減等。若將一家三人先後殺死，則通論。若本謀殺一人，而行者殺三人，不行之人，造意者斬，非造意者，以從者不行減行者一等論，仍以臨時主意殺三人者為首。	凡殺謂謀殺、故殺、放火、行盜而殺。一家謂同居，雖奴婢、雇工人皆是，或不同居，果係本宗五服至親亦是。非實犯死罪三人，及支解活人者，但一人，即坐，雖有罪亦坐，不必非死罪三人也。為首之人凌遲處死；財產斷付死者之家；妻子，不言女，不在緣坐之限。流二千里為從加功者，斬。財產妻子，不在斷付應流之限。不加功者，依謀殺人律減等。若將一家三人先後殺死，則通論。若本謀殺一人，而行者殺三人，不行之人，造意者斬，非造意者，以從者不行減行者一等論，仍以臨時主意殺三人者為首。

　　《大清律例根源》記載了在歷次纂修律例過程中，每個條款修訂的具體原因，任何修訂原因都要向皇帝奏報，由皇帝最終欽定。其中「殺死姦夫」律文纂修的具體原因如下。

　　　　臣等謹按舊律止殺姦夫者本夫無罪姦婦照和姦律科斷隨夫嫁賣後纂輯律例時改為入官為奴但凡屬犯奸之例俱交本夫聽其去留獨此條入官為奴與諸例不符惟是本律固重奸所登時尤重並殺故得勿論若止殺姦夫本夫亦得無罪而姦婦又隨其嫁賣恐開捏奸誣陷之端擬另改為當官嫁賣身價入官庶為允協〔註90〕

〔註90〕〔清〕崇綸：《大清律例根源》，同治十年刻本，安徽敷文書局，中國人民大學圖書館藏。

「殺一家三人」律文纂修的具體原因如下。

> 臣等謹按前明箋釋內有謀殺故殺放火行盜而殺者皆是之語是
> 鬥毆殺原不在此限但律內未經注明援引恐致錯誤現經臣部奏准於殺
> 字下增注謂謀殺故殺放火行盜而殺字樣，再查律例箋釋內稱或不同
> 居果係五服至親亦是。迨本朝纂入律文將五服至親四字改爲父子兄
> 弟至親六字推原從前改纂之意或因五服恐與外姻牽混故指明父子兄
> 弟一切本宗耳，蓋言父子則祖孫在內言兄弟則伯叔在內也，但恐拘
> 字牽義謂父子兄弟而外不得更加旁推則不同居之祖孫伯叔其分誼服
> 制轉不若同居之雇工得爲一家矣。殊未允當。現經臣部奏明將父子
> 兄弟字樣改爲本宗五服至親六字應遵照改正〔註91〕

　　乾隆律對雍正律律文修改部分只限於這兩處內容，從另一角度也可以看出雍正律編修工作集結了眾多官員的智慧和汗水，律文自身已經臻於完備，尤其是雍正帝在定稿方面付諸了大量心血，發揮了不可磨滅作用。雖然清朝律例中享譽中外的是乾隆律，但是乾隆律核心框架是由雍正帝搭建的，乾隆朝纂修工作主要是對例文部分進行修訂而已。

三、乾隆律正式出臺之後，律文修訂工作就更少了，其中乾隆三十二年修改律目一條：

皇家袒免以上親被毆（乾隆三十二年前）	宗室覺羅以上親被毆（乾隆三十二年後）
凡皇家袒免親而毆之者，雖無傷杖六十、徒一年。傷者杖八十、徒二年。折傷以上，本罪有重於杖八十、徒二年。者，加凡鬥二等。止杖一百、徒三年。緦麻以上。兼毆傷言。各遞加一等。止杖一百、流三千里。不得加入於死。篤疾者，絞監候。死者、斬監候。	凡宗室覺羅而毆之者，雖無傷杖六十、徒一年。傷者杖八十、徒二年。折傷以上，本罪有重於杖八十、徒二年。者，加凡鬥二等。止杖一百、徒三年。緦麻以上。兼毆傷言。各遞加一等。止杖一百、流三千里。不得加入於死。篤疾者，絞監候。死者、斬監候。

　　這次纂修的具體原因在於：

> 臣等謹按此條律及律目文皇家袒免親五字臣部於乾隆二十九
> 年七月內奏准改爲宗室覺羅今值纂修全部律例之時擬合遵照改正以
> 便頒行〔註92〕

〔註91〕　〔清〕崇綸：《大清律例根源》，同治十年刻本，安徽敷文書局，中國人民大
　　　　學圖書館藏。

〔註92〕　〔清〕崇綸：《大清律例根源》，同治十年刻本，安徽敷文書局，中國人民大

四、乾隆三十七年修改律文一條，即《刑律》下「人命」門內的「威逼人致死」。

「威逼人致死」（乾隆三十七年前）	「威逼人致死」（乾隆三十七年後）
1・凡因事戶婚、田土、錢債之類。威逼人致自盡死者，審犯人必有可畏之威。杖一百。若官吏公使人等，非因公務而威逼平民致死者，罪同。以上二項。並追埋葬銀一十兩。給付死者之家。	1・凡因事戶婚、田土、錢債之類。威逼人致自盡死者，審犯人必有可畏之威。杖一百。若官吏公使人等，非因公務而威逼平民致死者，罪同。以上二項。並追埋葬銀一十兩。給付死者之家。
2・若卑幼威逼期親尊長致死者，絞。監候。大功以下，遞減一等。	2・若卑幼因事逼迫期親尊長致死者，絞。監候。大功以下，遞減一等。
3・若因行姦爲盜而威逼人至死者，斬。監候。姦不論已成與未成，盜不論得財與不得財。	3・若因行姦爲盜而威逼人至死者，斬。監候。姦不論已成與未成，盜不論得財與不得。

從兩條律文內容對比可見，這條律文修訂內容僅僅是將第二款中的「威逼」改爲「因事逼迫」。《大清律例根源》一書中記載了當時纂修的具體原因：

> 臣等謹按乾隆三十七年四月內臣部奏明此條內威逼二字立言不順請改爲因事逼迫字樣奏准在案謹遵照改正以便引用〔註93〕

對於清朝中前期律例的律文部分來說，乾隆五年後的歷次纂修工作所涉及到律文修改內容僅限於上述內容。相對於順治律對明律的發展以及雍正律對順治律的發展，乾隆律對雍正律的改進很小，在某種程度上忽略不計，可以認定清朝中前期律例中的律文部分於雍正三年之後基本沒有變動。

從前文所引乾隆律具體內容可以看出，乾隆律基本繼承了順治律、雍正律的傳統，乃至繼承了明律直至唐律的中國傳統法制基本精神，確立了以制定法爲主的法律淵源形式。清朝中前期律例內容繼承了中國傳統法制的法典編纂方式，以規範普遍行爲的條文作爲法典主要條款，實現規範社會成員行爲的最終目的。

乾隆律刊布以後，清王朝歷次纂修律例活動，主要針對例文部分進行了大面積修訂。例文纂修工作主要採用《大清律續纂條例》或《大清律纂修條例》形式，根據改動例文數量的多少採用分卷或不分卷形式，並以修正案形

學圖書館藏。

〔註93〕〔清〕崇綸：《大清律例根源》，同治十年刻本，安徽敷文書局，中國人民大學圖書館藏。

式刊布頒行。修律活動並沒有在每次纂修之後將全部律例再次謄抄一遍。其中乾隆三十三年、乾隆五十五年、嘉慶七年、道光五年、道光二十七年等纂修工作修改範圍較大，這幾次纂修工作結束之後也只是將原書中舊的不再適用的內容抽換出來，或在原有位置增入新的內容，這就相當於頒行了新的律例。

　　從乾隆律開始，清朝纂修律例有了固定時間和期限，其中乾隆五年律定為三年一修，乾隆十一年開始改為五年一修，小修限十個月，大修限一年，如果時間不夠，則要提前申請。在清朝正史中有記載的律例纂修次數共二十四次，下表是歷次提請纂修的年限。

乾隆五年	乾隆八年	乾隆十一年	乾隆十六年
乾隆二十一年	乾隆二十六年	乾隆三十一年	乾隆三十七年
乾隆四十二年	乾隆四十八年	乾隆五十三年	乾隆五十八年
嘉慶四年	嘉慶九年	嘉慶十四年	嘉慶十九年
嘉慶二十四年	道光四年	道光九年	道光十四年
道光十九年	道光二十四年	咸豐二年	同治九年

　　從乾隆五年開始直到同治九年，按照具體時間和修律次數來看，基本可以看作五年纂修一次，幾乎嚴格遵循皇帝要求。其中道光二十四年至同治九年期間共纂修三次，這可能與鴉片戰爭、辛酉政變、太平天國運動等一系列事件對清政府影響有關，清政府在這期間一直疲於應付內憂外患，只能將相對不重要的修律工作暫時擱置。同治九年之後，據《清史稿》記載「德宗幼沖繼統，未遑興作。兼之時勢多故，章程叢積，刑部既憚其繁猥，不敢議修，羣臣亦未有言及者，因循久之」〔註94〕。可見，同治九年律例定本應當是清朝中前期律例的最後一個稿本。在這之後，迎接它的則是晚清修律工作，中國傳統法制「諸律」的最後一位代表即將告別歷史舞臺，它帶走了中國傳統法制，它的離開標誌著一個時代的謝幕，雖然這一謝幕並不完美。

2.3.2「乾隆律」中的制定法因素

　　「乾隆律」幾乎完全繼承了「雍正律」律文內容，所謂差別也僅僅是將大字總注除掉而已。當然，那些有價值的總注並沒有成為歷史，其只是換了

〔註94〕趙爾巽等：《清史稿·刑法志》，北京：中華書局，1977年版，第4187頁。

個形式變成例文，附於律文之後。

大清律例・名例・犯罪共逃
凡犯罪共逃亡其輕罪囚能捕獲重罪囚而首告及輕重罪相等但獲一半以上首告者皆免其罪（以上指自犯者言謂同犯罪事發或各犯罪事發而共逃者若流罪囚能捕死罪囚徒罪囚能捕流罪囚首告又如五人共犯罪在逃內一人能捕二人而首告之類皆得免罪若損傷人及姦者不免仍依常法）其因（他）人（犯罪）連累致罪而（正犯）罪人自死者（連累人）聽減本罪二等（以下指因人連累而言謂因別人犯罪連累以得罪者如藏匿引送資給罪人及保勘供證不實或失覺察關防鈐束聽使之類其罪人非被刑殺而自死者又聽減罪二等）若罪人自首告（得免）及遇赦原免或蒙特恩減罪收贖者（連累人）亦准罪人原免減等贖罪法（謂因罪人連累以得罪若罪人在後自首告或遇恩赦全免或蒙特恩減一等二等或罰贖之類被累人本罪亦各依法全免減等收贖）

對比該律文在雍正律中的記載可以看出，二者幾乎完全相同，只是結尾處有些許差異，乾隆年間纂修律例工作在刪除雍正律中總注時，並沒有一刀切式都刪掉了。對於那些有助於律文理解的內容或填補律內小注，或成為律後例文。從本條律文內容可以看出，工作人員在刪除律後總注的同時，將律內小注做了修改，綜合了總注和小注優點，使得本條律文表述更加清楚。這一修改也有助於統一各級執法官員的法律意識和法律思維，他們在處理具體案件時，可以更好地理解律文主旨，更加統一有效地執行法律。

大清律例・刑律・鬥毆及故殺人
（獨毆曰毆有從為同謀共毆臨時有意欲殺非人所知曰故共毆者惟不及知仍只為同謀共毆此故殺所以與毆同條而與謀有分）凡鬥毆殺人者不問手足他物金刃並絞（監候）○故殺者斬（監候）○若同謀共毆人因而致死者以致命傷為重下手（致命傷重）者絞（監候）原謀者（不問共毆與否）杖一百流三千里餘人（不曾下手致命又非原謀）各杖一百（各兼人數多寡及傷之輕重言）

此條律文和雍正律中「鬥毆及故殺人」律文完全一致。纂修官員只是對「順治律」小注內個別字進行了修改。從這個角度來看，三條律文有著很強的承繼性，它們都充分體現了制定法形式。此種形式源自明律，體現了中國傳統法制的特點。此類律文在《大清律例》中無處不在，使得整部律例充滿了制定法因素。

2.3.3 「乾隆律」中的判例法因素

乾隆五年頒佈了《大清律例》，這一次纂修工作幾乎將雍正律中所有判例法內容都通過制定法形式表達出來。究其原因，可能在於判例法所反映出來

內容和精神，不如制定法容易把握，所以才將判例法形式換成了制定法形式。但也有例外，該版律例戶律內田宅門下「檢踏災傷田糧」律文後所附著條例內容如下：

> 一、凡遇蠲免錢糧之年，將所免錢糧分作十分，以七分免業戶，三分免佃戶。雍正十三年十二月內欽奉上諭，蠲免之典業戶邀恩者居多，彼無業貧民終歲勤動，按產輸糧，未被國家之恩澤，欲照所蠲之數屢敕除租，繩以官法，則勢有不能。其令所在有司，善為勸諭各業戶，酌量寬減佃戶之租，不必限定分數，使耕作貧民有餘糧以贍妻子。若有素封業戶能善體此意，加惠佃戶者，則酌量獎賞之。其不願者，聽之，亦不得免強從事。特諭。

從該條例文格式和內容可以看出，它是判例法，且是「乾隆律」中少有的判例法。此條例文所處位置前後都是制定法，「此例上一段係康熙二十九年戶部覆准山東巡撫佛倫題准定例下一段係雍正十三年欽奉□□諭旨併纂為例乾隆五年凡遇蠲免錢糧之年地方官應遵□□旨善為勸諭業戶聽其酌量減租以廣□□皇仁不必著為成例無庸纂入進呈□黃冊後奉□□旨此條若全行刪去則外省不覆知有此例矣應將從前定例七分免業戶三分免佃戶之處仍行載入並備錄朕旨以便遵行欽此謹將康熙四十二年舊例纂入並恭錄雍正十三年十二月內欽奉□□諭旨」〔註95〕。

如前所述，薛允升先生講述了乾隆五年時這條例文編纂的詳細情況。從中可以看出，該條例文前半部分是康熙四十二年則例，後半部分是雍正十三年十二月上諭。雍正十三年八月二十三日，雍正帝駕崩，所以該條上諭其實是乾隆帝諭旨。乾隆五年修律，將律例中的諭旨和臣工條奏幾乎全刪去了，從立法技術角度來看，這種法典纂修方法是從特殊中抽象出一般，將判例法變成制定法。但該條例文不僅在乾隆五年增入律例，而且保留了「上諭」字樣。該例文形式能夠存在，令人費解。何況前半部分已經是制定法，後半部分為何補入判例法呢？

從薛允升先生《讀例存疑》中可以看到，「此二條併作一例已載入大清會典矣似可照錄□刑律內所奉□□上諭均經纂為條例從未直錄□□諭旨作為定例者此處以□□諭旨為條例與他處不符□查會典有例文一條凡遇蠲免錢糧之

〔註95〕〔清〕薛允升：《讀例存疑》卷十，「戶律·田宅·檢踏災傷田糧六」，北京：琉璃廠翰茂齋，光緒三十一年刻本，第十頁，中國人民大學圖書館藏。

年將所免錢糧分作十分以七分免業戶以三分免佃戶仍令所在有司善爲勸諭各業戶酌量寬減佃戶之租不必限定分數若有素封業戶能加惠佃戶者酌量獎賞其不願者聽聲明此條係乾隆五年遵□□旨定例似可將此條載入例中所奉□□上諭不必登載方與體裁相合」〔註96〕。可見，長安先生也認爲此處與他處不符。但是乾隆五年之後《大清律例》經過多次纂修，這條例文卻能屢次幸免而獨存，其中原因難以說明。

這條判例法與其他判例法不同，在於其沒有規定非常細緻的內容。它只是對於加惠佃戶者「酌量獎賞」，而不願加惠佃戶者，「聽之」。從法律角度來說，這樣的規定在具體操作中難以準確把握，可以說很難有現實操作性。嚴格來說，它只能算是鼓勵性條款。在具體案件中，每次「獎賞」必須奏報皇帝，由皇帝親自決定賞賜內容。這後半條以判例法形式存在的例文，充其量只能算是康熙四十二年定例的補充而已。它所表明的僅僅是乾隆皇帝個人態度，而律例歷次纂修均沒有改變這一條文具體形式，很可能就是爲了表明這只是乾隆皇帝個人意思而已。

綜上所述，順治律、雍正律和乾隆律幾乎都存在制定法和判例法相混合的情形。從筆者所舉例證可以看出，這三部律例之中都存在大量制定法內容，制定法構成了律典的主體內容。清朝律例中制定法內容大多抄自明律，因而該制定法形式也是從明律中借鑒而來。制定法作爲一種法律淵源，之所以能夠成爲清朝法律的主體部分，是源於皇權欽定，雍正帝對於律例內容甚至逐條詳讀細覽。欽定是一種法律意義上的認可，正是皇權認可了臣工纂修的律例，賦予了律例中制定法內容部分以法律效力。

這三部律例也包含了判例法內容。判例法這種法律淵源形式，一般都是以上諭、上傳等形式單行列入律例之中。它們在律例中發揮著重要作用，甚至於其法律效力高於一般制定法效力。判例法雖然在效力上具有優先適用性，但正因爲它是判例法，其具體內容對案例情況必然有所涉及，這樣一來，它的適用範圍相對於制定法的適用範圍較窄。判例法對各級執法官員法律素養和業務能力要求較高，他們需要通過類比等方法將判例法涉及的案件情況與現實工作中具體情況相比較，如果二者恰好匹配，就可以運用判例法作出

〔註96〕〔清〕薛允升：《讀例存疑》卷十，「戶律・田宅・檢踏災傷田糧六」，北京：琉璃廠翰茂齋，光緒三十一年刻本，第十頁至第十一頁，中國人民大學圖書館藏。

判決。律例中判例法數量較少，順治律中存在三條，雍正律中則可以找到相對較多條款，乾隆律中最少。這在某種程度上體現了清朝律例中，判例法發展趨勢就是在不斷減少，這可能是因為它對所適用的條件以及對執法官員的素質和能力要求較高。而律例中之所以能夠包含判例法，是因為皇帝享有最高司法權，他所作出的裁決具有終局性，任何人必須服從。如果皇帝認為某一案例具有示範性，他可以憑藉皇權予以欽定，將其納入法律體系範圍。律例中的判例法之所以能與制定法共存於同一系統之中，正是因為它體現了一種司法精神，是皇權中司法權那部分發揮作用的體現。清朝律例中出現制定法和判例法共存的最終根源在於，最高立法權與最高司法權集中於皇帝一人。

律只是清朝所頒佈眾多法律中的一種，而且是和刑部審判聯繫得相對緊密的那種。清朝人量法律是以則例形式存在的，因此，律在一定程度上可以看作是刑部則例。既然刑部的則例是這樣一種表現，那麼其他部門則例是否也與此相類似呢？

第3章 隨時損益：清朝中前期正式法律淵源之「則例」

　　律是清代重要法律淵源，但不是唯一的法律淵源，以廣闊視角來看，有清一代存在諸多法律淵源發揮規範作用。在它們之中，律例只是諸多法律淵源的一種。除了刑部適用的律例，清政府適用其他法律淵源大多都稱爲例〔註 1〕。

〔註 1〕 清代的例有五種意思：「一曰名例，一曰條例，一曰比例，一曰定例，一曰新例」。雖然分成五種形式，但是「例」本身只代表則例，即「夫例則例而已矣」（參見〔清〕王明德：《讀律佩觹》，何勤華等點校，北京：法律出版社，2001年版，第 19 頁）。日本學者織田萬認爲「例或曰條例，或曰則例，非實質有不同，不過異其制定之形式耳」（〔日〕織田萬：《清國行政法》，李秀群、王沛點校，北京：中國政法大學出版社，2003 年版，第 63 頁）。在織田萬看來，例的基本內容是一樣的，只是形式不同而已。可見，例就是則例，條例和則例雖然名稱不同，實質一樣。除了這五種含義，還有一種含義是省例，即是各省定的例文，省例的適用範圍就是各省的行政範圍。不同於省例適用於一省範圍，則例通行於全國範圍。適用範圍和制定機關的不同是省例和則例之間主要區別所在。
　　除了律例和則例，清朝還有會典。有清一代，清政府頒佈過五個會典，有時直接稱其爲五朝會典，即《康熙會典》《雍正會典》《乾隆會典》《嘉慶會典》和《光緒會典》。會典到底是不是法典，這是一個疑問。日本學者滋賀秀三認爲，會典不是法典，而是系統性地記述現存制度和規章的「國制總攬」而已（參見滋賀秀三：「清朝の法制」，載板野正高等編《近代中國研究入門》，東京：東京大學出版會，1974 年，第 305 頁）。日本學者谷井陽子也持同一觀點（參見谷井陽子：「清代則例省例考」，載《東方學報》第六七冊，京都：東方文化學院京都研究所，1995 年，第 237 頁）。在筆者看來，會典的法律性質確實值得商榷，在本文中筆者旨在證明清朝中前期正式法律淵源中的制定法內容和判例法內容，會典內容包括了律例、則例和通行等諸多內容，在某種程度上更近似於一個大的集合體，律例內容都可以從會典中找到。如果律、

通常情況下，這個例是指則例。

3.1「則例」概述

從 1644 年滿洲入關、定鼎中原，到 1902 年開啓清末修律大幕，清政府在這 258 年間頒佈了大量則例。筆者簡單列舉一些則例名稱和適用機關，具體內容參見下表。

適用機關	則例名稱
宮中內府	《欽定宮中現行則例》
宗人府	《欽定宗人府則例》
	《欽定王公處分則例》
	《欽定宗室覺羅律例》
內務府	《欽定總管內務府現行則例》
	《總管內務府廣儲司現行則例》
	《總管內務府都虞司現行則例》
	《總管內務府掌儀司現行則例》
	《總管內務府營造司現行則例》
	《總管內務府會計司現行則例》
	《總管內務府武備院現行則例》
	《總管內務府總理工程處現行則例》
	《總管內務府靜明園現行則例》
	《總管內務府頤和園現行則例》
	《總管內務府靜宜園現行則例》
	《總管內務府造辦處現行則例》
	《總管內務府南苑現行則例》
	《總管內務府禁城現行則例》
	《總管內務府管理三旗銀兩莊頭處現行則例》
吏部	《欽定吏部則例》
	《吏部銓選滿洲官員品級考》
	《吏部銓選漢官品級考》

則例和通行中能找到制定法內容和判例法內容，就可以證明會典中也存在同樣內容。因此，本文不對會典的法律淵源問題進行深入探討。

	《吏部銓選滿洲官員則例》
	《吏部銓選漢官則例》
	《吏部則例驗封司》
	《吏部稽勳司則例》
	《欽定吏部處分則例》
	《吏部文選司章程》
	《吏部文選司修改則例》
	《吏部考功司章程》
戶部	《欽定戶部則例》
	《欽定戶部漕運全書》
	《欽定戶部軍需則例》
	《漕運則例纂》
	《欽定戶部鼓鑄則例》
	《崇文門商稅則例現行比例增減新例》
	《川楚善後籌備事例》
	《欽定戶部旗務則例》
	《工賑事例》
	《豫東事例》
	《豫工事例》
	《鼓勵捐輸事例》
	《籌備經費事例》
	《籌餉事例》
	《王公官員俸祿考》
	《八旗爵秩俸祿考》
	《漢員爵秩俸祿考》
	《浙海鈔關現行收稅則例》
	《江海關則例》
	《閩海關部頒則例》
禮部	《欽定禮部則例》
	《欽定科場條例》
	《欽定學政全書》
	《欽定大清通禮》

兵部	《欽定中樞政考》
	《欽定八旗則例》
	《欽定兵部處分則例》
	《欽定軍衛道里表》
	《欽定五軍道里表》
	《欽定兵部軍器則例》
	《欽定武場條例》
	《欽定兵部軍需則例》
	《金吾事例》
	《兵部武選司現行章程》
	《兵部督捕則例》
刑部	《刑部現行則例》
	《督捕則例》
	《秋審章程》
工部	《欽定工部則例》
	《工部酌定事宜》
	《乘輿儀仗做法》
	《欽定工部軍器則例》
	《欽定工部軍需則例》
	《工程做法》
	《九卿議定物料價值》
	《物料價值則例》
	《欽定河工則例》
理藩院	《欽定理藩院則例》
	《欽定回疆則例》
	《蒙古律例》
	《青海西寧番夷成例》
都察院	《欽定臺規》

　　上表所列內容僅是部分則例名稱和適用機關，清朝仍存有大量未能列出的部門則例，甚至上面所列中央六部仍存有其他未能列舉的則例名稱。上表所列則例中，大部分則例專屬於某一部門適用，此類則例名稱中通常標注了該部門名稱。有的則例並不專屬於某一部門，是幾個部門共同適用的，如《軍

需則例》就包括了中央六部中的戶部、兵部、工部三個部門，這一則例也是清廷適用最多次數的法律之一，其重要性絲毫不亞於律例。《軍需則例》是關於軍需工程報銷的法律規定，其之所以重要，是因爲「有清一代，二百數十年間，無一日不用兵，亦無一日不動工，即無一日不報銷」〔註2〕。

　　梁任公先生認爲，「清代的一般則例包括大清會典則例、大清會典事例、吏部則例、戶部則例、禮部則例、工部則例。其中刑部無專屬本部之則例，蓋刑部所宜規定者，不外刑律之適用，而凡此皆入條例之部分，不入則例之部分也。兵部亦無專屬本部之則例，其理由未詳」〔註3〕。

　　從上表內容也可以看出，清朝中央六部中的吏部、戶部、禮部和工部都有自己的部門則例，這是沒有異議的，只是各自則例的頒佈時間有先有後而已。禮部一開始刊布的是《大清通禮》，《戶部則例》則是中央六部中最後一個誕生的部頒則例，它於乾隆四十一年才正式問世。既然清廷中央各部門都有自己的部頒則例，筆者藉此機會選擇兩個部門爲重點，詳細探究部頒則例從清初到清末的發展變化，從其登上歷史舞臺到退出歷史舞臺的演變過程。清朝各個部門立法程序具有共通性，研究一部頒則例發展進程，可以探知其他部門則例發展規律。當然，每部則例也有其自身獨特性，不能完全替代其他部門則例，但從其發展過程中仍能找到共性。筆者準備選取兵部和刑部的則例作爲深入研究對象，主要是基於梁任公先生上文那句話，先生認爲兵部和刑部無專屬本部之則例。但是根據筆者經驗，可以認定清政府確實是一個依據規則治理國家和社會的政府，所以兵部和刑部肯定擁有，至少曾經擁有過部頒則例，筆者準備試著證明具體情況是否確如梁任公先生之結論一般。

3.1.1 則例代表樣式

　　根據筆者找到的古籍文獻資料，事實卻恰恰相反。兵部和刑部作爲中央六部中的兩部，實實在在地擁有本部門專屬則例。除了順治三年制定的《大清律集解附例》，兵部甚至是清政府中央六部中第一個擁有部頒則例的部門，刑部是第二個擁有專屬則例的部門。

〔註2〕　王鍾翰：「清代則例及其與政法關係之研究」，載《清史補考》，瀋陽：遼寧大學出版社，2004 年版，第 130 頁。

〔註3〕　參見梁啓超：《飲冰室合集》第二卷之文集十六，北京：中華書局，1989 年版，第 44 頁至第 45 頁。

　　兵部曾經頒佈了很多則例，名稱甚至不止一個。本文選取的是兵部內部具有最高法律效力的《中樞政考》，兼而論及《八旗則例》和《兵部處分則例》，由於篇幅所限，對於其他兵部部屬則例不作深入研討。

3.1.1.1 兵部則例

　　清承明制，不設丞相，中央六部就是朝廷中樞機構。天聰五年七月庚辰，「上集諸貝勒大臣議，爰定官制，設立六部」〔註4〕。從《實錄》記載可知，清朝兵部始設於天聰五年。兵部在創設之後很長時間內沒有部頒則例，那時候清廷尚未入關，主要在東北地區發展，大多時候依靠命令和習慣就已經足夠。滿清在入關之後，借鑒了明朝政府管理制度，開始頒佈法令，使用成文法對國家各個方面進行管理。就兵部來說，兵部主要適用的法律包含了《中樞政考》《八旗則例》《兵部處分則例》《軍器則例》《武場則例》等多種內容。與其他五部不同的是，兵部最重要部頒則例的名稱是《中樞政考》，而並非《兵部則例》。嚴格說來，清朝並沒有《兵部則例》這樣一部法律存在，相反其他中央五部均是以自己部門名字命名的則例，如《吏部則例》《戶部則例》《禮部則例》《刑部現行則例》和《工部則例》。

　　據《大清會典》記載，兵部主要職能是「掌中外武職官之政令，以贊上衛萬民。凡除授封蔭之典，乘載郵傳之制，甄核簡練之方，士籍軍實之數，百司以達於部，尚書、侍郎率其屬以定議，大事上之，小事則行，以整邦樞」〔註5〕。據臺北中研院史語所張偉仁先生考證，兵部又稱中樞〔註6〕，故「兵部則例別名中樞政考」〔註7〕。從「以整邦樞」確實可以看出兵部則例和《中樞政考》有關聯關係，但是清朝中樞有自己的代稱，就是雍正年間確立的軍

〔註4〕　《清太宗實錄》卷九，天聰五年七月庚辰。

〔註5〕　〔清〕昆岡、徐桐等奉敕編修：《欽定大清會典》卷四十三，光緒二十五年版，中國人民大學圖書館藏。

〔註6〕　張偉仁：《中國法制史書目》，臺北：臺灣商務印書館、學生書局，1976年版，第64頁。另見《明史・盧象升傳》：「時楊嗣昌奪情任中樞，亦起陳新甲制中，而令象升席喪候代。進兵部尚書」，載〔清〕張廷玉：《明史》，北京：中華書局，1974年版，第6762頁。

〔註7〕　張偉仁：「清代的法學教育」，載楊一凡、劉篤才主編《法史考證重要論文選編・法制叢考》（中國法制史考證・乙編・第三卷），北京：中國社會科學出版社，2003年版，第282頁。另見「因兵部習稱中樞，故取名中樞政考」，載張晉藩：《清朝法制史》，北京：中華書局，1998年版，第178頁。

機處，根據《清實錄》的記載「軍政總於中樞」〔註8〕。乾隆七年纂修的中樞政考和康熙年間的中樞政考相比，內容結構發生很大變化，但是名稱仍爲《中樞政考》〔註9〕，這一點著實讓人想不通。

　　兵部內分爲四司：武選清吏司，「掌考武職官之品級，而覈其銓選封授儀式之事。凡營制掌焉，掌土司之政令」〔註10〕；職方清吏司，「掌武職官議處、議敍、議恤，與其甄別、考察、簡閱、巡防之事。掌凡關禁、海禁」〔註11〕；車駕清吏司，「掌頒天下之馬政，以裕戎備。凡郵驛皆掌之。選鑾儀衛司更者」〔註12〕；武庫清吏司，「掌稽天下之兵籍，凡軍器掌其政令。掌武科之事」〔註13〕。每個司都有自己管轄事務，各司之間相互連結，共同構成了處理兵部事務的整體架構。

〔註8〕　《清仁宗實錄》卷四十二，嘉慶四年四月丙申。

〔註9〕　國家圖書館所藏《欽定中樞政考》的滿文名稱是「Hesei Toktobuha Coohai Jurgan i Baita Kooli」。其中「Hesei」是「敕旨」的意思，「Toktobuha Kooli」是「定例」的意思，「Coohai Jurgan」是「兵部」的意思，「i」是助動詞，相當於「的」，「Baita」是「衙門」的意思，「Kooli」是「定例、法例」的意思。由此可見，滿文「Hesei Toktobuha Coohai Jurgan i Baita Kooli」直譯就是「敕旨定例兵部的衙門定例」，也就是《欽定兵部則例》的意思。這樣的問題並沒有出現在其他五部則例中，如《欽定吏部則例》的滿文名稱是「Hesei Toktobuha Hafan i Jurgan i Kooli」，其中「Hafan i Jurgan」的漢文意思是「吏部」。

　　　　從《欽定中樞政考》滿文名稱可以看出，該則例內容實質就是《欽定兵部則例》。從則例內容來看，規定的也的確是關於八旗和綠營——國家正規軍隊的內容。但是爲什麼漢文版《欽定兵部則例》卻稱爲《欽定中樞政考》，滿文版《欽定兵部則例》的題目不是按照《欽定中樞政考》的中文意思對應翻譯，難道僅僅因爲兵部習稱中樞？兵部確實很重要，中央六部中的其他五部也很重要，如吏部作爲六部之首，其職能是「掌文職官吏之政令，以贊上治萬民。凡品秩銓敍之制，考課黜陟之方，封授策賞之典，定籍終制之法，百司以達於部，尚書、侍郎率其屬以定議，大事上之，小事則行，以布邦職」，吏部部頒則例的名稱是《欽定吏部則例》，其他三部（刑部除外）也是以部門名稱冠在則例名稱之前。《欽定中樞政考》的命名問題又成了一個難以回答的問題。

〔註10〕　〔清〕昆岡、徐桐等奉敕編修：《欽定大清會典》卷四十六，光緒二十五年版，中國人民大學圖書館藏，編號 27/2。

〔註11〕　〔清〕昆岡、徐桐等奉敕編修：《欽定大清會典》卷四十八，光緒二十五年版，中國人民大學圖書館藏，編號 27/2。

〔註12〕　〔清〕昆岡、徐桐等奉敕編修：《欽定大清會典》卷五十，光緒二十五年版，中國人民大學圖書館藏，編號 27/2。

〔註13〕　〔清〕昆岡、徐桐等奉敕編修：《欽定大清會典》卷五十二，光緒二十五年版，中國人民大學圖書館藏，編號 27/2。

3.1.1.1.1 康熙年間的《中樞政考》

順治三年，清政府頒佈了《大清律集解附例》。這部法律是一部包含綜合事務處理內容的法典，其中含有兵部事務部分，如「兵律・驛使稽程」中的條例「著兵部傳諭」。但「順治律」主要規範的是犯罪性質案件，以「五刑」為主要刑罰體系約束人們行為，律例內容大多不適合其他國家機關及其工作人員業務需要。審判案件以外內容，如三法司以外業務機關職能，則沒有相關規定。這一時期，滿洲尚未掌控全部疆域，各地戰爭仍在繼續，出於軍事等方面考慮，「兵部在康熙十一年對現行則例加以斟酌更正，進呈御覽，請求頒行，獲得批准。這大概就是最早的《中樞政考》」〔註14〕。就目前國內外所能找到的資料來看，康熙十一年《中樞政考》已經是最早版本。這部《中樞政考》由經筵講官、兵部尚書明珠負責纂修。其內部開篇奏疏中就特別提到了「臣部職典邦政、事關樞機」〔註15〕，從中可以感覺到兵部在清初國家機關體系中的重要地位。與乾隆年間才出現戶部則例、禮部則例等不同，康熙十一年就頒佈了《中樞政考》，這甚至早於康熙十五年頒佈的《督捕則例》以及康熙十八年頒佈的《刑部現行則例》。從這一點可以看出，兵部在清政府中央國家機關中的地位確實與其他五部不同，滿洲作為馬背上的民族，以武力取得天下，定鼎中原，清廷自然十分重視軍事管理和軍隊建設。在中央六部中，滿洲尤其重視兵部，因為只有武力才是滿洲取得中原地區統治權的決定力量。由上述內容可見，《中樞政考》能夠成為第一項部頒則例就不足為奇了。

康熙十一年《中樞政考》不分卷，只分為忠、孝、廉、節四冊。「忠孝廉節」作為嶽麓書院校訓，其表明了中國傳統文化對這四個字所蘊含內容的崇高評價。康熙十一年《中樞政考》按這個順序來排列內容，也充分體現出皇帝對這四個漢字的重視，他賦予兵部以「忠孝廉節」的期許。這一版《中樞政考》包括了武職品級、官員升選、官職世襲、武舉會試、軍政、兵丁犯罪、漕糧漕船、茶馬驛站等軍事管理內容，涵蓋國家軍事領域諸多方面，甚至還特別規定了投誠給銜、議敘攻城等內容，有助於勸降敵營將領與士兵，有利於進一步開拓國家疆域和穩定滿洲政權。康熙十一年《中樞政考》的問世開啟了一個時代，大量部頒則例隨之問世，清廷從此從馬背走向文字，逐漸成

〔註14〕〔日〕谷井陽子：「清代則例省例考」，載《東方學報》第六七冊，京都：東方文化學院京都研究所，1995年，第26頁。

〔註15〕〔清〕明珠：《中樞政考》，康熙十一年刻本，中國國家圖書館北海分館藏。

爲一個以法律手段統治國家和治理社會的政府。

3.1.1.1.2 乾隆年間的《欽定中樞政考》

　　從現有資料來看，如果按時間先後順序排列，第二個版本《欽定中樞政考》是鄂爾泰於乾隆七年奉旨纂修。《中樞政考》由原來不分卷版本分成了兩個組成部分，一部分是《八旗中樞政考》，另一部分是《綠營中樞政考》。內容也不再以忠孝廉節分卷成冊。《八旗中樞政考》是按「金、石、絲、竹、匏、土、革、木」〔註16〕八音部名稱編列成八冊，具體分爲十四門；《綠營中樞政考》則是按「甲、乙、丙、丁、戊、己、庚、辛、壬、癸」天幹部名稱編列成十冊，具體分爲十五門（具體內容見下表）。

　　乾隆年間曾四次纂修《中樞政考》，除了乾隆七年以外，其餘三次分別是：乾隆二十一年來保奏請纂修，二十九年移送武英殿刊刻；乾隆三十四年托庸奏請纂修，三十九年移送武英殿刊刻；乾隆四十四年福隆安奏請纂修，五十年移送武英殿刊刻。終乾隆一朝，《中樞政考》體例和編纂形式沒有改變，始終分成《八旗中樞政考》和《綠營中樞政考》兩部分。《八旗中樞政考》體例也是按八音部名稱編列成八冊，具體分爲十四門；《綠營中樞政考》體例也是按天幹部名稱編列成十冊，具體分爲十五門。從纂修時間和刊刻時間來看，《中樞政考》從奏請纂修到奉旨刊刻通常需要六年時間，這是一個比較長的過程。因爲隨著社會發展變化，欽定諭旨和臣工條奏必然在逐年增加，需要增加、修改、刪除的例文勢必會越來越多，修訂難度越來越大，相應時間也越來越長。

　　乾隆年間，除了中樞政考外，還有一部和武裝力量有關則例——《欽定八旗則例》。它陪伴《中樞政考》一同纂修，一同刊刻。乾隆年間申請纂修《中樞政考》奏疏，通常會一併提到《中樞政考》和《八旗則例》，如乾隆二十四年來保在向乾隆帝的奏疏中提到「臣等隨將八旗中樞政考、綠營中樞政考並八旗則例原本逐加檢校」〔註17〕。終乾隆一朝，兵部歷次纂修則例中包括《欽定中樞政考》和《欽定八旗則例》兩種。乾隆年間《八旗則例》則按康熙十一年《中樞政考》編纂體例分爲「忠、孝、廉、節」四冊，共十二門（具體內容見下表），這也從另外一個角度體現了《八旗則例》和《中樞政考》之間

〔註16〕《周禮·春宮·大師》有「皆播之以八音：金、石、土、革、絲、木、匏、竹」，載陳戍國點校：《周禮·儀禮·禮記》，長沙：嶽麓書社，2006 年版，第52 頁。

〔註17〕「乾隆二十四年十二月初九日兵部奏疏」，載《欽定中樞政考》，乾隆二十九年刻本，北京大學圖書館藏。

的緊密聯繫。同《中樞政考》一樣，《八旗則例》也是乾隆七年、乾隆二十九年、乾隆三十九年、乾隆五十年共四次纂修刊刻。

《八旗中樞政考》	《綠營中樞政考》	《欽定八旗則例》
職制	職制	職制
公式	公式	公式
戶役	戶役	戶口
倉庫	倉庫	俸餉
田宅	漕運	倉庫
儀制	田宅	學政
軍政	儀制	典禮
宮衛	馬政	兵制
郵驛	郵驛	馬政
馬政	關津	禁令
關津	軍政	訓練
盜賊	土番	駐防
營造	盜賊	
雜犯	營造	
	雜犯	
以上通計十四門	以上通計十五門	以上通計十二門

從表中所列目錄可以看出，兵部所屬則例中涉及到八旗管理有關內容有兩部分，一部分是《中樞政考》內《八旗中樞政考》，另一部分是《欽定八旗則例》，且兩部則例歷次纂修均由兵部堂官在同一奏章中申請。

3.1.1.1.3 嘉慶年間的《欽定中樞政考》

嘉慶十年，兵部奏摺中談到「臣部中樞政考全書，向係每屆十年，纂輯一次。自嘉慶四年奏請修輯以來，迄今已越六載，與吏部纂修則例年限相同。現在吏部因奉旨清查例案，使歸畫一，未敢拘泥成例屆期始行請修，於本年六月初三日，奏請開館。奉旨依議，欽此」〔註18〕。可見，嘉慶八年版《中

〔註18〕 「嘉慶十年七月初七日兵部奏疏」，載《欽定中樞政考》，嘉慶十三年刻本，中國人民大學圖書館藏。

樞政考》是嘉慶四年兵部奏請纂修。嘉慶八年《中樞政考》卷首所載保寧奏疏內稱「上年十月初一日，臣部司務廳科房失火，將則例館漢字黃冊全行燒毀」〔註19〕，所以該版《中樞政考》是後來補繕的。這一版《中樞政考》在保寧等人奉旨纂修下形成了一個新版本，漢文則例分為六十四卷，滿文則例分為六十四卷，共一百二十八卷。這一版本分成《八旗中樞政考》和《綠營中樞政考》兩個組成部分，內容不再包含《八旗則例》。從筆者目前所查找到資料看，乾隆五十年之後再沒有任何版本《八旗則例》出現。體例上另一處較大變動是《中樞政考》內容開始按照數字順序排列卷數，如《八旗中樞政考》三十二卷和《綠營中樞政考》三十二卷，不再按照原來的八音部和天幹部排列具體內容。

　　嘉慶十年，兵部再次奏請纂修《中樞政考》，雖然距離上次奏請只過了六年，但是由於嘉慶九年韓克均奏請詳校例案，以歸畫一，杜絕弊端。嘉慶皇帝命令「各部院堂官督飭司員，將各衙門例案逐一檢校，遇有例意未盡明晰者，詳細注明，使人人易曉。其成案前後兩歧之事，酌中參核，將不可遵行者，概行刪去，免滋淆混。俟將來增修則例時，明晰開載，庶足以杜弊端而歸畫一」〔註20〕。這一次纂修《欽定中樞政考》延續了上次編纂體例，同時增加了卷數，其中「《八旗中樞政考》一部三十二卷，《綠營中樞政考》一部四十卷」〔註21〕，每一部分都單獨成卷（具體門類見下表）。

《八旗中樞政考》	《綠營中樞政考》
品級	品級
開列	營制
補放	開列
奏派	京營
封蔭	銓政
世職	題調
儀制	水師

〔註19〕　「嘉慶七年十一月初六日兵部奏疏」，載《欽定中樞政考》，嘉慶八年刻本，
　　　　北京大學圖書館藏。
〔註20〕　「嘉慶十年七月初七日兵部奏疏」，載《欽定中樞政考》，嘉慶十三年刻本，
　　　　中國人民大學圖書館藏。
〔註21〕　「嘉慶十二年七月十二日兵部奏疏」，載《欽定中樞政考》嘉慶十三年刻本，
　　　　中國人民大學圖書館藏。

通例	門衛
公式	邊俸
禁令	揀選
宮衛	保舉
倉庫	考拔
俸餉	封贈
戶口	襲蔭
田宅	程限
承催	開缺
營伍	親老
軍政	土番
議功	儀制
關津	通例
巡洋	公式
緝捕	倉庫
八旗馬	俸餉
駐防馬	戶口
兵制	田宅
訓練	承催
營造	漕運
學政	營伍
雜犯	軍政
	議功
	巡洋
	關津
	緝捕
	綠營馬
	牧馬
	馬禁
	驛額
	驛費
	驛遞

		給驛
		限期
		郵禁
		驛站責成
		郵符
		疆獲
		坐臺
		鑾儀衛支更
		考試
		營造
		雜犯
以上通計二十九門	以上通計五十門	

　　從嘉慶年間兵部申請纂修奏疏內容可以看出，《中樞政考》「頒發八旗在京各衙門及各處駐防直省督撫提鎮一體遵行」〔註 22〕和「清書則例所載係八旗京營，東三省西北兩路，新疆及各處駐防應行事件，均須一體頒行」〔註 23〕等字樣。這一內容清楚地表明了《中樞政考》管轄範圍，它不但涵蓋了各處駐防直省督撫提鎮所管轄的綠營，而且包括了八旗的京營和駐防兩部分，甚至滲透到八旗在京各衙門，即八旗都統衙門。結合乾隆五十年之後再沒有任何版本《八旗則例》出現，筆者在這裡做一個大膽假設，即原《八旗則例》內容被統一到《中樞政考》中，《八旗則例》成為《八旗中樞政考》的一部分。

3.1.1.1.4 道光年間的《欽定中樞政考》

　　嘉慶十八年，嘉慶帝下旨，「武選、車駕、職方、武庫四司例案均屬繁多，職方一司關係處分尤為繁重，臣部奉旨刪減處分案內，奏准將中樞政考全書內散見之處分條例，改輯處分則例一書」〔註 24〕。從此，《兵部處分則例》從

〔註 22〕　「嘉慶十年七月初七日兵部奏疏」，載《欽定中樞政考》嘉慶十三年刻本，中國人民大學圖書館藏。
〔註 23〕　「嘉慶八年十二月十四日兵部奏疏」，載《欽定中樞政考》嘉慶八年刻本，北京大學圖書館藏；「嘉慶十三年九月二十日兵部奏疏」，載《欽定中樞政考》嘉慶十三年刻本，中國人民大學圖書館藏。
〔註 24〕　「嘉慶二十年四月初四日兵部奏疏」，載《欽定中樞政考》道光五年刻本，中國人民大學圖書館藏。

《欽定中樞政考》中分離出來，正式單獨刊行。《中樞政考》作爲兵部四清吏司總例，是兵部事例總匯。職方司主管武職議敘議處工作，從此《兵部處分則例》就成爲該司辦事規則。

　　道光三年，兵部頒發了首版《兵部處分則例》。該部則例也按《中樞政考》體例，分爲八旗和綠營兩個部分。道光五年，經過多年纂修《中樞政考》才正式頒佈，晚於《兵部處分則例》兩年。這是因爲兵部先將《處分則例》奏報給道光帝，由道光帝欽定內容。當《處分則例》內容確定後，兵部再將包含有《處分則例》內容的《中樞政考》奏報給皇帝，由皇帝欽定。道光九年頒佈《欽定兵部續纂處分則例》，道光十二年才頒佈《欽定中樞政考續纂》可能是基於相同原因。道光九年《欽定兵部續纂處分則例》分爲四卷，卷一和卷二是八旗，卷三和卷四是綠營。道光十二年《欽定中樞政考續纂》也分爲四卷，卷一是八旗，卷二、卷三和卷四是綠營。

《八旗中樞政考》	《兵部處分則例》（八旗）	《綠營中樞政考》	《兵部處分則例》（綠營）
品級	公式	品級	公式
開列	選舉	營制	選舉
補放	考勣	開列	考勣
奏派	限期	京營	限期
封蔭	給假	銓政	給假
改武	休致	題調	休致
世職	封蔭	水師	封蔭
儀制	營私	門衛	營私
通例	倉庫	邊俸	倉庫
公式	俸餉	揀選	俸餉
禁令	戶口	保舉	戶口
宮衛	恤賞	考拔	關津
倉庫	承催	封贈	海禁
俸餉	解支	襲蔭	恤賞
戶口	田宅	程限	承催
田宅	關禁	開缺	漕運
承催	海禁	親老	解支

營伍	本章	土番	田宅
軍政	儀式	儀制	本章
議功	印信	通例	儀式
關津	考試	公式	印信
巡洋	軍政	禁令	考試
緝捕	郵政	倉庫	議功
雜犯	馬政	俸餉	郵政
八旗馬	營伍	戶口	馬政
駐防馬	禁衛	田宅	營伍
訓練	議功	承催	禁衛
兵制	軍器	漕運	軍政
營造	火禁	營伍	軍器
	緝捕	軍政	火禁
	雜犯	議功	緝捕
	緝逃	巡洋	雜犯
	刑獄	關津	緝逃
	提解	緝捕	刑獄
	緝私	雜犯	提解
	巡洋	綠營馬	緝私
	營造	牧馬	巡洋
		馬禁	營造
		驛額	河工
		驛費	
		驛遞	
		給驛	
		限期	
		郵禁	
		驛站責成	
		郵符	
		疆護	
		坐臺	

		鑾儀衛支更	
		兵制	
		考試	
		營造	
以上通計二十九門	以上通計三十七門	以上通計五十二門	以上通計三十九門

　　就現有資料來看，道光五年《欽定中樞政考》應當是最後一版了，雖然道光十二年頒佈了《欽定中樞政考續纂》。但是其內容和體例完全不能與《欽定中樞政考》相提並論，僅是薄薄的四卷本，續纂這一名字就表明了，其內容僅僅是一個補充而已。

　　道光五年之後，沒有跡象表明《中樞政考》再次纂修。《吏部則例》至少在道光十九年和光緒十一年分別被纂修過。這一原因很可能與 1840 年鴉片戰爭以及 1852 年開始的清政府與太平天國之間戰爭有關，清政府八旗和綠營兩部分軍隊在這兩場戰爭中完敗，從此以曾國藩率領的湘軍和李鴻章率領的淮軍為首的地方武裝成為清廷的依靠。滿洲八旗和綠營正式退出歷史舞臺，兵部也失去了往昔的榮耀。如果從這一角度來看，作為兵部則例的《中樞政考》確實沒有再次纂修的必要了。

3.1.1.1.5 兵部則例的適用對象

　　乾隆年間兵部則例主要分成兩個組成部分，一部分是《中樞政考》，另一部分是《八旗則例》。八旗和綠營、兵部和八旗、兵部和綠營之間到底是什麼樣的關係呢？這個問題涉及到兵部則例適用對象。從前文的歷史追憶中，可以瞭解清朝中前期正規軍隊主要分成兩個組成部分，一部分八旗，另一部分是綠營。

3.1.1.1.5.1 八旗

　　八旗是清朝所特有的一種兵民合一社會組織，其目的在於「以旗統人即以旗統兵，隸乎旗者皆可為兵，非必有召募之煩，而後收兵之用也」[註25]。清太宗皇太極認為，「我國兵民為一，出則備戰，入則務農」[註26]。因此，

〔註25〕　《欽定八旗通志》卷三十二，「兵制志」，載《文淵閣四庫全書》664，臺北：
　　　　　臺灣商務印書館，第 793 頁。
〔註26〕　〔清〕皇太極：「敕諭副將高鴻中稿」，載中研院史語所編：《明清史料》丙編
　　　　　第一冊，臺北：維新書局，1972 年版，第 15 頁。

對於清朝來說，八旗既是國家軍事組織，又是集行政和生產於一體的社會組織。

八旗兵和旗籍之間緊密聯繫。滿洲戶口編制，每三百人編成一個「牛錄」〔註 27〕，作爲基本單位，五個「牛錄」組成一個「甲喇」〔註 28〕，五個「甲喇」組成一個「固山」〔註 29〕。「固山」是滿洲戶口編制最大單位。每個「固山」各有一個專用的顏色作旗幟，因此漢語就譯「固山」爲「旗」。

明萬曆二十九年（1601 年），滿洲人口相對較少，努爾哈赤將所有滿洲人只分爲四個「固山」，「設黃、白、紅、藍四旗，旗皆純色，每旗三百人爲一牛錄」〔註 30〕。萬曆四十三年（1615 年），清太祖努爾哈赤「削平諸國。每三百人設一牛錄額眞，五牛錄設一甲喇額眞，五甲喇設一固山額眞，每固山額眞左右設兩梅勒額眞。初設有四旗，旗以純色爲別，日黃、日紅、日藍、日白，至是添設四旗，參用其色鑲之，共爲八旗」〔註 31〕。由此可見，僅僅過了十四年，隨著生產發展和對外軍事擴張，滿洲人口數量不斷增加，在牛錄和甲喇相對不變的基礎之上，滿洲又增加了四個「固山」，於是將原來四色旗幟周圍鑲上一道邊（其中黃、白、藍三色旗幟鑲紅邊，紅色旗幟鑲白邊），再加上原來的四種顏色旗幟，這樣就共組成了八種不同的旗幟。就黃旗來說，不鑲紅邊的黃色旗幟稱爲正黃旗，鑲紅邊的黃色旗幟則稱爲鑲黃旗。其他六旗也是通過這樣方式命名，合起來共稱爲八旗。

在最初成立旗的時候，旗內所有戶口都要編進去，並不區分部落和民族，所以某一旗內有滿洲人，有蒙古人，也有漢人。1635 年，因爲蒙古人漸漸增多，於是另外成立了八旗蒙古〔註 32〕，旗色與原來八旗旗色相同。這樣一來，原來的八旗就改稱爲八旗滿洲。但是原在八旗滿洲中的蒙古人並沒有撥出

〔註 27〕 滿文 Niru 的音譯，漢語譯爲佐領。

〔註 28〕 滿文 Jalan 的音譯，漢語譯爲參領。

〔註 29〕 滿文 Gūsa。

〔註 30〕 《欽定八旗通志》卷三十二，「兵制志」，載《文淵閣四庫全書》664，臺北：臺灣商務印書館，第 787 頁。

〔註 31〕 〔清〕鄂爾泰等：《清太祖實錄》卷四，臺北：華文書局，1969 年版，第 44 頁。

〔註 32〕 王鍾翰先生認爲，「凡被編在八旗之下的，都被稱呼爲『八旗滿洲』、『八旗蒙古』、『八旗漢軍』……至於稱之爲『滿洲八旗』、『蒙古八旗』或『漢軍八旗』……應該說是不正確的」。見「清初八旗蒙古考」，載《清史雜考》，北京：中華書局，1963 年版，第 118 頁。

來，所以八旗滿洲內仍有蒙古人。「最初蒙古來附，即隸滿洲；有自明至者，又入漢軍。天聰九年，定蒙古旗制，先已籍滿洲、漢軍者，亦不復追改也」〔註33〕。1637 年，「分漢軍爲二旗，設左右翼二旗，旗皆皂色。每旗設固山額眞一，轄所編牛錄」〔註34〕。1639 年「分漢軍爲四旗，旗色一以皂鑲黃，一以皂鑲白，一以皂鑲紅，一純皂色，每旗設固山額眞一，梅勒章京二，甲喇章京四，牛錄章京十八」〔註35〕。1642 年「始設漢軍八旗，定旗色與滿洲八旗同，每旗設固山額眞一，梅勒章京二，甲喇章京五」〔註 36〕。當建立八旗漢軍時，則取消了漢軍原有的黑色旗幟，改爲同八旗滿洲、八旗蒙古同樣的旗色。1644 年清軍入關時，滿洲、蒙古、漢軍各有八旗，實際是二十四旗，但習慣上仍統稱之爲「八旗」〔註37〕。

在八旗中「皇帝親將之旗有三：曰鑲黃，曰正黃，曰正白。諸王分將之旗有五：曰正紅，曰鑲白，曰鑲紅，曰正藍，曰鑲藍」〔註38〕。皇帝侍衛只能出身於「上三旗」〔註39〕，「下五旗」〔註40〕子弟則不能作爲皇帝侍衛，他們只能在王爺府邸任職。滿洲、蒙古、漢軍設都統，各八人，共二十四人。副都統各設十六人，共四十八人。八旗都統和副都統「掌滿洲蒙古漢軍八旗之政令，稽其戶口，經其教養，序其官爵，簡其軍賦，以贊上理旗務」〔註41〕。八旗都統在京師公署稱爲八旗都統衙門，八旗都統衙門是滿洲、蒙古、漢軍二十四旗都統衙門的總稱，分設二十四個都統衙門，其職能是掌滿洲、蒙古、漢軍二十四旗軍務旗務，即在該都統、副都統總領之下，辦理本旗軍政和民

〔註33〕趙爾巽等：《清史稿·列傳十六》，北京：中華書局，1977 年版，第 9297 頁。

〔註34〕《欽定八旗通志》卷三十二，「兵制志」，載《文淵閣四庫全書》664，臺北：臺灣商務印書館，第 788 頁。

〔註35〕《欽定八旗通志》卷三十二，「兵制志」，載《文淵閣四庫全書》664，臺北：臺灣商務印書館，第 788 頁至第 789 頁。

〔註36〕《欽定八旗通志》卷三十二，「兵制志」，載《文淵閣四庫全書》664，臺北：臺灣商務印書館，第 789 頁。

〔註37〕鄭天挺：「清代的八旗兵和綠營兵」，載《清史探微》，北京：北京大學出版社，1999 年版，第 333 頁。

〔註38〕〔清〕昭槤：「王府屬下」，載《嘯亭雜錄》卷二，北京：中華書局，2006 年版，第 40 頁。

〔註39〕即正黃、鑲黃、正白三旗。這三旗由皇帝親領，所以稱爲上三旗。

〔註40〕即正紅、鑲白、鑲紅、正藍、鑲藍五旗。相對於皇帝親領的上三旗，這五旗只能稱爲下五旗。

〔註41〕〔清〕昆岡、徐桐等：《欽定大清會典》卷八十四，光緒二十五年刻本，中國人民大學圖書館藏。

政等事務。

　　在清政府統一全國之後，八旗兵分成八旗禁旅和八旗駐防兩個部分，「存京師者爲禁旅，而分鎮各省者爲駐防」〔註42〕。「至於八旗禁旅，雖分隸八都統，然惟驍騎營之馬甲、領催、匠役隸之。其不隸都統者，則備折衝曰前鋒，司宿衛曰親軍，扈警蹕曰護軍，習遠攻曰火器，皆別隸于總統，惟親軍隸領侍衛內大臣。……惟步軍則合滿、蒙、漢爲營，而皆隸于統領。……又有五城巡捕營，步兵萬人，則綠旗兵，而亦隸于步軍統領，此綠營之附于禁旅者」〔註43〕，當步軍統領轄八旗步軍時，稱爲統領；而他轄綠營步軍時，則稱爲提督，實際上是一人身兼二職。步軍統領是以八旗角度來說的，而九門提督是按綠營角度來講的。步軍統領管轄八旗步軍、巡捕五營，「徒罪以下詞訟，皆得自理」〔註44〕。步軍統領衙門，其統領官全銜是「提督九門步軍巡捕五營統領」，統領京師八旗步軍和京城綠營巡捕五營馬步兵。在地方一級，兼轄綠營的將軍有成都將軍和伊犁將軍〔註45〕，「各省駐防，又改名爲將軍，其下轄副都統。所以不稱都統者，都統專理旗務，留守及駐防對一省有政治之關係，非止理本旗之務也」〔註46〕。根據《欽定大清會典》的記載，共有將軍十三人〔註47〕，都統二人〔註48〕。八旗駐防兵負責地方駐防事務。

　　《欽定中樞政考》和《欽定八旗則例》中有關八旗內容部分，完全適用於八旗禁旅和八旗駐防。八旗在清朝具有一定特殊性，正因爲它不僅是軍事組織，而且扮演著生產經營和社會管理角色，所以關於八旗的法律規定不能

〔註42〕　〔清〕魏源：「武事餘記‧兵制兵餉」，載《聖武記》附錄，卷十一，北京：中華書局，1984 年版，第 467 頁。

〔註43〕　〔清〕魏源：「武事餘記‧兵制兵餉」，載《聖武記》附錄，卷十一，北京：中華書局，1984 年版，第 468 頁。

〔註44〕　〔清〕福格：《聽雨叢談》，北京：中華書局，1984 年版，第 20 頁。

〔註45〕　魏源認爲，「將軍兼轄綠營者，惟四川成都將軍」（參見〔清〕魏源：「武事餘記‧兵制兵餉」，載《聖武記》附錄，卷十一，北京：中華書局，1984 年版，第 470 頁）。

〔註46〕　孟森：「八旗制度考實」，載《清史講義》，北京：中華書局，2006 年版，第 65 頁。

〔註47〕　「盛京一人、吉林一人、黑龍江一人、綏遠城一人、江寧一人、福州一人、杭州一人、荊州一人、西安一人、寧夏一人、伊犁一人、成都一人、廣州一人」，載〔清〕昆岡、徐桐等：《欽定大清會典》卷四十五，光緒二十五年版刻本，中國人民大學圖書館藏。

〔註48〕　「張家口一人、熱河一人」，載〔清〕昆岡、徐桐等：《欽定大清會典》卷四十五，光緒二十五年刻本，中國人民大學圖書館藏。

僅由兵部作出。八旗中官兵部分理應由兵部來約束，但由於這部分人大多身兼數種角色，八旗官兵除了受兵部約束之外，還要接受八旗都統衙門管理。如果是上三旗的子弟，還要接受內務府管理。如果是宗族子弟，還要接受宗人府管理。因此，對於八旗子弟來說，由於其身份特殊性和多樣性，他們需要遵守法律的數量也相對多一些。

孟心史先生對雍正帝的上諭做過如下分析：

> 上諭八旗：『雍正四年六月二十三日，奉上諭：嗣後貝勒、貝子、公等，如遇家有喪事，將該屬之文武大臣，著吏兵二部開列具奏，再令成服。其官員內有在緊要處行走者，著各該管大臣指名具奏，令其照常辦事，特諭。』此所云該屬之文武大臣，需吏兵二部開列者，及旗下人見爲文武大臣，非旗內之大臣。旗內大臣惟有都統、副都統，無所謂文武，亦無庸吏兵二部分開。至其他官員並非大臣之列者，世宗皆不許旗主家任意令其成服。則旗下屬人之不容專盡臣道，且有明諭。至本非屬人，由朝命任爲本旗之都統以下等官，更不待言。雖對貝勒、貝子而言，親王、郡王或臨於屬人加尊，其不能臣朝廷之臣。〔註49〕

從先生分析內容可見，雍正年間八旗仍是家國混淆一起。某一旗人可能既是皇帝臣子，又是貝勒、貝子等人奴才，他要對皇帝和旗主雙重負責，家國無法截然分離。對於他們來說，這些人既是旗人，又是官員。作爲官員，文官歸吏部管理，武將歸兵部管理，作爲旗人要接受本旗旗主管理。八旗承擔軍事職能，這樣又要接受兵部統領。八旗承擔生產、社會職能，又要接受八旗都統衙門管理。其中兵部主要負責八旗官員品級、選補、升遷、獎懲等方面工作，八旗都統衙門負責八旗兵丁戶籍、俸餉、獎懲等方面工作。因此，關於管理八旗的法律既有《中樞政考》又有《八旗則例》，甚至還包含了其他管理方面的法律規範。

3.1.1.1.5.2 綠營

「綠營是清朝在咸豐以前，最主要的正規軍」〔註50〕。綠營用的旗是綠旗，以便於和八旗相區別開，所以叫綠營，又稱綠旗。「國初定八旗之色，以

〔註49〕 孟森：「八旗制度考實」，載《清史講義》，北京：中華書局，2006 年版，第81 頁至第 82 頁。

〔註50〕 羅爾綱：《綠營兵志》，北京：中華書局，1984 年版，第 1 頁。

藍代黑，黃、白、紅、藍各位於所勝之方，惟不備東方甲乙之色。及□□□定鼎後，漢兵令皆用綠旗，是爲綠營」〔註51〕。可見，綠營由漢人兵丁組成。綠營旗幟顏色和八旗旗幟顏色合起來共五種，符合中國傳統文化中「五行」的顏色。羅爾綱先生認爲，「綠營是清朝入關後就建立起來的。清朝統治者每逢佔據一個地方，就首先接受明朝國家統治機器最主要的工具——當地的漢人軍隊，以建立一種經制的軍隊制度」〔註52〕。由此可見，綠營本質就是收編的前明軍隊。

　　綠營設置不同於八旗，八旗由將軍和都統統領，綠營則由總督、巡撫、提督統領。清朝總督和巡撫官職的設置完全照搬明朝做法，根據《欽定大清會典》記載，清朝管轄綠營的官員，有將軍二人〔註53〕，總督十人〔註54〕，巡撫十五人〔註55〕等，統領八旗和綠營的官員存在交叉現象，步軍統領、成都將軍、伊犁將軍不僅統轄八旗而且統轄綠營。

　　清朝各個軍區均以「鎮」爲作爲每個軍區建立的基礎單位。「每鎮設總兵官一員，爲一鎮的主將。職位在總兵官下的爲副將、參將、游擊、都司、守備、千總、把總。在總兵官上面的，設有提督，用來節制軍區內各鎮總兵官。又有巡撫，那些兼提督的有節制軍區內各鎮權，那些不兼提督的也有監視提、鎮的職責。在巡撫、提督之上又建立總督，用來節制每一軍區內的巡撫、提督、總兵官爲一軍區最高軍事長官。而那些不設總督的軍區，以兼提督的巡撫爲最高軍事長官。」〔註56〕

　　明朝政府統治時期，就已經設置總督、巡撫官職。設立原因在於，「總兵官變成鎮守地方的軍事統帥以後，在有戰事時，政府又派中央大員到地方巡撫，事畢覆命，後來巡撫也成固定的官名，駐在各地方。因爲這官的職務是

〔註51〕〔清〕托津、曹振鏞等：《欽定大清會典》卷三十五，嘉慶二十三年刻本。
〔註52〕羅爾綱：《綠營兵志》，北京：中華書局，1984年版，第1頁。
〔註53〕「成都一人、伊犁一人」，載〔清〕昆岡、徐桐等：《欽定大清會典》卷四十三，光緒二十五年刻本，中國人民大學圖書館藏。
〔註54〕「直隸一人、兩江一人、閩浙一人、湖廣一人、陝甘一人、四川一人、兩廣一人、雲貴一人、河東河道總督一人、漕運總督一人」，載〔清〕昆岡、徐桐等：《欽定大清會典》卷四十三，光緒二十五年刻本，中國人民大學圖書館藏。
〔註55〕「山東一人、山西一人、河南一人、江蘇一人、安徽一人、江西一人、浙江一人、湖北一人、湖南一人、陝西一人、甘肅新疆一人、廣東一人、廣西一人、雲南一人、貴州一人」，載〔清〕昆岡、徐桐等：《欽定大清會典》卷四十三，光緒二十五年刻本，中國人民大學圖書館藏。
〔註56〕羅爾綱：《綠營兵志》，北京：中華書局，1984年版，第116頁。

在撫安軍民，彈壓地方，所以以都御史或副僉都御史派充。因爲涉及軍務，所以又加提督軍務或贊理軍務，參贊軍務名義。巡撫兼治一方的民事和軍務，不但原來的都、布、按三司成爲巡撫的下屬，即使總兵官也須聽其指揮。景泰以後因軍事關係，在涉及數鎮或數省的用兵地區，添設總督軍務或總制，總理，派重臣大員出任。有的兵事終了後即廢不設，有的卻就成爲常設的官。因爲轄地涉及較廣，地位和職權也就在巡撫之上」〔註57〕。

清承明制，清廷也以總督、巡撫等文官監督提督、總兵等武將，以達到統馭綠營目的。專門統轄綠營的總督也並不是固定十位，「屬於腹裏軍區的山東、山西、河南、江西這幾個區所設的總督和提督，都是有事則設，無事則裁的。……因爲總督、提督與那鎮守總兵官專爲鎮戍而設的不同，總督是一個軍區綠營的統帥，節制全省的提、鎮，提督是一區的大將，節制各鎮，其建制目的本是因爲要便利指揮軍事，節制兵馬而設。這四區既屬於腹裏地帶，軍事不是常有的，所以都不專設總督、提督，惟遇有事則設，無事則裁」〔註58〕。

清朝不拘泥於傳統，視具體情況而定，根據現實需要設置。明清兩朝都採用科擧取士方式招攬賢才，通過科擧考試的一般是文官，地方軍旅、疆域守護等綠營職責事務則由武將管理，朝廷任用總督、巡撫等文官進行監督。在中央政府，所有兵權統於兵部，由兵部管理全國兵籍和武職官員，從《中樞政考》所載內容可以看出，兵部分管官員品級、選補、升遷、馬政、驛站、獎懲、撫恤、巡防等各項事務。綠營不同於八旗，完全由兵部統領管轄，綠營將士身份相對單一，不像八旗子弟那樣成分複雜、多頭隸屬，所以綠營將士管理工作只需要遵守《欽定中樞政考》即可。

3.1.1.1.6 《兵部則例》

中國國家圖書館善本閱覽室收藏了一件《兵部則例》，這部則例是乾隆年間抄本，文中標注了「清乾隆內府抄本」。這件《兵部則例》體例完全按照兵部所屬四清吏司的權限和職能進行劃分。從形式上看，整部則例就是將順治、康熙、雍正、乾隆年間皇帝聖旨、諭令和臣工條奏等內容集合起來，形成一個彙編。從內容上看，這部則例是《大清會典》對於兵部四清吏司職掌內容的細化，則例內容爲兵部官吏如何處理事務提供了指導。但這僅是一件抄本，

〔註57〕吳晗：「明代的軍兵」，載《讀史劄記》，北京：生活・讀書・新知三聯書店，1956年版，第100至101頁。
〔註58〕羅爾綱：《綠營兵志》，北京：中華書局，1984年版，第56頁至第57頁。

筆者無緣見到傳世刻本。因此，無法斷言這件兵部則例存在的原因和價值。

　　從則例內容所載時間來看，《兵部則例》出現年限晚於乾隆七年《欽定中樞政考》，因為則例中包括了乾隆十幾年上諭。這部則例具體內容對八旗和綠營分別規定，如「職方清吏司」篇下「公式」門分成三冊，第一冊內容規定了八旗和綠旗通例，第二冊內容規定了八旗內容部分，第三冊內容規定了綠旗內容部分。這一劃分與乾隆年間《欽定中樞政考》分成《八旗中樞政考》和《綠營中樞政考》兩部分是一致的。不同地方在於，《兵部則例》按照四清吏司來安排編纂體例，《中樞政考》按照八旗和綠營進行劃分。前者是按照政府部門職能進行劃分，後者是按照武裝力量類型進行劃分。

　　令人困惑的是，這件《兵部則例》只是以抄本形式而存在，目前尚無任何證據表明，這件抄本的存在是否僅僅是為了供乾隆皇帝閱讀方便，以便於明確四清吏司權屬和職能，還是作為真正意義上的部頒則例供皇帝欽定需要。正因為有清一代沒有任何漢文形式《兵部則例》存在，沒有輔助證據，根本無法解釋這件以抄本形式存在的《兵部則例》出現的原因，但是這件《兵部則例》體例排列與乾隆朝《大清會典》兵部門的規定有某些相似之處。具體目錄參看下表：

《兵部則例》		《乾隆大清會典》	
		兵部	
	職制（七冊）		敘官
	官制（一冊）		官制
	恩恤（一冊）		職制
	大閱（一冊）		守衛
武選清吏司	親征（一冊）	武選清吏司	大閱
	大狩（一冊）		大狩
	守衛（一冊）		出征
	關禁（一冊）		恩恤
	土司（一冊）		土司
	營制（四冊）		營制
職方清吏司	公式（三冊）	職方清吏司	軍政
	軍政（二冊）		軍功
	職制（一冊）		簡閱

	簡閱（一冊）		關禁
	巡防（一冊）		海禁
	軍功（一冊）		詰禁
	海禁（一冊）		巡防
	詰禁（一冊）		公式
	恩恤（一冊）		
車駕清吏司	郵政（二冊）	車駕清吏司	馬政
	馬政（一冊）		郵政
武庫清吏司	軍功（一冊）	武庫清吏司	軍器
	武科（一冊）		兵籍
	軍器（一冊）		武科
	兵籍（一冊）		發配
	發配（一冊）		

從體例編排上看，這件《兵部則例》內容與乾隆朝《大清會典》內容非常相似。只是《大清會典》對兵部職能進行了系統整理，將四清吏司相關職能內容合併到一個清吏司職能內容之中。

但是爲什麼會出現這樣一件《兵部則例》，令筆者十分困惑。筆者以現有證據無法解決這一疑問，只能寄希望於其他學者幫助解答，或因其他機緣找到新的史料幫助解決這一難題。

3.1.1.2 刑部則例

刑部，作爲中央六部之一，設立於天聰五年。刑部職能是「掌天下刑罰之政令，以贊上正萬民。凡律例輕重之適，聽斷出入之孚，決宥緩速之宜，贓罰追貸之數，各司以達於部。尙書侍郎率其屬以定議，大事上之，小事則行，以肅邦犯」〔註 59〕。刑部內部機構設置不同於兵部，刑部是按省份和職能雙重標準進行劃分，內部下設十八個清吏司，分別是：直隸、奉天、江蘇、安徽、江西、福建、浙江、湖廣（湖南、湖北）、河南、山東、山西、陝西、四川、廣東、廣西、雲南、貴州、督捕清吏司，以及律例館和秋審處等其他部門。

刑部是否擁有屬於自己內部則例，這或許是一個問題。廣義來說，律例

〔註 59〕〔清〕昆岡、徐桐等：《欽定大清會典》卷五十三，光緒二十五年刻本，中國人民大學圖書館藏。

就是刑部的專屬則例，尤其是乾隆五年《大清律例》，纂修官員在具體纂修過程中將有關吏部、兵部等部職能事務從律例中分離出去，吏部和兵部有關職能事務在律例中清楚地標明「交部議處」。另外，理藩院作爲管理少數民族地區事務機構，有自己的部門則例；宗人府作爲管理宗族事務機構，也有自己的部門則例。同時，每當到了需要纂修律例年份，《大清律例》纂修工作通常由刑部奉命執行。從這個方面來看，律例逐漸變成刑部部屬則例，進而刑部也就不需要以則例冠名的部門法律了。但是從嚴格意義上說，有清一代，確實存在過一部《刑部現行則例》〔註60〕。

3.1.1.2.1《刑部現行則例》

《刑部現行則例》於康熙十九年四月頒佈，其出臺原因在於，「順治律」頒佈得非常倉促，其中存在諸多不合時宜內容。康熙初年，「順治律」律文後面就附有一本《大清律新例》（康熙三年三月十二日奉旨增添入律）。康熙帝於康熙六年親政，康熙七年八月，他就「命刑部酌定見行則例，詳晰分款，陸續進覽」〔註61〕。康熙帝對刑部工作和百姓生活重視程度可見一斑。康熙九年，康熙帝命大學士管理刑部尚書事對喀納等將律文滿漢文義復行校正

〔註60〕 就現有資料來看，《刑部現行則例》多已不存，幸好《古今圖書集成》經濟篇祥刑典中有所收錄，其第五十九卷至第六十一卷就是康熙朝頒佈的《刑部現行則例》。楊鴻烈先生在其著作《中國法律發達史》中引用的就是《古今圖書集成》收錄的版本（參見楊鴻烈：《中國法律發達史》，北京：中國政法大學出版社，2009年版，第494頁至第495頁），中國政法大學已故學者鄭秦教授在其《清代法律制度研究》一書中使用的也是《古今圖書集成》中收錄的《刑部現行則例》。筆者在資料收集過程中，有幸見到了康熙六十一年四月重修的《刑部現行則例》。該件則例收藏於中國國家圖書館北海分館，是該館館藏《大清律集解附例》的一部分。該版《大清律集解附例》共一函十冊，前七冊是律文正文，第十冊是順治二年頒佈的《大清律附》，第八冊和第九冊所載內容正是這部康熙六十一年四月重修的《刑部現行則例》。該件《刑部現行則例》的版式、裝幀和内部樣式與其餘八冊存在一定區別，則例每一頁中沒有夾紙，而且沒有批註。相反，該部《大清律集解附例》中的其餘八冊則充滿了大量批註，且每一頁都用夾紙做了修補。可見，這兩冊與其餘八冊並非從初始就配成一套，而且這兩冊也沒有被做批註的人士收藏過，甚至後來修補的時候這十冊也不是一套，是後人將它們湊到一起，從而形成了今天的版本。將它們湊到一起的人的想法今天已經難以考證，或許僅僅出於偶然。該版《大清律集解附例》缺少載有序文、奏疏和目錄的首卷，無法對其成書年代進行有說服力的考證和分析，這給筆者帶來些許遺憾。

〔註61〕 《清聖祖實錄》卷二十六，康熙七年八月癸未。

〔註 62〕，這項工作可以看作對「順治律」第一次大面積修整，這一次校正工作沒有從根本上改變「順治律」格局。但是康熙帝兩次命令確實在一定程度上，反映出他對法律工作重視程度。

康熙十八年九月十四日，康熙皇帝諭刑部：

> 國家設立法制，原以禁暴止奸，安全良善，故律例繁簡，因時制宜，總期合於古帝王欽恤民命之意。向因人心滋偽，輕視法網，及強暴之徒，凌虐小民。故於定律之外，復設條例。俾其畏而知警，免罹刑辟。乃近來犯法者多，而奸究未見衰止，人命關係重大，朕心深用惻然。其定律之外，所有條例，如罪不至死而新例議死，或情罪原輕而新例過嚴者，應去應存，著九卿、詹事、科道，會同詳加酌定，確議具奏。特諭。欽此〔註 63〕

這段上諭充分表明了康熙皇帝要求纂修《現行則例》的原因。康熙十九年，吏部尚書管刑部尚書事黃機奏報，「臣等將刑部現行條例內，罪不至死者新例議死，或情罪本輕而新條例過嚴，或律雖有正條情罪可惡因時事斟酌所定之例，或應照律者將例刪去，照律遵行，逐件詳覈，分別應減應留除不便改者不題外，其所更改條例，謹繕冊進呈御覽」〔註 64〕。康熙二十七年，刑部會同九卿、詹事、科道詳加酌定《現行則例》，具題刊布〔註 65〕。從奉旨纂修到最終刊布，中間又相差了八九年時間，可見修訂律例工作真是一項浩大的系統工程。

從《刑部現行則例》纂修人員名單來看，纂修工程背後依託了清政府中央六部、都察院、通政使司、大理寺等中央國家機關。這些中央機關都是國家重要部門，包括了九卿會審組成人員。從這可以看出，《刑部現行則例》不僅是刑部部門則例，更是各級國家機關及其工作人員都要遵守的法律。它的重要性和適用範圍不同於康熙十一年《中樞政考》，此版《中樞政考》纂修人

〔註 62〕 趙爾巽等：《清史稿·刑法志》，北京：中華書局，1977 年版，第 4183 頁。上諭具體內容參見「康熙九年十二月十二日刑部奏疏」，載《大清律集解附例》，康熙年間刻本，中國國家圖書館藏。

〔註 63〕 「康熙十八年九月十四日上諭」，載《刑部現行則例》，康熙六十一年刻本，國家圖書館北海分館藏。

〔註 64〕 「康熙十九年四月二十四日刑部奏疏」，載《刑部現行則例》，康熙六十一年刻本，國家圖書館北海分館藏。

〔註 65〕 參見「康熙二十八年八月圖納等題請修律疏」，載《大清律例》，乾隆五年刻本，中國人民大學圖書館藏。

員基本來自兵部。由此也可以看出，《刑部現行則例》的地位和作用已經達到了和律例相同高度。但是《刑部現行則例》編纂體例與《大清律集解附例》不同，後者除所附圖外，全文以「名例、吏、戶、禮、兵、刑、工」為體例進行編纂，再細分為三十卷。《刑部現行則例》則是二十八卷，相比《大清律集解附例》少了「罵詈」和「河防」兩卷。《刑部現行則例》內容與《大清律集解附例》內容也存在很大區別，如《刑部現行則例》規定了「市廛‧仵作行分地界」、「祭祀‧喇嘛容留婦女」和「關津‧口外逃人」等條例，《大清律集解附例》則沒有這些內容。《刑部現行則例》彌補了《大清律集解附例》內容的空白，也由此可見，《刑部現行則例》是適應社會生活需要的產物。

《大清律集解附例》		《刑部現行則例》
名例	名例	名例
吏律	職制	職制
	公式	公式
戶律	戶役	戶役
	田宅	田宅
	婚姻	婚姻
	倉庫	倉庫
	課程	課程
	錢債	錢債
	市廛	市廛
禮律	祭祀	祭祀
	儀制	儀制
兵律	宮衛	宮衛
	軍政	軍政
	關津	關津
	廄牧	廄牧
	郵驛	郵驛
刑律	賊盜	賊盜
	人命	人命
	鬥毆	鬥毆
	罵詈	訴訟

	訴訟	受贓
	受贓	詐偽
	詐偽	犯奸
	犯奸	雜犯
	雜犯	捕亡
	捕亡	斷獄
	斷獄	營造
工律	營造	
	河防	
以上通計三十卷		以上通計二十八卷

　　清初出現了《大清律集解附例》和《刑部現行則例》並存的情形，它們之間在某些方面的規定存在一定差別，執法官員要求二者統一的聲音不絕於耳，否則官員在作出具體裁判時，依據哪部法律會出現選擇困難。同時，《大清律集解附例》中很多內容和清朝社會現狀並不匹配。康熙二十八年，刑部尚書圖納提請，「爲律例須歸一貫，舊刻未爲全書，謹陳應刪應補之事，宜仰乞重加考定，以垂法守」〔註66〕。廣西道試監察御史盛符升曾奏請將《現行則例》載入《大清律》條例內，並要求刪定改正沿襲前代之舊文而與本朝之法制絕不相蒙者，如『郡王將軍中尉親自赴京者治罪』等項。雖然「俱毋庸議」，但是律例內情罪雖一，而輕重或異，又往代所擬罪名有與今不相符合者，這些都使得律文、條例反致、繁冗、舛錯，而且律例內有滿漢文義相互參差之處，或律文內已有各罪，本律而定例重複浮贅，或官員銜役名色及所擬罪條於今不便引用等項，及應刪之條，均爲畫一，各歸各款刪除。〔註67〕

　　康熙三十四年張玉書奏稱，「臣等敬體皇上明慎用刑至意，詳閱全律，逐條辯析，以刑部見行例分別載入律內，有滿漢文義互相參差者，通加改正。或罪有本律而例係重複者，即行刪除；或名目事款舊有今無，及舊無今有者，酌量增刪；或一款應分兩條，或數條同屬一類者，悉與分併。其今雖不行，而宜備參攷者，仍照例附載，以備引證。別部事例間有與律義相合者，亦照

〔註66〕〔清〕圖納：「康熙二十八年八月圖納等題請修律疏」，載《大清律例》，乾隆五年刻本，中國人民大學圖書館藏。
〔註67〕參見〔清〕圖納：「康熙二十八年八月圖納等題請修律疏」，載《大清律例》，乾隆五年刻本，中國人民大學圖書館藏。

刑部見行例採入。如律例內有應具題請旨者，俟另題請旨。至於律文仿自唐律，辭簡義賅，誠恐講晰未明，易致訛舛，臣等彙集眾說，於每篇正文後增用總注，疏解律義，期於明白曉暢，使人易知」〔註 68〕。但是兩年後，即康熙三十六年，康熙帝的回覆僅僅是「新纂律書名例，朕已覽閱，奏聞後又有更改處，發回刑部，將更改之處增入，著九卿看閱具奏」〔註 69〕。時間在等待中又走過十年，康熙四十六年，「九卿將原舊律例並續增見行例逐款校閱，參酌考訂，繕寫清漢各四十二本……進呈，未蒙頒發」〔註 70〕。《清史稿》對此事的記載是「留覽未發」〔註 71〕。

　　從康熙四十七年至康熙六十一年，清廷修律工作似乎就此擱置了。康熙五十年五月丙辰，「吏部議覆：都察院左都御史趙申喬疏言，部行則例，刊刻已久，其間情事，不無酌量更改。請將續行之例，未經刊刻者，各部院遴委司官，詳查應行應刪之處。臣等會同核定，進呈御覽，候旨刊刻頒行。應如所請。從之」〔註 72〕。此後卻沒有下文。

　　直至雍正帝即位後，《欽定大清律》正式頒行才使得律例統一問題得以解決。自《欽定大清律》始，《刑部現行則例》正式併入律例之中，這時的刑部也不再需要部頒則例，律文後面所附條例可以看作是刑部則例，甚至律文本身也可以看作是刑部則例，只是名稱不同而已。

　　乾隆帝執政時期，清朝法律體系進一步發展完善，如乾隆五年《大清律例》，乾隆七年《欽定吏部則例》，乾隆七年《欽定中樞政考》等等。中央國家機關的部門則例在乾隆朝陸續出臺。這些則例相繼出臺後，律例在修改程序、纂修年限等方面逐漸與吏部、兵部等部院的部頒則例纂修工作統一起來。

　　從法律效力來看，律例和則例是處於同一效力位階的法律，它們之間的區別僅僅是適用範圍有所不同而已，並不存在律例效力高於則例效力情形。從適用對象來看，吏部則例管理文官，中樞政考管理武將，律例管理對象主要是普通百姓和犯了嚴重罪行的官員。從適用範圍來看，戶部則例管理錢穀，

〔註 68〕　〔清〕張玉書：「康熙三十四年張玉書等呈覽名例律疏」，載《大清律例》，乾隆五年刻本，中國人民大學圖書館藏。
〔註 69〕　〔清〕張玉書：「康熙三十四年張玉書等呈覽名例律疏」，載《大清律例》，乾隆五年刻本，中國人民大學圖書館藏。
〔註 70〕　〔清〕佛格：「雍正元年佛格等題請修定律例疏」，載《大清律例》，乾隆五年刻本，中國人民大學圖書館藏。
〔註 71〕　趙爾巽等：《清史稿・刑法志》，北京：中華書局，1977 年版，第 4183 頁。
〔註 72〕　《清聖祖實錄》卷二百四十六，康熙五十年五月丙辰。

律例條文管理刑名，二者沒有高下優劣之別。對於地方官員來說，錢穀和刑名都是其工作中的重要職責，相對來看，錢穀可能比刑名更重要。清政府中央國家機關中，審判權不限於刑部，理藩院、宗人府等部院也享有審判權，對於理藩院和宗人府管轄範圍，刑部不能插手，各部院之間存在嚴格獨立性。理藩院和宗人府在審理案件時分別適用《欽定理藩院則例》和《欽定宗人府則例》，這兩部則例和律例處於相同效力位階。從實質上看，刑部部頒則例其實就是律文加條例。在通常情況下，律例和則例享有同等法律地位。如果有學者認為律例地位高於則例地位，很可能是受了「順治律」影響。「順治律」刊布時，清廷其他部院幾乎沒有成文法律。「順治律」一枝獨秀的法律地位就決定了，它是各部院都要遵循的法律。到了乾隆時期，律例法律地位相對下降，更像是專屬於刑部自己的法律。這一時期，其他部院則例和律例的效力位階相比較而言，處於相對平等地位。

在特殊情況下，則例法律效力甚至要高於律例法律效力。如《欽定吏部則例》中「公罪私罪按律定議」規定了，「凡公罪私罪俱按照本例處分定議，其例無正條者方准引律，若律文又無可引則將例內情事相近者援引比照。倘律例俱無正條又無可比照之案，該司員將案情詳細察核酌議處分回明堂官公同定議，於本內聲明請旨著爲定例以備引用」〔註 73〕。由此可見，在官員處罰方面，《吏部則例》法律效力高於律例法律效力。當出現處理官員公罪和私罪情形時，要優先適用吏部則例條文，只有在吏部則例沒有規定的情況下，才能適用律例條文。因此，不能抱有律例在清廷法律體系中享有最高法律效力的偏見。

3.1.1.2.2 《督捕則例》

清朝初年，因爲逃人事件層出不窮，清政府頒佈了《兵部督捕欽定逃人事宜》。康熙十五年，康熙帝命令大學士索額圖等人編纂《督捕則例》，當時的督捕衙門隸屬兵部，所以《督捕則例》在這一時期是兵部部屬則例。康熙三十八年（1699 年）十一月，康熙帝下令「裁兵部督捕衙門，督捕事務歸併刑部管理」〔註 74〕。從此督捕衙門成爲刑部督捕清吏司，隸屬刑部管理。乾隆八年的《督捕則例》實際上已經是刑部督捕司專有的執法依據。也是從這時開始，《督捕則例》纂修工作都會與《大清律例》纂修工作在時間上統一起

〔註 73〕 〔清〕文孚：《欽定吏部則例》，道光四年刻本，中國人民大學圖書館藏。
〔註 74〕 《清聖祖實錄》卷一九六，康熙三十八年十一月庚子。

來，二者都成為刑部內部則例。《督捕則例》沒有體例，只是集合了一些法律條文而已，並沒有將近似條款歸於同一門類。從康熙三十八年開始直到清末修律，督捕清吏司始終歸刑部管理，《督捕則例》也一直是刑部部內則例。

3.1.2 則例之處罰體系

　　清廷是一個特別的政府，其掌權者是一個少數民族——滿洲。在他們眼裏，漢人所畏懼的「笞、杖、徒、流、死」五刑體系，並不是他們最在意的。中國傳統五刑體系是從中國傳統文化中發展出來，對漢人影響很大。清政府統治者喜歡針對不同群體採取不同刑罰方式，這種針對並非自成體系、整齊劃一，特別事件特別處理有時可能收到奇效。律例中五刑體系通常只適用於漢人犯罪受罰，此類刑罰內容並不完全適用於旗人、蒙古人和其他民族。

　　八旗可以分成八旗滿洲、八旗蒙古和八旗漢軍，八旗麾下的人都是旗人，在清朝，旗人是一個特殊群體。旗人和普通百姓之間存在很大差別。在法律上，旗人會適用到多部法律，如果旗人犯罪可能適用到律例，也可能適用到《八旗則例》，甚至旗人中的宗室人員可能適用到《宗人府則例》，上三旗旗人可能還會適用到《內務府則例》。體現在旗人身上的特殊性不只是適用不同法律，更體現在他們所適用的刑罰也與漢民存在很大差異。清朝律例刑罰方式以「笞、杖、徒、流、死」五刑體系為主，還包括一些特殊刑罰方式，如「鞭責」、「枷號」等等。旗人刑罰方式主要是以「鞭責」、「枷號」等特殊方式為主。這樣看來，律例內的刑罰方式充分體現了旗民有別原則，對待旗人主要還是以滿洲舊俗為主。

　　《宗人府則例》自嘉慶十六年奏准每屆十年增修一次，其具體內容專門針對宗室人員。《宗人府則例》很多內容和《大清律例》內容緊密聯繫在一起，因為旗人也要適用《大清律例》，二者內容要儘量保持一致，不要出現衝突。但是《宗人府則例》中規定的刑罰措施不同於《大清律例》中規定內容，《宗人府則例》中主要包括圈禁、發遣、軍流罪者照例折圈禁、徒枷罪照例折圈禁、杖責折罰養贍錢糧、笞杖罪照例折罰養贍錢糧、宗室有過犯或奪所屬人丁或罰金不加鞭責非叛逆重罪不擬死刑不監禁刑部等處罰方式。此類處罰措施和《大清律例》中五刑體系聯繫適用，宗室人員只是照例折算成圈禁、鞭責等方式而已。

　　蒙古人所適用刑罰方式與漢人五刑體系幾乎完全不同。在蒙古人所適用

的專屬則例——《理藩院則例》中，刑罰方式大多是以「罰畜」爲主。很多
罪名處罰內容的區別只體現在「罰畜」具體數額上，如「一九」、「二九」、「三
九」、「四九」等。針對蒙古官員犯罪行爲的處罰方式還包含了「罰俸」等內
容。《理藩院則例》有滿洲、蒙古、漢文三個版本。清朝的《理藩院則例》自
康熙年間頒佈以後，經過多次修纂，基本和《大清律例》保持一致，如「人
命·戲殺過失殺傷人」中規定了，「一凡蒙古戲殺過失殺傷人俱查照刑例分別
定擬」〔註75〕，這完全是與《大清律例》並行不悖的結果。只是針對蒙古人
的刑罰方式完全不同於漢人的刑罰方式而已。

　　從《宗人府則例》和《理藩院則例》具體處罰方式可以看出，雖然《大
清律例》表面上是全體旗民所共同遵守的法律，但是旗人、蒙古人、西藏人
等有關問題，重點要看各民族專屬法律。清廷針對不同人群採取了不同刑罰
方式，這是建立在不同民族和不同人群生活習慣的基礎上。漢人長期接受明
朝政府統治，已經習慣了五刑刑罰體系，但是蒙古人和滿洲人不大熟悉此類
處罰方式。爲了對他們的統治更加行之有效，就必須針對他們的民族文化，
採用有針對性的刑罰措施，這樣才能更好地震懾他們、控制他們，所以對蒙
古人更多採用了罰畜這種處罰方式。滿洲人特別是皇室宗族不能採用肉刑等
容易留下無法抹去印跡的刑罰，圈進和折罰養贍錢糧對他們來說，就是更好
的處罰措施。這樣既保存了體面，又起到了處罰作用。《大清律例》中也有關
於很多旗人特權法律規定，比如「犯罪免發遣」條下的律文和例文都是針對
旗人的特別規定。

　　有清一代，滿洲、蒙古雖然有所漢化，但是仍盡可能地保留自己民族特
色。反映在刑罰上就是他們並沒有完全遵從漢人的傳統五刑體系，而是盡可
能反映本民族風俗習慣和生活方式。滿洲是馬背上的民族，杖刑擊打臀部甚
至會留下很多後遺症，被處罰過杖刑的旗人不利於騎馬，所以他們通常適用
的是鞭刑而非杖刑。對於蒙古人來說，牲畜代表了他們的家產，如果作出的
是罰畜刑罰，會更有利於增加他們痛感，約束他們行爲。針對不同民族文化
和特點，採用相應的有針對性的刑罰，而非採取一刀切似的刑罰種類，這充
分體現了清朝統治者的智慧。

　　在清朝刑罰體系中，不但民族血緣差別很大，甚至官員身份不同所適用

〔註75〕〔清〕托津:《欽定理藩院則例》卷三十五，嘉慶二十二年刻本，中國人民大
　　　　學圖書館藏。

刑罰方式也有所不同。從官和民對應角度來看，只要沒有出現謀反叛逆等嚴重罪行，一般官員違法通常只適用吏部和兵部處分則例，採用的處罰方式通常就是罰俸、降級留任、降級調用、革職留任、革職五項。這五項處罰方式和五刑在五這個數字上出現了暗合。中國傳統文化中一直崇尚五這個圓滿數字，從「墨、劓、刖、宮、大辟」到「笞、杖、徒、流、死」，傳統處罰方式一直以五爲主，其他方式只是補充。滿洲深受中國傳統文化影響，他們在八旗之外加上一個綠旗，就是受了陰陽五行學說影響。吏部和兵部關於文官武弁的處罰方式，在編纂部屬則例時是否故意設計成五種，今天已經不得而知了。但是「罰俸、降級留任、降級調用、革職留任、革職」這五種方式確實構成了清政府對官員的處罰體系。這個體系以官職和俸祿爲中心，以俸祿扣罰爲起始，由輕到重逐漸遞進，直至革去官職。清朝的吏部則例和兵部則例還嚴格區分了公罪和私罪，官員們從則例中很容易查找出何種違法行爲會產生何種法律後果。這樣規定對官員們奉公守法起了很好地引導作用。此外，康熙年間頒佈的《刑部現行則例》不但包括「五刑」，還有給披甲人爲奴等處罰方式，這在一定程度上也充分體現了滿洲特色。

　　清代刑罰體系是一個多角度、全方位的立體式結構，它以五刑爲基礎，以多種有針對性的處罰方式爲依據，以不同民族、不同群體爲規範對象，以各個部門則例爲基礎，對這個國家、社會和民眾進行行之有效地管理，這些都充分體現了滿洲統治者的聰敏與睿智。

3.1.3 則例之纂修年限

　　有清一代，各部院則例定期纂修年限具體不一，通常可以分成五年和十年兩種。

　　乾隆五年《大清律例》規定了，「定限三年一次編輯」〔註76〕。三年一次纂修工作顯得過於頻繁，事後看律例纂修工作，持續時間都比較長，幾乎都超過三年，如果遵守三年纂修一次規定，就會出現律例剛修完，立即再次開館纂修。乾隆十一年七月，「諭御史戴章甫奏請續修《吏部見行則例》，以備章程，俾法制周詳，按冊可考等語；……又據稱刑部則例館曾奏明三年一次纂輯，今《吏部則例》積至五年，似宜先行纂輯等語；刑部爲讞決之司，動

〔註76〕《大清律例・凡例》，乾隆五年刻本，中國人民大學圖書館藏。

關民命，其條例擬議之處，較別部爲多，但見在律例皆再三詳定，以期協中，亦不宜輕於損益。從前所定三年，朕意亦謂太速，嗣後刑部似應限以五年。至於吏部等部則例，即限以十年，亦不爲遲。著大學士會同九卿，將如何分年纂輯之處定議具奏」〔註77〕。由此，乾隆帝將《大清律例》纂修年限改爲五年一次，吏部和兵部等部門則例爲十年纂修一次。每五年小修限十個月完成，每十年大修限一年完成。如果任務繁多不能按時完成，各部院需要在開館之初，預先申請延期。在每一次纂修律例過程中，纂修工作非常嚴格，並不是走過場，甚至每增加一個字或減少一個字，刑部都要斟酌允當，然後繕冊進呈，恭候皇帝欽定。

五年或十年纂修時間是以奏請修輯之日起算，比如乾隆二十一年來保奏請纂修《中樞政考》，其奏疏中稱「伏查乾隆十一年遵奉諭旨兵部則例十年纂修一次欽遵在案臣部則例自乾隆六年纂修以後迄今十有餘年」〔註78〕。嘉慶二十年兵部再次奏報纂輯《中樞政考》，依據的是「嘉慶十年開館纂輯以來，至今已閱十載」〔註79〕。各部堂官在奏請修輯律文或條例時，通常遵循依據爲乾隆十一年上諭。他們將上諭內容作爲定例，嚴格遵循並安排相應纂修時間。

當然，定例並非嚴格死守，清政府官員不會拘泥於定例，一旦有特殊情況就會變通執行。如嘉慶十年兵部奏請纂輯《中樞政考》，其奏疏載有「臣部中樞政考全書向係每屆十年纂輯一次，自嘉慶四年奏請修輯以來，迄今已閱六載，與吏部纂修則例年限相同。現在吏部因奉旨清查例案使歸畫一，未敢拘泥成例，屆期始行請修，於本年（嘉慶十年）六月初三日奏請開館」〔註80〕。這充分體現清朝官員堅持但不固守，因時制宜、靈活變通的處理方式。

清代中央各部門每年需要處理大量事務性工作，如吏部四司每年承辦稿案統計五萬七千餘件，而吏部則例每十年纂修一次。這樣一來，吏部積攢下來的定例和成案就非常多。在纂修過程中，必然伴隨著日益增多的大量工作

〔註77〕 〔清〕王先謙：《東華續錄》，載《續修四庫全書》，史部372，上海：上海古籍出版社，2003年版，第178頁。

〔註78〕 「乾隆二十一年十月二十四日兵部奏疏」，載《欽定中樞政考》乾隆二十九年刻本，北京大學圖書館藏。

〔註79〕 「嘉慶二十年四月初四日兵部奏疏」，載《欽定中樞政考》道光五年刻本，中國人民大學圖書館藏。

〔註80〕 「嘉慶十年七月初七日兵部奏疏」，載《欽定中樞政考》嘉慶十三年刻本，中國人民大學圖書館藏。

檔案，纂修官員所能做的只能是延長纂修時間。從《中樞政考》纂修情況來看，每次纂修時間通常保持在六年左右。六年的纂修工作通常會形成這樣一種局面，當一部中樞政考剛剛編纂完畢，就會面臨時過境遷。道光十年二月，道光帝上諭：「御史王瑋慶奏六部重修則例，宜率由舊章，如有更改，應專摺奏明通行一摺；各衙門頒行律令，原期垂諸久遠，其有今昔異宜者，固應隨時酌改；然不必定限十年，即開館重修一次。若如該御史所稱，各部則例，十年一修，往往不能依限告成，每遲至六七年，始刊刻完竣；又未能即時頒發。其間數年之久，各省官員，既無新例可遵，又謂舊例已改，茫無所措，而書吏得以高下其手。及至刊刻頒行，將屆則例重修之時，新例又成廢本，無所遵循。且有舊例本屬美備，因迴護辦法兩歧；或致舍例就案，輕為更改；甚或因開館為書吏邀請議敘地步，種種情弊，實不能保其必無。嗣後各部已頒成例，毋得輕議更張，如有因時制宜，必應更正之處，隨時專摺，奏明改定，立即通行各省，一體遵照，以免書吏影射弊混。不必定限十年開館重修，致滋流弊。欽此」〔註81〕。從道光十年開始，各部則例纂修工作不再遵循十年慣例。在此基礎上，道光十二年刊布了《欽定中樞政考續纂》，這一版本即不再是往常大範圍修纂的工作成果。

　　乾隆五年之前，律例和則例沒有纂修定限；乾隆五年律例中定限為三年編輯一次；乾隆十一年將這一定限改為律例五年一次，則例十年一次；道光十年之後，各部則例不再設固定纂修年限。

3.1.4 則例之纂修程序

　　清朝律例和則例纂修工作存在一定之規，具體工作流程反映在刑部律例館職責中。

> 　　凡欽奉諭旨，及議准內外臣工條奏，除止係申明例禁無關擬議罪名者，毋庸編輯外。若關係罪名輕重應行修改。及新舊條例不符應修應刪者，必悉心參校，照奏定章程分修改、修并、移改、續纂、刪除各名目，開列本例之首，黏貼黃箋。並於本條之下各加按語，分析陳明。有原例者，先敘原例於前，次敘新例於後，使眉目犁然不紊。皆予以限，五年小修，限十月告成，十年大修，限一年告成，

〔註81〕「道光十九年正月初九日吏部奏疏」，載《欽定吏部則例》，道光二十三年刻本，中國人民大學圖書館藏。

如應修條例較多，開館時即聲請展限。既成，恭候欽定。命下乃頒行。既進黃冊，復將新例翻譯清文，另繕清漢黃冊進呈，乃分寫清漢樣冊，咨呈武英殿刊刻頒發，仍先刊草本，通行內外問刑衙門一體遵照。〔註82〕

從律例館職責可以看出，罪名輕重問題或者新舊條例衝突問題都是條例纂修重點工作內容。纂修官員對上述問題進行區分，具體分成修改、修并、移改、續纂、刪除等形式，並且黏帖黃簽標明。在需要修改的條例下方寫明修改原因，並將原例和新例都附於其上，進而形成草案。清朝時期，法律草案的名字是黃冊，用滿漢兩種文字繕寫進呈，恭候欽定。皇帝欽定後的內容作爲條例頒佈刊行。

律例館職責沒有描述出律例或則例完整的纂修工作程序。以乾隆二十九年《欽定中樞政考》爲例，其具體纂修程序包括以下內容。

首先，在法定纂修年限，各部堂官向皇帝奏請纂修各部則例。在皇帝同意後，各部堂官選擇提調、纂修、校對、收掌、翻譯等各種纂修人員，以確定人員名單。乾隆二十一年十月二十四日，來保根據乾隆十一年諭旨「兵部則例十年纂修一次」奏請開館纂修《中樞政考》，此時距上次乾隆六年纂修《中樞政考》已過了十多年。乾隆帝同意開館之後，確定了來保、尹繼善、劉統勳、紅帶子傅森、如松、兆惠等纂修人員名單。

其次，全體纂修人員集合共同智慧纂修例文，纂修工作要求嚴格遵循法定時間完成。在纂修則例過程中，纂修人員需要詳細校勘原有條文，根據歷年皇帝諭旨以及所有內外臣工奏准案件，將《中樞政考》內記載不詳條款以及與當時社會情況不適應的例文進行修改，增加新的條款，調整內容和結構，使例文能夠統一、完整且滿足新時期、新情況需要。

再次，各部堂官將編修好的草案繕寫進呈給皇帝。來保於乾隆二十四年十二月、乾隆二十五年七月分兩次進呈八旗中樞政考草案和綠營中樞政考草案，劉統勳於乾隆二十六年六月進呈八旗則例草案，伏請皇帝作出裁決。三部草案中的每一條例文纂修工作都有詳細記載，具體纂修理由都明確寫進草案。兵部還將增刪條目單獨繕具清單，並於草案內黏簽一併進呈。

復次，草案申請皇帝欽定。對於草案中皇帝不滿意的條款要進行修正，甚至可能多次修正，直到皇帝認可爲止。草案一旦獲得皇帝欽定，兵部則另

〔註82〕 〔清〕托津、曹振鏞等：《欽定大清會典》卷四十四，嘉慶二十三年刻本。

外繕具副本交由武英殿刊刻頒行。這樣一來，則例能夠得到即時適用，以便更好地發揮其作用和效果。

最後，根據各部堂官奏請，皇帝決定是否對纂修校對例文有功人員進行議敘。在每一次進呈草案的奏摺中，來保和劉統勳都會奏請乾隆帝對在館的纂修、翻譯、謄錄人員進行議敘，以表彰他們功勞。纂修工作人員確實不容易，他們甚至在自備資斧條件下，完成則例纂修工作。對於此類纂修人員，在通常情況下，皇帝都會同意對其進行議敘。

在經歷了上述程序後，一次律例或則例的纂修工作才算結束。通常情況下，各部則例每隔一定年限將重複進行上述程序。

3.1.5 則例之纂修官員

從上文可知，負責則例纂修工作的官員需要由皇帝欽定。由皇帝欽定官員的身份必然與眾不同，以《欽定中樞政考》為例，有清一代，兵部並不是中央最高軍事機關。清政府兵權由皇帝獨攬，凡用兵大事均由皇帝親裁，統兵大臣則由皇帝欽命。此外，清朝初期的議政王大臣會議以及雍正年間開始設立的軍機處，二者地位都位於兵部之上。兵部名為兵部，但其只能職掌綠營兵籍以及武職陞轉之事，並無統御軍事力量的權力。歷次負責纂修《欽定中樞政考》的領銜官員身份參見下表。

《欽定中樞政考》版本	負責官員	職務	負責官員	職務
康熙十一年版	明珠	經筵講官、兵部尚書	朱之弼	兵部尚書
乾隆七年版	鄂爾泰	經筵講官、太保、議政大臣、保和殿大學士、兼領侍衛內大臣、總理兵部事務、世襲三等伯	班第	議政大臣、兵部尚書、固山額駙、加二級、紀錄十五次
乾隆二十九年版	來保	經筵講官、太子太傅、議政大臣、武英殿大學士、總管內務府大臣、兼管兵部事務、調任兼管禮部事務、加一級、軍功加二級	劉統勳	經筵日講起居注官、太子太保、東閣大學士、兼禮部尚書、管理兵部事務、翰林院掌院學士、教習庶吉士、調任管理刑部事務、軍功加二級、軍功紀錄四次、尋常紀錄五次

乾隆三十九年版	尹繼善	經筵講官、太子太保、議政大臣、文華殿大學士、御前大臣、管理兵部事務	福隆安	御前大臣、領侍衛內大臣、太子太保、議政大臣、工部尚書、兼管兵部事務、鑾儀衛掌衛事、總管內務府大臣、步軍統領、管理戶部三庫、奉宸苑、武備院、御茶膳房、內圓明園、暢春園、聖化寺、養心殿造辦處、火藥局事務、總管圓明園八旗、內務府三旗官兵大臣、兼管理藩院事務、正白旗滿洲都統、兼管俄羅斯佐領、和碩額駙、一等忠勇公
乾隆五十年版	福隆安	太子太保、兵部尚書、和碩額駙、一等忠勇公	和珅	經筵講官、太子太保、議政大臣、協辦大學士、吏部尚書、署理兵部尚書事務
嘉慶八年	保寧	太子太保、武英殿大學士、兼管兵部事務、管理稽察欽奉上諭事件處、內大臣、鑲紅旗滿洲都統、義烈公	覺羅長麟	兵部尚書、署刑部尚書、正紅旗蒙古都統
嘉慶十三年	保寧	太子太保、內大臣、原任大學士、管理兵部事務、義烈公	德楞泰	太子太保、內大臣、兼管兵部事務、調任西安將軍、繼勇侯
道光五年	明亮	太子太保、原任大學士、管理兵部事務、三等襄勇侯	伯麟	經筵講官、太子少保、原任大學士、管理兵部事務

從上述負責修纂《中樞政考》的兵部負責人職務具體來看，他們或管理兵部事務或任職兵部尚書。但是他們的身份不僅僅是兵部尚書，更多的是擁有太保、太子太傅、太子太保、內閣大學士、議政大臣等加銜，擁有經筵講官、經筵日講起居注官等榮譽頭銜，也有擁有公、侯、伯等爵位，這些都是位極人臣的標誌。從清史稿記載內容可以看出，上述領銜纂修《中樞政考》主要官員具體身份是：

八旗滿洲	八旗蒙古	漢人
明　　珠（滿洲正黃旗人） 鄂　爾　泰（滿洲鑲藍旗人） 來　　保（滿洲正白旗人） 尹　繼　善（滿洲鑲黃旗人） 福　隆　安（滿洲鑲黃旗人）	班　　第（蒙古鑲黃旗人） 保　　寧（蒙古正白旗人） 德　楞　泰（蒙古正黃旗人）	朱之弼 劉統勳

和　　珅（滿洲正紅旗人）		
覺羅長麟（滿洲正藍旗人）		
明　　亮（滿洲鑲黃旗人）		
伯　　麟（滿洲正黃旗人）		

從表內所列官員的旗籍或戶籍可以看出，這些官員大部分都是隸屬於「上三旗」（正黃旗、鑲黃旗、正白旗）的奴才，而上三旗旗主就是皇帝。覺羅長麟名字中的「覺羅」二字，就非常清楚地表明了他的身份是覺羅，即努爾哈赤祖父覺昌安的後代。和珅深得乾隆喜愛，鄂爾泰則是乾隆登基時顧命大臣，他們的身份和軍功都決定了他們是皇帝的奴才，而且不是一般的奴才。他們對皇帝高度負責，忠心為皇帝服務，甚至說他們就是皇帝手足的延伸。這些人負責纂修則例，皇帝完全放心。他們之間不僅是國的關係，更是家的紐帶。對於他們來說，皇帝不僅僅是國家之首，更是家族族長。這種身份依附關係更是注定了他們必然會盡心盡力，肝腦塗地。他們的忠心加上盡職，必然會換來一部令皇帝滿意的則例。

3.1.6 則例地位之比較

在清朝皇帝心目中，不同則例地位之間存在差別。為眾多法學學者所關注的《大清律例》是否在皇帝心目中處於最高地位呢？筆者選取了中央六部中的三個部門進行比較，即吏部、兵部和刑部，這並不是說戶部、禮部、工部以及其他部門則例不重要，筆者也不是為了證明律例排在所有則例次序中的第幾位，那樣工作注定是徒勞的。筆者證明目的只是在於，律例是否在皇帝心目中居於最高地位。筆者選取了兩種編纂時間最相近則例進行比較，以免僅一種比較效果不明顯。

名稱	乾隆五年《大清律例》	乾隆七年《欽定吏部則例》	乾隆七年《欽定中樞政考》
纂修官	徐本	張廷玉	鄂爾泰
職務	經筵講官、太子太保、東閣大學士、兼禮部尚書、兼管戶部尚書事務、加六級	經筵講官、太保、保和殿大學士、三等伯、兼管吏部尚書事、加十三級、紀錄三次	經筵講官、太保、議政大臣、保和殿大學士、兼領侍衛內大臣、總理兵部事務、世襲三等伯

名稱	道光六年 《大清律例》	道光四年 《欽定吏部則例》	道光五年 《欽定中樞政考》
纂修官	蔣攸銛	文孚	明亮
職務	太子少保、體仁閣大學士、管理刑部事務	經筵講官、太子少保、吏部尙書、閱兵大臣、正黃旗領侍衛內大臣、總理行營大臣、稽察欽奉上諭事件處、鑲藍旗滿洲都統、管理健銳營事務、崇文門正監督	太子太保、原任大學士、管理兵部事務、三等襄勇侯

在乾隆初年大學士排名之中，張廷玉位居首席、鄂爾泰位居次席、查郎阿隨後、之後才是徐本。根據《欽定吏部則例》具體規定，太保、大學士都是正一品，太子太保則是從一品。從這兩個方面就可以看出，張廷玉和鄂爾泰政治地位高於徐本。

在道光初年大學士排名之中，蔣攸銛位於托津後。托津是道光四年《欽定吏部則例》排名第二位總纂修官，位列文孚後。明亮是太子太保，太子太保政治地位高於太子少保。可見，文孚和明亮的政治地位也高於蔣攸銛。

從這兩朝纂修官職位來看，相對於《大清律例》，皇帝更加重視《吏部則例》和《中樞政考》。這兩部則例在皇帝心目中地位明顯高於《大清律例》。《吏部則例》僅是吏部部頒則例，《中樞政考》則是兵部部頒則例，所以《大清律例》地位也就只是刑部部頒則例而已。從調整對象角度來說，《吏部則例》調整對象是文官，《中樞政考》調整對象是武官，而《大清律例》調整對象大多是日常百姓。當然文武官員犯罪行爲也會納入《大清律例》調整範圍，但是首先得區分他們觸犯了何種罪名。官員身份具有流動性，當他們犯罪行爲背離了社會主流價值觀，他們就不再是統治階級中的一員，這時的行爲就注定了要適用《大清律例》進行調整。

3.2「則例」中的制定法因素

前文中，筆者通過列舉方式，證明了清朝頒佈的三部律例中既存在制定法成分又存在判例法成分。清政府所頒佈眾多則例是否也是如此呢？

有清一代，清政府各部院頒佈了大量則例，這些則例作爲清政府有效控制社會、維護統治地位的重要工具，發揮了巨大作用。大部分則例都沒有伴

隨清朝從興起走到退出歷史舞臺。在眾多則例中，最重要的當屬中央六部則例，這六部則例（含《大清律例》），又以吏兵二部最為關鍵，此二部則例是管理文武官員的法律規範。此外，康熙年間頒佈的《刑部現行則例》也是一部重要則例，雖然它在雍正律頒佈之後就退出歷史舞臺，但它曾是當時社會所有成員都必須遵守的法律規範。這三部則例與其他部院則例大致相同，具有較強代表性，筆者在下文中所列舉的例文主要來自《刑部現行則例》、《欽定吏部則例》和《欽定中樞政考》。

康熙朝頒佈的《刑部現行則例》〔註 83〕中包含了很多例文，下面三條例文是從《刑部現行則例》中選取。

搶奪路行婦女	逃人白晝搶奪	農忙停訟
一凡聚眾搶奪路行婦女或賣或自為奴婢者審實係同夥謀者不分得財與未得財為首者立斬為從者俱擬絞監候秋後處決凡人不知搶奪情由而買者罪坐盜賣之人倘或知情而買者減正犯一等旗下人枷號兩個月鞭一百民人責四十板流三千里其搶奪人之主知情不行舉首者旗下人枷號兩個月鞭一百民人責四十板流三千里小撥什庫下行嚴察鞭八十總甲責三十板其八旗佐領驍騎校並府佐領包衣大步軍副尉在外府州縣各官不行嚴禁其步軍校五城之司坊官巡捕營官不嚴行察拿於該管汛內事發及搶奪之主係官知而不首者交吏兵二部議	一凡逃人逃出或白晝搶奪竊盜罪至鞭一百者刑部枷號臂膊刺字鞭一百送督捕督捕免其鞭責止面上刺字不至鞭一百者刑部止臂膊刺字送督捕督捕照例面上刺字鞭一百其各處逃人或為搶奪或為竊盜解到督捕審明果係逃人及在逃走之處為盜情真者先送刑部議結為盜之罪後移回督捕議逃走之罪	一民詞每年自四月初一日至七月三十日時正農忙除謀反叛逆盜賊人命及貪贓壞法等重情照舊審理其一應戶婚田土以及鬥毆等細事一概不准受理自八月初一日以後方許聽斷其有司自四月以後受理細事通賄起滅追比錢糧違例用大枷夾棍慘斃者不時嚴查指名題參若督撫容情不行題參或受害之民首告或科道糾參將容情不行題參之該督撫一併交與該部議處

前兩條例文位於「賊盜」門，後一條例文位於「訴訟」門。這三條例文在《刑部現行則例》中具有很強代表性，它們都是以「一」開頭，這是標準的法條起始方式。從例文內容可以看出，它們與律例中的制定法結構基本一

〔註83〕〔清〕黃機：《刑部現行則例》，康熙六十一年刻本，中國國家圖書館北海分館藏。

致，都是對某種抽象行為進行一般概括，抽離出共性內容。各級執法官員在辦理具體案件過程中，直接適用例文即可，在具體過程中，所採用的方法也是制定法所特有的從一般到特殊的形式。

下面所列舉例文出自《欽定吏部則例》〔註84〕。

引用律例不得徒取字面
一凡議處官員例無正條必須旁引比照者如可以引用全條務將全條載入如全條不便引用或引用一段或數語務載入稿內以便定議如例無可引比照律文定議者亦務將律文之一段或數語載入總期案情例意兩相吻合不得徒取字面相似以滋高下之弊議處事件擅行增刪例文

議處事件不得增刪例文
一承辦議處事件務將律例正條或全文或一段或數語載入稿內不得徒取字面相似以滋高下之弊○若將別條割裂增刪援引比照致應行議處之員或免議或減議者將承辦之員參革審擬（私罪）係失察書吏舞弊降二級調用（公罪）○若將應議之員不引情罪相符之例將別條割裂增刪加重處分以致被議之員革職降調離任者別經發覺除將本員處分改正外將承辦之員照所議之降革議處如將應行免議減議之員增刪例文致令降革離任者亦照此例行（俱私罪）係失察書吏舞弊亦照前例議處○如於未經發覺之先自行查出改正准其免議

這兩條例文內容是所有文職官員在履職時所必須遵循的法律條文，例文結構同《刑部現行則例》中例文結構一樣，都是以標準的「一」開頭，這體現了清代則例在格式上具有統一性。

《欽定中樞政考》〔註85〕（綠營卷）「公式」門中「因公降革」例文具體內容如下。

因公降革
一外省副將以至守備部議降調奉旨依議者即照所降之級赴部候補至在京巡捕營副將參將游擊都司守備因公降革其中如有辦事勤練人材可用者任內無錢糧不清及治罪之案該步軍統領會同都察院察核果係因公者該步軍統領出具切實考語保奏帶領引見應否去留恭候欽定非係因公降調人員照所降之級仍以巡捕營員缺補用革職者令其回籍 一降革人員引見奉旨仍以原官補用者將現議降革及從前降革留任罰俸等案俱帶於新任引見時奉特旨降補者現議本案降革之處分即行註銷其前任降革留任罰俸等案仍令隨帶其降調候補人員前有降級留任罰俸等案俱帶於降補任內革職後復行錄用人員將降罰註冊各案帶於新任扣抵

〔註84〕〔清〕傅恒：《欽定吏部則例》，乾隆三十七年刻本，中國人民大學圖書館藏。
〔註85〕〔清〕明亮：《欽定中樞政考》，道光五年刻本，中國人民大學圖書館藏。

這條例文具體包括兩款，結構也都以「一」開頭。《欽定中樞政考》中其他條款例文結構幾乎均為每個條款分別以「一」開頭。

上述六條例文行文方式可以說是則例中具體例文代表形式，類似形式在則例中隨處可見。從這六條例文結構和行文內容可以看出，例文是以制定法形式為體例，即以抽象的規範形式對社會行為進行概括性約束，以便於各級執法官員在對類似行為處理過程中可以很容易地從則例中找到依據。在某些例文中，這種制定法形式還被用作規範內容階梯式表達方式，層層深入展開，從各個層級對法律行為進行系統性約束和控制。由於清政府各部院幾乎都有自己的部門則例，這樣就編織了一張法律大網，不但覆蓋了律例和則例管轄範圍，而且將各個部院和機關都包含進來。

清政府入關之後頒佈的第一部法典是《大清律集解附例》，它是清政府所有部門及全體官員都必須遵循的行為準則，是所有部門的通用則例。當各個部門所屬則例陸續頒佈後，律例地位逐漸下降。到了清朝中期，律例地位只是相當於刑部部頒則例。清朝各部院則例大部分條款都是以上述概括性方式表達的。這一表述方式使得則例的邏輯前提有了一個更為廣闊的基礎，各級執法官員可以通過演繹推理方式將抽象規定與具體行為緊密聯繫在一起。

從上述六條例文內容可以看出，《刑部現行則例》主要規範一般民眾行為。它通過對違法行為處理方式作出概括性規定，各級官員在具體適用時，可以採用「假定——處理——制裁」的模式予以適用。《欽定吏部則例》是規範文職官員行為的法律規範，大多數條文內容都是採用概括性表達方式，如前文所引例文中規定的那些對職務範圍內具體行為進行規範。《欽定中樞政考》是關於各級武官將領行為的規定，規範對象包括了綠營和八旗兩個系統，《欽定中樞政考》也是通過系統性的概括表達對各級武將職務範圍內的具體行為進行規範引導。

需要注意的是，不同於《欽定吏部則例》和《欽定中樞政考》，刑部的《督捕則例》，吏部的《欽定吏部處分則例》，兵部的《欽定兵部處分則例》一般都是以概括性的制定法形式作出系統性規定，例文表達方式大多類似於《大清律例》體系。只有個別例文會以上諭和臣工條奏形式直接寫入例文。這種情況之所以出現，很可能是因為制定法的概括性表達方式有助於各級執法官員在具體裁決過程中更易於找到可以適用的法律條款。如果採用判例法方式則對各級執法官員類比方法運用和案件處理能力有了更高要求，判例法處理

方法對於那些通過科舉考試獲得功名的莘莘學子來說，相對更難。因此，清廷在制定關於官員議處方面的法律條文更爲愼重。政府中擔任重要官職的官員大多是滿洲人，甚至是皇帝私人的奴才，也有大量官員是通過科舉取士而進入官僚階層，這就要求處分則例內容必須清楚易懂。《督捕則例》中關於逃人問題的有關規定可能會涉及某些官員，其具體內容在制定時也必然愼之又愼。如果採用判例法形式，一旦某些執法官員對於判例內容理解出現偏差，很可能出現無法彌補的後果。因此，此類則例例文採用制定法法律淵源形式更易於理解和執行。

3.3 「則例」中的判例法因素

在清朝各部院頒佈的則例中，除了大量制定法成分，仍存在相當一部分內容是以判例法法律淵源形式表達的。筆者從《刑部現行則例》〔註86〕之中選取四條例文，具體內容請見下表。

反叛奴僕入官	被擄投歸	逸出投歸	出差人買人
一刑部將叛犯侯滿英家僕張興等交送總管內務府等因具題奉旨張興等不必交與內務府著交與戶部入官此後除叛逆旗下人口照例交與該管衙門外其此等奴僕交與戶部入官餘依議	一順治十八年九月初十日上諭諭刑部近覽爾部章奏徐勝等一案因其被擄下海旋經投歸仍按律擬罪但念此輩先雖經從賊乃能不忘故土乘間來歸徐勝等已有旨免罪以後凡有這等投誠者俱著免罪爾部即遵諭行特諭	一刑部等衙門題爲遵旨再審具奏事具題奉旨據奏徐元善寇亂縱出賊去遵法投監情有可矜著免流徙杖一百發落以後重囚有這等因變逸出投歸者俱免死照此例發落永著爲例其自行越獄及看守通同賄縱者雖投歸不在此例	一刑部議得莫爾洪買人一案吳二將伊身並妻子賣時坐塘筆帖式莫爾洪用印所買之民或遵康熙八年六月內上諭斷出爲民或照十五年二月內督捕定例斷與莫爾洪相應請旨定奪嗣後臣部遵行可也具題奉旨吳二著斷與莫爾洪

從上述例文內容可以看出，四條例文均以判例形式表達具體內容。第一個判例是以對叛犯侯滿英家僕張興等人的處理結果來確定以後如何處理「反叛奴僕入官」類案件，第二個判例是以徐勝等被擄下海旋經投歸後的處理結果來明確以後如何處理「被擄投歸」類案件，第三個判例是以徐元善寇亂縱

〔註86〕〔清〕黃機：《刑部現行則例》，康熙六十一年刻本，中國國家圖書館北海分館藏。

出賊去遵法投監情況來確定以後如何處理「逸出投歸」類案件，第四個判例則是以莫爾洪買人一案來確定以後如何處理「出差人買人」類案件。

　　四條例文都是以判例法形式，將具體案件情節簡要概括在例文之中，有的條款是以上諭形式存在，有的條款沒有提到上諭以及其他形式，但從具體行文來看，四條無一例外都是判例法，都是從具體案件出發，抽象出制定法內容，並由各級執法官員在案件中運用，進而推廣到全社會相同或相似案件的處理中去，使那些蘊含在個案中的法理知識能夠普遍應用到社會中的廣大類似行為。

　　上述判例法個案通過何種橋樑適用於相同或相似行為呢？這需要各級執法官員在對相同或相似行為界定過程中作出自由裁量。他們在處理某一行為時，需要依靠個人能力，仔細辨別行為類型，準確定性，選取類似例文中類似行為處理方式，將行為和例文有效對接起來。一方面需要各級執法官員對於例文內容非常熟悉，不僅能夠準確認知判例法所涉案件的背景和處置方式，而且能夠理解把握判例法中所蘊含的法理知識，另一方面需要各級執法官員能夠對現有案件作出準確定位和細緻分析，關鍵在於將例文內容和現實需要有效結合起來，作出精準處理。從這一點來說，判例法對各級執法官員專業素質和業務能力的要求都比較高。他們需要通過個案處理方式所隱含的法律精神和處理措施都能夠準確把握，並能夠有效運用。只有這樣，才能有效發揮判例法的作用和效果，而這種適用方式正體現了判例法那種從「特殊」到「特殊」的處理方法。

　　在《刑部現行則例》中，除了上述四條判例法之外，還有以判例法形式存在的條款。如「喇嘛容留婦女」條和「昌平兵丁為盜」條，前者列舉了京城中的喇嘛寺廟，後者列舉了昌平、德州等城，這兩條也是以判例法法律淵源形式存在於則例例文之中的。

　　除國家圖書館收藏的《刑部現行則例》外，《古今圖書集成》〔註87〕也收錄了《刑部現行則例》。雖然《古今圖書集成》中《刑部現行則例》具體內容相對來說少一些，但是通過比較這兩個版本，都能清楚地發現《刑部現行則

〔註87〕　收入到《古今圖書集成》中的《刑部現行則例》內容有所刪節，部分條款只有名稱而沒有具體內容，比如「不許贖身」在《古今圖書集成》中沒有具體內容，僅僅在標題上標注的是「移入康熙二十三年」。如果沒有對照《刑部現行則例》原文無法得出這一結論，具體原因目前未能查實。

例》本身就是一部制定法和判例法相混合的部頒則例，其中以判例法形式存在的例文完全可以通過立法技術進行整理，抽離法理，再通過制定法形式表達出來。但是存世的《刑部現行則例》仍呈現給大家的是判例法與制定法混合在一起局面，這是令人費解的問題。

　　清政府各部院則例呈現出制定法與判例法並存現象，這一現象並不意味著某一條例文就是以單一制定法形式而存在，以不意味著某一條例文是以單一判例法形式而存在。在某些例文裏，存在者制定法和判例法相混合的情形，即同一條例文中既包含了制定法條款，又包含了判例法條款。如《欽定中樞政考》〔註88〕中「檢舉處分」例。

八旗（公式）	綠營（公式）
檢舉處分	檢舉處分
嘉慶十一年十二月內奉旨吏部具題議處戶部堂司官等失察直隸監生劉姓捐名未協一本係司官自行檢舉罰俸減等輒將該堂官照例免議所辦非是此事戶部堂司官等於捐生命名未協不即飭令更改雖係自行檢舉其疏忽之咎究有難辭是以戶部前次奏請議處時即並未將堂官處分寬免今吏部即因檢舉舊例堂官有免議處之條亦袛當於本內聲明請旨何得遽爾免議此與昨日都察院議處吏部之本正同所有戶部出結不愼之司官著罰俸一年失察檢舉之司官著罰俸六個月其堂官等均著罰俸一個月吏部堂官率行定議亦著罰俸一個月均著准其抵銷欽此	嘉慶十一年十二月內奉旨吏部具題議處戶部堂司官等失察直隸監生劉姓捐名未協一本係司官自行檢舉罰俸減等輒將該堂官照例免議所辦非是此事戶部堂司官等於捐生命名未協不即飭令更改雖係自行檢舉其疏忽之咎究有難辭是以戶部前次奏請議處時即並未將堂官處分寬免今吏部即因檢舉舊例堂官有免議處之條亦袛當於本內聲明請旨何得遽爾免議此與昨日都察院議處吏部之本正同所有戶部出結不愼之司官著罰俸一年失察檢舉之司官著罰俸六個月其堂官等均著罰俸一個月吏部堂官率行定議亦著罰俸一個月均著准其抵銷欽此
嘉慶二十二年四月內奉上諭內外各衙門辦理事件錯誤後經自行檢舉京堂以上各官該部照例處分及檢舉後寬免之處兩議請旨內閣票擬雙簽進呈原以該員失誤於前後經自行查出檢舉是以朕閱時每多加恩寬免若前次辦理錯誤及查出檢舉時該員已經離任並未隨同具奏亦一體免其處分殊未平允此案刑部查辦減等遺漏之堂司各員內彭希濂成格崇祿係自行檢舉所議罰俸處分均著加恩寬免帥承瀛穆克登	嘉慶二十二年四月內奉上諭內外各衙門辦理事件錯誤後經自行檢舉京堂以上各官該部照例處分及檢舉後寬免之處兩議請旨內閣票擬雙簽進呈原以該員失誤於前後經自行查出檢舉是以朕閱時每多加恩寬免若前次辦理錯誤及查出檢舉時該員已經離任並未隨同具奏亦一體免其處分殊未平允此案刑部查辦減等遺漏之堂司各員內彭希濂成格崇祿係自行檢舉所議罰俸處分均著加恩寬免帥承瀛穆克登

〔註88〕　〔清〕明亮：《欽定中樞政考》，道光五年刻本，中國人民大學圖書館藏。

額成寧熙昌宋鎔韓對章煦並未隨同檢舉著照例議罰嗣後如有似此之案均著照此分別辦理欽此	額成寧熙昌宋鎔韓對章煦並未隨同檢舉著照例議罰嗣後如有似此之案均著照此分別辦理欽此
一在京副都統以上在外將軍都統副都統等如辦理事件始初失於覺察後經自行查出檢舉者兵部將照例減等處分及寬免之處兩議請旨其餘在京參領等官以下在外駐防三品官以下其無心錯誤自行檢舉者各按應得處分議減如應革職者即革職留任應革職留任者即降三級留任應降級調用者即降一級留任應降級留任及罰俸二年者即罰俸一年應罰俸一年九個月者即罰俸六個月應罰俸六個月者即罰俸三個月應罰俸三個月者即行免議本員既經檢舉減等其失察之該管上司兵部仍將照例減等處分及寬免之處兩議請旨倘有意營私別經發覺希圖寬減倒提月日及斷罪失入已經論決者雖自行檢舉不准寬免再該管上司並未隨同檢舉已經離任者仍照本例議處	一提督總兵大員如辦理事件始初失於覺察後經自行查出檢舉者兵部將照例減等處分及寬免之處兩議請旨其副將以下無心錯誤自行檢舉者各按應得處分議減如應革職者即革職留任應革職留任者即降三級留任應降級調用者即降一級留任應降級留任及罰俸二年者即罰俸一年應罰俸一年九個月者即罰俸六個月應罰俸六個月者即罰俸三個月應罰俸三個月者即行免議本員既經檢舉減等其失察之該管上司兵部仍將照例減等處分及寬免之處兩議請旨倘所犯之事係有意營私別經發覺希圖寬減倒提月日及斷罪失入已經論決者雖自行檢舉不准寬減如並未隨同檢舉已經離任者仍照本例議處

　　如上文所述，《欽定中樞政考》包括兩個組成部分——八旗和綠營。很多例文內容在八旗和綠營之間具有共通性，《欽定中樞政考》對此的處理方式是在八旗篇和綠營篇分別予以規定，此類具有共通性的例文中包括「檢舉處分」條。該條例文在《欽定中樞政考》中以兩條形式而存在，分別位於八旗篇「公式」門和綠營篇「公式」門。從兩條例文內容排列順序可以看出，先記載了兩條諭旨，最後才是具體處理方式。兩條諭旨清楚地表明了嘉慶皇帝對哪些情況雖然是自行檢舉但是處罰並不寬免，哪些情況如係自行檢舉應當加恩寬免等情形的態度。雖然兩條諭旨內容清晰明確，但是各級官員對於此類情況仍難以準確把握，尤其是在處理不同情況時僅僅根據這種抽象類情況很難得出同一結論。所以第三款針對不同情況作出了詳細規定，八旗內例文直接針對八旗武將組成人員，從將軍、都統、副都統一直到參領等八旗內部官員；綠營內例文則是針對各省提督、總兵到副將等綠營內部官員，這些都是針對不同情況差別適用，是具體問題具體分析的產物。

　　《吏部則例》內容主要針對文職官員，不同於兵部規定，吏部規定只有一條，其在區分了「在內自京堂以上，在外自藩臬以上」後，又區分了「其

餘在京各員並在外道府以下等官」，這一區分對中央和地方各級文職官員都作出了系統且有效的規定。各級官員在處理不同情況時，就有了相應且明確的法律依據，根據不同職務和不同情況從不同則例中找到具體處理的有關規定。這一編纂體系不但有助於清朝內部各級官員在則例例文中準確找到適用於自己的規定，而且有助於官員在從事議處工作時，對例文進行準確理解和靈活運用。

在制定法和判例法相混合的條款中，並沒有明確規定判例法和制定法的排列順序，《中樞政考》中作為判例法的皇帝諭旨普遍排列在作為制定法的具體規定之前，《吏部則例》中作為判例法的皇帝諭旨則是普遍排列在作為制定法的具體規定之後，而只規定兵部議處事務的《兵部處分則例》中則沒有記載相應的皇帝諭旨，它直接以制定法形式列入其中。

清朝則例是一種靈活性與實用性並存的法律淵源，它不同於歐美各國實行的單一制定法或單一判例法。則例通過多種方式將不同的法律淵源巧妙地結合在一起，各種淵源之間不但沒有衝突進而削弱甚至抵消各自的作用和效果，反而使各自所具有的作用和效果得到了充分發揮。當某些情況的處理有利於採用制定法形式時，就通過制定法予以規定。當某些情況實屬特殊，則將皇帝諭旨或臣工條奏等內容一併入例，例文不僅清晰地表明了案件具體情況，而且明確了案件處理結果，有助於各部院執法官員在類似問題處理過程中予以借鑒和引用。當法律內容無法通過判例形式表達清楚，而又不利於採用制定法形式作出概括性規定時，清政府創造性地將二者結合起來，作為同一例文內的不同條款。這一方式有助於各級執法官員準確理解例文內容，並且在履行職責過程中有效運用。

這種將不同法律淵源形式匯入同一部法律的做法，充分反映了中國人的智慧。清政府著眼於律例和則例的有效應用，當某一行為能夠得到有效規範，如官員議敘議處行為，直至各類情形及其處理都有了明確規定，當政府職能都能夠按照律例和則例規定有效運行，律例和則例就充分發揮了作用。相反，如果律例和則例無法得到有效應用，無論法律形式制定得多麼漂亮都是沒有意義的，所以清朝統治者相對於法律的美觀，更重視法律的效用，他們著眼於法典和則例在實際運用中的法律效果。正是在這樣的思維指導下，清朝則例呈現出制定法和判例法相混合的法律編纂形式。這一體例既能滿足現實需要，又能體現了滿洲的務實精神。

　　在清朝中前期所頒佈的正式法律淵源中，不僅律例內部既存在制定法，又存在判例法。數量上更爲龐大的則例中，也是制定法和判例法並存。清朝入關後頒佈的首部成文法典是仿造明朝法律制定的順治律，清朝則例編纂方式借鑒了律例編纂方式，通常由各部院負責纂修本部門則例。清朝頒佈的則例和律例不同，則例通常沒有歷代王朝傳承下來的積澱，相對來說，則例的內容和體例沒有律例那樣強的邏輯性和系統性，則例更多體現的是靈活性和易操作性相結合。則例中判例法成分相對律例來說，數量更多，情況也更複雜，甚至則例例文中存在著同一例文內部既包含制定法又包含判例法的情形。則例和律例一樣，也是皇權的成果，則例中制定法成分是皇權中最高立法權的產物，則例中判例法成分則是皇權中最高司法權的產物。

第4章　因事制宜：清朝中前期正式法律淵源之「通行」

　　除律例和則例外，清政府在中前期統治過程中還頒佈了一項重要法律淵源——「通行」〔註1〕。喬治·司湯東在伴隨馬戛爾尼勳爵訪問清朝期間，見證了清朝政府各部院辦理事務等工作情形。他認爲清朝有「大量的具有法律效力的文件，但是並沒有名字，它們是君主意願的眞實表現，其內容和效力是不受限制的」〔註2〕，此類文件大多是筆者所謂的「通行」。

〔註1〕 美國學者布迪和莫里斯在《中華帝國的法律》一書中認爲，對於「通行」這一術語，文獻資料中並沒有作出正式的定義（參見布迪、莫里斯：《中華帝國的法律》，南京，江蘇人民出版社，1998年版，第156頁）。確實，「通行」沒有統一標準，因爲通行是一種公文發行方式，如《大清律例·凡例》最後一條規定了，《大清律例》在「頒發之後，內外問刑衙門，凡有問擬，悉令遵照辦理。其有從前例款，此次修輯所不登入者，皆經奏准刪除。毋得以曾經通行，仍復援引，違者，論如律」。這裡的「通行」具有明顯的動詞屬性，這一載入律例的動詞表明了政府對「通行」的態度，由此可見，通行是一種公文體例，無論其包含何種內容，也無論其發揮何種作用，只要是「通行」，就意味著要「通行直省督撫一體遵行」或「通行內外問刑衙門一體遵辦」。關於本文中的「通行」，筆者借鑒的正是布迪和莫里斯的觀點，雖然將其命名爲「通行」，但是這一名字並不確切，由於此類文件沒有固定稱謂，筆者無法對其準確定義，將原本屬於此類文件的運行方式定義爲具體名字，實屬無奈。此類公文的名稱有通行條例、通行成案、通行章程等，種類雖多，但運行方式一致，都是「通行直省督撫一體遵行」或「通行內外問刑衙門一體遵辦」。

〔註2〕 George Staunton: Ta Tsing Leu Lee, London, Printed for T. Cadell and W. Davies, 1810, P30.

4.1「通行」概述

有清一代，中央六部、都察院、理藩院等各衙門都能頒發自己部門的通行。關於文官武弁處分內容的通行，吏部和兵部可以發行。關於蒙古、西藏等地區事務的通行，理藩院可以發行。「如果刑部認爲某些成案或者皇帝針對某些成案而發佈的詔令具有特別的重要性，就可以將其定爲『通行』」〔註3〕。通行主要內容就是清政府中央國家機關公文，但是此類公文國家機關不能任意頒佈，從某種程度上看，通行超越了國家機關部門意志，因爲一件公文要成爲「通行」，需要皇帝最終欽定，只有在皇帝欽定之後，公文才能成爲通行。通行內容並不是簡單的對一事一案具體處理，其存在目的在於對相同或相似情況處理工作提供指導方向，發揮法律淵源效力，並且皇帝欽定通行的目的正是爲了創建一種法律淵源。

從嚴格意義上看，律例或則例也是一種通行，只不過這種通行有固定稱謂而已。《戶部則例》中載有「竊查臣部係錢糧總匯之區度支出入款項紛繁先經奏請將有關成例案件揀派滿漢司員公同參校分門別類逐一纂輯成編於乾隆四十一年告竣頒發通行」〔註4〕。如果對律例和則例進行解剖，律例和則例中的具體條款也是通行，每一條律文和例文都由皇權欽定，也正是這樣才能在地方各省一體通行。

除了律和例，新定的例文、有代表性的成案、大清律例中具體條款的解釋、統一地方督撫與刑部之間的斷案標準等各種內容都可以通過通行這種形式頒發，通行有通行成案、通行條例、通行章程等多種形式，以便於各省督撫或各級問刑衙門一體遵辦。通行作爲一種公文形式，包含了很多內容，而通行的眞正含義正是在於確定此類內容「通行直省督撫一體遵行」或「通行內外問刑衙門一體遵辦」。

4.1.1 通行之適用範圍

「通行」有其適用的時間和空間範圍。通行適用的時間範圍通常沒有明確失效時間，它可能被皇帝以諭令所廢止，可能以皇帝欽定新通行而改變，可能久置不用，也可能一直適用下去。大多數通行會在律例或則例修纂工作

〔註3〕　〔美〕布迪、莫里斯：《中華帝國的法律》，南京：江蘇人民出版社，1998年版，第149頁。
〔註4〕　〔清〕于敏中：《欽定戶部則例》，乾隆四十六年刻本，中國國家圖書館藏。

中，變成例文納入律例和則例中，成爲其邏輯上一體的、不可分割的組成部分，進而長期存在並發揮法律效力。

　　從中央到地方，從朝廷到直省，通行內外一體遵行，發揮法律淵源作用的文件幾乎都是通行。對於皇帝欽定的通行，如果沒有特別說明，通常適用於清朝全境，從中央政府到各直省，從省到府，從府到縣，各級衙門執法官員一體遵行。各部院通行因其職責角度和管理範圍的不同而有所區分，如律例中某些條款只能適用於個別行省，理藩院則例適用於少數民族地區，八旗則例適用於旗人，宗人府則例適用於皇族宗室等等。此類部院所頒發通行的適用範圍存在一定限制。

4.1.2 通行之創制主體

　　通行的制定主體主要是中央政府各部院。從內閣到六部，從六部擴張到中央各部院，再到各部院內屬衙門，都有起草通行的權力。由於業務範圍和工作職責不同，多個部院或部院內屬衙門可以聯合起來制定通行。廣義的「通行」包含律例和則例，順治律編纂工作人員由各部院抽調的人員組成，吏部則例由吏部官員負責纂修，中樞政考由兵部官員負責纂修。由於律例和則例具有較強體系性，有的條文可能涉及到不同部門職責，多個部門聯合起來制定或纂修工作可以協調和平衡各部院職責。狹義的「通行」通常就是一事一案，只需要一個部門負責起草制定。

　　通行經由各部院或內設衙門起草後，並不當然地享有法律效力。通行需要皇權欽定，由皇權賦予其法律效力。皇權欽定是通行制定頒發的必經程序，沒有經過皇權欽定的通行沒有法律效力，不能發揮法律作用，各級執法官員不會一體遵辦。一件通行的起草制定工作由官吏開始，最終頒行則需要皇帝欽定。通行的法律淵源效力正是源自皇權欽定。

4.1.3 通行之職能作用

　　在沈家本先生看來，「律者，一成不易者也。例者，因時制宜者也。於律、例之外，而有通行，又以補律、例之所未盡也。或紬繹例意，或申明定章，或因比附不能畫一而折其衷，或因援引尙涉狐疑而申其議，或係酌量辦理而有成式可循，或係暫時變通而非永著爲例，更有經言官奏請，大吏條陳，因

而酌改舊文，創立新例，尚未纂入條例者」〔註5〕。如果事實確如沈家本先生所述，「通行」職能和作用主要有以下方面。

1・紬繹例意。清朝各部院頒佈的律例和則例大多採用制定法作爲法律淵源，制定法形式的缺點在於過於抽象，有時僅從文字表面很難詳細瞭解背景含義，甚至不知道具體操作。這時可以通過頒佈通行，對法律規範條文進行解釋，以進一步明確具體含義，統一各級官員認識，最終達到統一理解、統一適用標準的目的。

2・申明定章。清政府曾經頒佈了大量法律規範，規範內容大多涉及實體內容，具體操作規程有關內容較少。清政府可以通過發佈通行，確定具體操作規程，明確操作程序，使得各級執法官員能夠統一對法律規程的理解。

3・因比附不能畫一而折其衷。清朝官員在處理具體案件時，如果沒有法律明文規定，可以行使援引比附權力。順治律內「大清律附」載有《比附律條》，雍正律和乾隆律所附「律例總類」〔註6〕也載有《比引律條》。比引律條明確說明「律無正條，則比引科斷，今略舉數條，開列於後，餘可例推」〔註7〕。該條文賦予各級問刑衙門官員以援引比附的權力。從條文出發，很多官員在處理法律沒有明文規定的案件時，很可能比引不同條款，斷案標準難以整齊劃一。清政府可以頒佈通行可以統一標準，統一各級官員認識。

4・因援引尚涉狐疑而申其議。執法官員在處理具體案件時，需要援引某一條款，但是援引該條款存在一定疑問。這時，可以通過頒佈通行表達政府對條文和案情的看法。

5・係酌量辦理而有成式可循。如果某些案件處理沒有執法依據，法律規範也沒有相關條文可以參考，或者存在相關條文，但是處理結果可能已經不合時宜。這時可以通過對案件特別處理，並以通行的形式頒佈。此類通行從此成爲法律淵源，爲各級執法官員所遵循。

6・係暫時變通而非永著爲例。如果某些案件處理已有法律條文約束，但在某一特殊時期社會環境發生重大變化，如果繼續適用該法律規定已經不合時宜，這時可以使用通行，對其進行變通規定。當特殊時期恢復正常，該通

〔註5〕 〔清〕沈家本：「通行章程序」，《寄簃文存卷六》，載《歷代刑法考》，北京：中華書局，1985年版，第2220頁至第2221頁。
〔註6〕 「大清律附」和「律例總類」只是名稱上的改變。
〔註7〕 〔清〕徐本：《大清律例》卷四十七，乾隆五年刻本，中國人民大學圖書館藏。

行內容也就隨之廢止。

7．更有經言官奏請，大吏條陳，因而酌改舊文，創立新例，尚未纂入條例者。乾隆年間確定了定期纂修律例和則例制度，在那些沒有纂修律例和則例年限，當出現某一特殊情況，需要創製法律條文或者修改現有法律條文，可以運用通行進行特別規定，創立一種新例。當開館纂修律例和則例時，則將該通行所創新例納入律例或則例範圍，正式成為其組成部分。

可見，通行職能完全是為了彌補律例和則例不足，對律例和則例無法覆蓋內容進行特別規定，通行在清政府機構運轉過程中充分發揮了靈活權變的重要作用。

4.1.4 通行之代表樣式

有清一代，清政府頒佈了大量通行，具體數量已經難以統計。通行大部分都是單一刊行，以散見形式存在，容易散佚。通行由不同部院頒發，這進一步增加了整理彙編的難度。幸運的是，一些清代律學著作對部分通行進行了整理，如祝慶琪在《刑案匯覽》中分類編入了道光十三年之前的刑部通行，在《刑案匯覽續編》中收錄了道光十四年至道光十七年的刑部通行。這些通行在收入彙編之後，得以保存得更長久。遺憾的是，道光十八年之後通行各省案件，沒有專書匯錄。道光二十年，鴉片戰爭爆發，從此清朝陷入內憂外困境地，無暇顧及律例和則例纂修工作。從這時開始，法律規範纂修工作持續減少，這種情況有利於通行充分發揮其靈活權變的作用，通行可以隨時頒佈定例和成案，既便利又快捷，因此這一時期通行數量大幅度增加。

從下文成案內容對比可以看出，《刑案匯覽》收錄通行內容和通行原文基本保持一致。

《刑案匯覽》
鬥毆及故殺人
兩家互毆各斃一命分別減等〔註 8〕
安撫□題蔣凡毆死盧幗太並盧秀扎死蔣恆一案。緣盧幗太家有圍溝一道，築壩蓄水，備插禾苗。蔣凡地畝在於溝東，種有秫粟。蔣凡因天降大雨，恐溝水傷秫，持鍬乞壩放水。盧幗太見而攔阻相爭，並向奪鍬欲毆，蔣凡隨手使鍬一擊，適中盧幗太頂

〔註 8〕　〔清〕祝慶琪等：《刑案匯覽》，尤韶華等點校，北京：法律出版社，2007 年版，第 1605 頁至第 1606 頁。

心偏左倒地。盧幗太之子盧秀見父被毆，持槍趨救，蔣凡之弟蔣恆亦持棍奔助。因盧幗太臥地辱罵，卽舉棍向擊，適盧秀奔至，救父情急，用槍格棍，以致扎傷蔣恆左脇跌地。盧幗太、蔣恆先後因傷殞命。將蔣凡、盧秀依鬥殺律擬絞，聲明盧秀應照救父情切減流。再查雍正十年刑部議覆本省林宣毆死戚仁所，戚拴毆死林益禮一案，兩家各斃一命，援案減軍。又，乾隆三年刑部議覆御史條奏，凡屬成案未經通行著爲定例者，毋得牽引，如辦理案件果有與舊案相合可援爲例者，許於本內聲明等語。雖林宣舊案未經著爲定例，但此案兩家各斃一命，實與林宣舊案相合，除盧秀救父情切，援例兩請外，其蔣凡一犯，伊弟既遭兇斃，將該犯仍予絞抵，情殊堪憫，聽候部議等因。查例內凡共毆下手擬絞人犯，遇有原謀、助毆重傷之人監斃在獄與解審中途病故者，准其抵命等語。是鬥毆殺人，本應擬抵，但已有監斃病故之人，例卽准其抵命，而下手擬絞之犯得以量加末減也。卽在獄監斃、中途病故，例得擬減，則兩家互毆各斃一命，其擬抵人犯理亦應與減等。伏查雍正十年十二月，臣部議覆安撫題：林益禮之子林宣牧牛踐踏戚仁所烟葉，以致互相爭鬥，林宣棍傷戚仁所額門，戚仁所之姪戚拴亦棍傷林益禮偏右，俱各殞命。將林宣、戚拴援引康熙三十三年蓋之經等成案，減發充軍，等因具題。奉旨：「林宣、戚拴俱著照例減等發落。」欽遵在案。今盧蔣二姓，一係父子，一係兄弟，以放水細事，致相爭毆，各斃一命，與此適相符合，亦應援照寬減。臣等詳加酌議，請嗣後兩家互毆各斃一命之案，除卑幼毆死五服尊長，有乖倫理，或兩家毆斃人命多寡不齊，或故殺鬥殺情罪不等各案，俱毋庸議減外，其有兩家互毆各斃一命，果與舊案相符者，俱照林宣、戚拴免死減等例擬軍。如此則罪無枉縱，而輕重庶得其平矣。倘蒙兪允，除盧秀援例兩請外，其蔣凡一犯卽減發充軍。乾隆五年七月十九日題。二十一日奉旨：「蔣凡、盧秀俱從寬免死，照例減等發落，餘依議。」欽此。通行已纂例

《大清律例》
鬥毆及故殺人
一、凡兩家互毆，致斃人命，除尊卑服制及死者多寡不同，或故殺、鬥殺，情罪不等，仍照本律定擬外，其兩家各斃一命，果各係兇手本宗有服親屬，將應擬抵人犯，均免死減等，發近邊充軍。若原毆傷輕不至於死，越十日後因風身死，及保辜正限外，餘限內身死者，於軍罪上再減一等，杖一百，徒三年。如有服親屬內，有一不同居共財者，各於犯人名下，追銀二十兩，給付死者之家。若兩家兇手與死者，均係同居親屬，毋庸追埋。

　　上文援引了《刑案匯覽》所載乾隆五年通行。薛允升先生認爲，「此條係乾隆五年安徽巡撫陳大受題蔣凡盧秀兩家互毆各斃一命案內附請定例」〔註9〕。這件通行首先敘述了案情緣由和經過，刑部在處理時參考了雍正十年成案。在雍正十年安徽巡撫題請案件中，刑部在議覆時依據的是康熙三十三年成案，因爲乾隆三年確定了「凡屬成案未經通行著爲定例者，毋得牽引」，這一規定明確了成案沒有嚴格意義上的法律效力。既然成案不能作爲定罪量刑

〔註9〕　〔清〕薛允升：《讀例存疑》卷三十三，「刑律・人命・鬥毆及故殺人八」，北京：琉璃廠翰茂齋，光緒三十一年刻本，第四十一頁，中國人民大學圖書館藏。

依據，刑部就無法直接援引成案作出處罰。因此，刑部在參考了康熙三十三年成案和雍正十年成案之後，只能題請乾隆帝欽定最終結果。乾隆帝作出終審判決，並將本案處理結果作為通行，命令內外問刑衙門一體遵行。從此，通行所載犯罪行為有了明確處罰依據，日後各級執法官員應當根據通行內容對類似行為作出相應處理。

　　康熙三十三年、雍正十年和乾隆五年都出現了類似案件，可見該案具有一定典型性，乾隆帝明確規定未經通行的成案不能作出裁判依據，這樣一來，類似犯罪行為處理就沒有明確依據，通行可以藉此機會發揮作用。律例中存在類似條款，通行內容可以變為條例，附於律文之後，以優先適用。在開館修律過程中，律例纂修工作人員可以從通行中概括出抽象內容，以制定法形式創建成為例文，附於律文之後，和律文享有同等法律效力。

《刑案匯覽》
鬥毆及故殺人
死罪人犯在監毆斃人命〔註 10〕
福撫□題許皆與無服族叔許巧之妻洪氏通姦，後被拒絕復往圖姦，經本夫扭獲圖脫毆傷本夫身死一案，應如該撫所題，許皆合依罪人拒捕殺所捕人律，擬斬監候，秋後處決。該撫疏稱許皆尚有在監毆死廖瑛一案，罪應擬絞，應歸此案從重完結等語。查，許皆在監毆死廖瑛一案，業據該撫審題到部，該犯罪止擬絞監候，臣部現在另疏題覆，應將許皆歸於此案，從重完結。洪氏先與許皆通姦，是夜伊夫許巧捉獲許皆，被其拒毆，洪氏即時喊救，事後又經控告，應照例止科姦罪，洪氏合依姦同宗無服親之妻例，枷號四十日，杖一百，杖決枷贖等因。乾隆十八年六月初二日奉旨：「許皆因奸拒捕，毆傷許巧身死，本屬應斬之犯，乃復在監毆死廖瑛，兇惡已變，雖應歸案從重完結，然此等兇殘之徒，實王法所不容。例載免死減等人犯復行兇為匪者，照原擬斬絞罪名，即行正法。許皆若仍照常一例監候，於情法未為允協，著改為斬決。嗣後有似此已犯死罪復行兇致斃人命者，俱著照此加重辦理。」等因欽此。通行已纂例。
《大清律例》
人命‧鬥毆及故殺人
一、凡犯死罪監候人犯，在監復行兇致死人命者，照前後所犯斬絞罪名，從重擬以立決。
《大清會典事例》
人命‧鬥毆及故殺人

〔註 10〕　〔清〕祝慶琪等：《刑案匯覽》，尤韶華等點校，北京：法律出版社，2007 年版，第 1591 頁。

乾隆五十八年，福建巡撫題許皆因姦拒捕，毆傷無服族叔許巧身死，在監復毆死廖瑛
一案，奉旨，許皆因姦拒捕，毆傷許巧身死，本屬應斬之犯，乃復在監毆死廖瑛，
兇惡已極，雖應歸案從重完結，然此等凶徒，屢斃人命，實王法所不容，例載免死
減等人犯，復行兇爲匪者，照原擬斬絞罪名，即行正法。許皆若照常一例監候，於
情法未爲允協，著改爲斬決，嗣後有似此已犯死罪，復行兇致斃人命者，俱著照此
加等定擬。〔註11〕

　　這件通行所載內容是乾隆十八年定例，該通行內容後來被著爲定例附於
律文之後，該定例案情和處罰結果記載於《大清會典事例》中，這也充分表
明了該案的特殊性和重要性。不同於前一件通行，此件通行內並不需要援引
成案，但是案犯係加重犯，許皆被定擬斬監候，秋後處決，可是他在監獄內
毆死他人，情節惡劣。乾隆帝判處許皆「照原擬斬絞罪名即行正法」，從監候
到立決，加重了處罰力度，並將該案作爲通行，頒佈內外直省一體遵行。在
律例纂修工作中，該通行經過相應立法程序變爲例文進入律例，附於律文之
後，以發揮法律作用。

　　從兩件通行內容可以看出，通行是指尚未正式編入則例或律例，或者不
適宜編入則例或律例的內容，但因爲其「通行」，所以享有法律意義上的約束
力。通行同則例或律例一樣，是清朝政府經常使用的法律淵源。

4.1.5 通行和成案、說帖之間的關係

　　正如上文中通行提到內容，成案沒有法律意義上的強制力，成案只有成
爲通行，才能成爲執法官員作出裁決時所適用的法律淵源。除了成案，清政
府各部院中還有一種公文形式是「說帖」。說帖和成案一樣，與通行之間也存
在密切聯繫，很多通行就是由成案和說帖轉化而來的。清朝一些學者已經認
識到通行、成案和說帖的重要性，如《刑案匯覽》就重點收錄了通行、成案
和說帖。而通行、成案、說帖之間具體存在著何種法律關係呢？

　　成案即「所謂判決例之義，各省自立成案，且先條奏，或咨請各部。各
部准駁是非，覆答，咨請部示。……刑部依此成案，改修條例，即欲使刑律
與時世變通耳」〔註12〕。從祝慶琪先生《刑案匯覽》可以看出，「成案俱係例

〔註11〕　〔清〕李鴻章等：《欽定大清會典事例》卷八百四，光緒二十五年刻本，中國
　　　　　人民大學圖書館藏。
〔註12〕　〔日〕織田萬：《清國行政法》，李秀群、王沛點校，北京：中國政法大學出
　　　　　版社，2003 年版，第 61 頁至第 62 頁。

無專條援引比附加減定擬之案」〔註 13〕。成案是在律例之中找不到明確審判依據，只能通過援引比附最相近似的律例條文，並奏報定擬的案件。

清朝律例自「雍正律」將定律文 436 條之後，基本相沿無改，終清之世，除個別條文措詞外，幾乎沒有變化。這 436 條律文大多是一種概括性規定，無法涵蓋所有情形，爲了彌補這一缺憾，大多依靠例文解決。乾隆年間，清政府確定了纂修律例和則例的時限，通常是「五年一小修、十年一大修」。這一纂修節奏無法滿足社會環境變化需要，傳統中國沒有法律可訴性概念，只要有人起訴，官員就必須受理，幾乎沒有限制。這樣一來，隨時可能出現法無明文規定的情形。官員在處理某一具體案件時，如果無法從律例或則例中找到法律依據，就只能選擇援引比附，在這種情況下，「成案」就誕生了。正如許槤所說「今時律之外有例，則已備上下之比，而仍不能盡入於例，則又因案以生例而其法詳焉，故斷獄尤視成案」〔註 14〕。

終清之世，並非所有成案都能頒佈內外、一體遵行。一般來說，「律例頒行天下，成案獨藏刑部」〔註 15〕。具體而言，成案命運無外乎三種情形。

第一種情形，成案由皇帝欽定，以通行方式頒佈內外各直省一體遵行。成案不是律例，並不當然地享有法律效力。也不是所有成案都能有幸能成爲「定例」，在成爲「定例」之前，成案需要成爲「通行」。未成爲通行的成案不能隨意引用。當成案以通行形式頒佈以後，成案就成爲通行成案，通行表明了法律形式，成案表明了案件內容。當然，不是所有成案都能成爲通行，也不是所有通行都是成案，二者以交集形式存在。在成案中，只有通行成案才具有法律效力，各級執法官員必須遵循。當某一成案通行內外直省一體遵辦後，該通行成案開始享有法律意義上強制力。

第二種情形，私人將成案收集整理、彙編成書，並以成案集形式出版刊行。以中央刑部爲例，彙編工作通常由刑部官吏完成。刑部官吏有機會接觸大量成案，他們可以根據相似成案出現的頻率，區分不同成案重要性。他們

〔註 13〕〔清〕祝慶琪等：《刑案匯覽》，尤韶華等點校，北京：法律出版社，2007 年版，第 0003 頁。

〔註 14〕〔清〕許槤、熊莪：《刑部比照加減成案》，何勤華等點校，北京：法律出版社，2009 年版，第 3 頁。

〔註 15〕〔清〕許槤、熊莪：《刑部比照加減成案》，何勤華等點校，北京：法律出版社，2009 年版，第 353 頁。

也可以利用職務便利，將有價值的成案收集整理出版，形成成案集。如乾隆年間編輯的《駁案彙編》，該書收錄的是「欽奉上諭指駁改擬及內外臣工援案奏准永爲定例」〔註16〕等成案。道光年間編輯的《刑部比照加減成案》，編者在「獨藏刑部」的檔案中選取了比照加減成案，考訂異同，全書體例按《大清律例》編排，以律例順序巧妙穿插了不同成案。每件成案在簡要敘述案情後，明確了所應比照律例條文和最終量刑加減的結論。此外，《刑案匯覽》中也收錄了大量成案。當然各個彙編由於選取標準存在差異，所收錄成案有重疊現象。如《刑部比照加減成案》所選成案和《刑案匯覽》所選成案之間存在重疊現象。如下表所示。

《刑部比照加減成案》	《刑案匯覽》
《刑律・人命・殺死姦夫》	《刑律・人命・殺死姦夫》
江西司○道光元年 江西撫咨：劉景雲因妻王氏先與李茂發通姦，經伊兄控官，照例責懲，給伊領回。嗣王氏戀奸逃走，被該犯追回致死。雖與獲奸不同，而殺奸實由義忿，比照「本夫聞奸數日殺死姦婦、照已就拘執而擅殺律」擬徒。〔註17〕	犯奸斷結後本夫殺死姦婦 江西撫□咨：劉景雲之妻王氏與李茂發通姦，被伊兄劉煥雲查知，控縣責懲，將王氏領回。嗣王氏戀奸，乘間逃走，劉景雲追回，忿激砍傷王氏身死。例無明文，將劉景雲比照「本夫聞奸數日殺死姦婦」例擬徒，姦夫李茂發業經枷杖發落，應免再議。道光元年案〔註18〕
《刑律・人命・鬥毆及故殺人》	《刑律・人命・鬥毆及故殺人》
山東司○嘉慶二十年 東撫題：王月與伊子王大雨在地看守棉花，齊復興在地經過，順手將棉花拾看，王月喝罵。齊復興不依，爭吵，用拳毆傷王月左腮肰。王月喝令伊子王大雨幫毆。王大雨攏護，齊復興揪扭王大雨髮辮，王大雨拔刀扎傷齊復興右肋，倒地歇手，至晚殞命。王月聞知，慮恐到官治罪，心生畏懼，投繯殞命。查王大雨之扎斃人命，	父令子幫毆父自盡子准減等 東撫□題：王月與子王大雨在地看守棉花，齊復興經過，順手將棉花拾看。王月喝罵，齊復興不依，拳毆王月左腮肰。王月喝令王大雨幫毆，王大雨扎傷齊復興身死。王月慮恐到官治罪，畏懼自盡。查，王大雨之扎斃人命，究由伊父喝令幫毆，並非該犯首先肇釁，應比照原謀畏罪自盡准其抵命，將下手應絞之人減等例擬流。

〔註16〕 〔清〕全士潮、張道源等：《駁案彙編》，何勤華等點校，北京：法律出版社，2009年版，第4頁。

〔註17〕 〔清〕許槤、熊莪：《刑部比照加減成案》，何勤華等點校，北京：法律出版社，2009年版，第140頁。

〔註18〕 〔清〕祝慶琪等：《刑案匯覽》，尤韶華等點校，北京：法律出版社，2007年版，第1359頁。

究由伊父喝令幫毆，並非該犯首先肇釁，應比照「原謀畏罪自盡，准其抵命」，將下手應絞之人減等擬流。〔註19〕	嘉慶二十年案〔註20〕

　　表內成案分別在《刑部比照加減成案》和《刑案匯覽》都有記載。仔細比較二者行文內容可以發現，二者選取內容基本一致，敘述案情和比照引用律例也基本一致。可以斷定，二者都是從原始檔案中抽取的，並且互相印證了對方的眞實性，進而可以證明《刑案匯覽》所收錄的其他成案也是可靠的。

　　《駁案彙編》一書選取的成案與《刑部比照加減成案》《刑案匯覽》有所不同，作者在每件成案中所採用的敘述方式是，「先敘該督撫原題於前，然後恭錄諭旨，次敘及內外衙門原奏，俾閱者知某案因何駁正，並某條律例因何改定之處，一目了然，源委悉得」〔註21〕。在《駁案彙編》中，每一件成案敘述內容都比較多，但書中所載成案最終都著爲「定例」，進入《大清律例》，成爲律例組成部分。從《駁案彙編》所選成案可以看出，律例與成案關係也可以界定爲，「律例爲有定之案，而成案爲無定之律例」〔註22〕。

　　第三種情形，成案獨藏於刑部，或者是以除通行和成案集以外形式所呈現出來的成案，或者可以稱爲散見形式的成案。此類成案不具有嚴格意義上的法律約束力，只是一起起特別案件。如果依據此類成案作出裁判，並不當然地產生法律作用，也不能成爲刑部駁回的法律依據，此類成案只能發揮一定參考作用。

　　清朝法律原則上嚴格禁止援引「通行」以外例案，《大清律例・名例》「斷罪無正條」具體內容是「凡律令該載不盡事理，若斷罪無正條者，（援）引（他）律比附。應加應減，定擬罪名，（申該上司）議定奏聞。若輒斷決致罪有出入，以故失論」。律文後附一條例文，「引用律例，如律內數事共一條，全引恐有不合者，許其止引所犯本罪。若一條止斷一事，不得任意刪減，以致罪有出入。其律例無可引用，援引別條比附者，刑部會同三法司公同議定罪名，於

〔註19〕〔清〕許槤、熊莪：《刑部比照加減成案》，何勤華等點校，北京：法律出版社，2009 年版，第 157 頁。

〔註20〕〔清〕祝慶琪等：《刑案匯覽》，尤韶華等點校，北京：法律出版社，2007 年版，第 1552 頁。

〔註21〕〔清〕全士潮、張道源等：《駁案彙編》，何勤華等點校，北京：法律出版社，2009 年版，第 4 頁。

〔註22〕〔清〕許槤、熊莪：《刑部比照加減成案》，何勤華等點校，北京：法律出版社，2009 年版，第 4 頁。

疏內聲明律無正條，今比照某律某例科斷，或比照某律某例加一等、減一等科斷，詳細奏明，恭候諭旨遵行。若律例本有正條，承審官任意刪減，以致情罪不符及故意出入人罪，不行引用正條，比照別條以致可輕可重者，該堂官查出，即將承審之司員指名題參，書吏嚴拿究審，各按本律治罪。其應會三法司定擬者，若刑部引例不確，許院寺自行查明律例改正。倘院寺駁改猶未允協，三法司堂官會同妥議，如院寺扶同朦混或草率疏忽，別經發覺，將院寺官員一併交部議處。」此條例文出自雍正十一年三月大學士張廷玉向雍正帝上奏的奏摺，原奏摺內容是，「請詳慎引例之條。律例之文，各有本旨。而刑部引用，往往刪去前後文詞。止摘中間數語，即以所斷之罪承之。甚有求其彷彿、比照定擬者。或避輕就重，或避重就輕。高下其手，率由此起。夫都察院、大理寺、與刑部同為法司衙門。若刑部引例不確，應令院寺駁查改正。駁而不改，即令題參。如院寺扶同朦混，或草率從事。請即將院寺官員，一併加以處分」〔註23〕。針對張廷玉的奏摺，雍正帝下發聖旨，「凡引用律例，務必情罪相符。如律內數事共為一條，輕重互見，仍聽祗引所犯本罪。若一條止斷一事不得任意刪減。或律例無可引用，援引別條比附者，應令於疏內聲明，律無正條，今比照某例科斷。倘承審官仍前玩忽，援引失實，及律例本有正條，而故引別條，出入人罪。該堂官查出，將承審之司員題參，書吏嚴拿究審，各照本律治罪。至三法司衙門，理宜一體詳慎。嗣後凡應法司會審事件，刑部引例不確，院寺即查明律例改正。倘院寺駁改猶未允協，三法司堂官會同妥議。如院寺扶同朦混，別經發覺，將院寺官員，一併交部議處」〔註24〕。

除名例律中「斷罪無正條」外，《大清律例・刑律・斷獄》內「斷罪引律令」條規定了，「凡（官司）斷罪，皆須具引律例。違者（如不具引）笞三十。若（律有）數事共（一）條，（官司）止引所犯（本）罪者，聽。（所犯之罪止合一事，聽，其摘引一事以斷之。）○其特旨斷罪，臨時處治，不為定律者，不得引比為律。若輒引（比）致（斷）罪有出入者，以故失論。（故行引比者，以故出入人全罪，及所增減坐之。失於引比者，以失出入人罪，減等坐之）。」在本條律文後附條例中，一條例文具體內容如下，「除正律正例而外凡屬成案未經通行著為定例一概嚴禁毋得混行牽引致罪有出入如督撫辦理

〔註23〕《清世宗實錄》卷一百二十九，雍正十一年三月乙酉。
〔註24〕《清世宗實錄》卷一百二十九，雍正十一年三月乙酉。

案件果有與舊案相合可援爲例者許於本內聲明刑部詳加查核附請著爲定例」。根據薛允升先生的考證，「此條係乾隆三年刑部議覆御史王柯條奏定例□謹按此即律內特旨斷罪臨時處治不爲定律者不得輒引之意」〔註25〕。

　　乾隆八年，有關官員在向乾隆帝奏報的奏摺中寫道，「前御史王柯條奏：『凡屬成案，毋得援引，果有與舊案相合可援爲例者，該督撫於本內聲明，刑部著爲定例』等因。業經議准，惟司刑名者，倘引用律例，意爲低昂，其弊亦不可不防。嗣後如有輕重失平，律例未協之案，仍聽該督撫援引成案，刑部詳加察核，將應准應駁之處，於疏內聲明請旨。所有御史王柯條奏將成案著爲定例之處，毋庸遵行」〔註26〕。從奏摺內容可以看出，原來刑部即可著爲定例，但是律例關乎政權安全和社會穩定，如果聽任督撫隨時援引成案，後果不堪設想，因此，將定例最終權限歸還皇帝，由皇帝欽定。

　　如果官員在具體案件處理中援引成案，刑部作出批准還是駁回回覆，難以預見。官員行爲即使獲得刑部肯定，該成案也不能成爲定例。成案本身沒有法律依據效力。

　　筆者力圖從三個不同角度進一步分析成案效力。首先，如果某一成案本身即是通行成案，而通行成案就是法律，各級執法官員必須嚴格遵循，通行成案相對於律文和則例甚至要優先適用。其次，如果某一成案是對現有律意例義的具體闡發。該成案內容包含了法律依據，但是成案所反映的律例具有法律效力，該成案僅僅發揮解釋的作用。在此基礎上，成案存在的目的在於幫助各級官員理解律文例意，它本身不是法律依據，沒有法律效力。最後，如果某一成案只是對一事一案的具體處理，並沒有值得通行內外直省一體遵辦的價值，而該成案僅僅表明了辦理機關對該案的認知和態度，此種處理方式不需要推廣到類似案件的處理中去，此種意義的成案沒有法律意義上的拘束力，其他官員處理類似案件也不需要嚴格遵循該成案，但是成案可以幫助官員理解處理機關的意圖和傾向性。如《成案備考》卷首序言所載，本書「所錄皆未通行無裨引用聊以備臨事之考證故曰備考」〔註27〕。

〔註25〕〔清〕薛允升：《讀例存疑》卷四十九，「刑律・斷獄下・斷罪引律令三」，北京：琉璃廠翰茂齋，光緒三十一年刻本，第九十二頁至第九十三頁，中國人民大學圖書館藏。

〔註26〕〔清〕李鴻章等：《欽定大清會典事例》卷八百五十二，光緒二十五年刻本，中國人民大學圖書館藏。

〔註27〕〔清〕刑部律例館：《成案備考》，嘉慶十三年刻本，中國人民大學圖書館藏。

　　就某一成案來說，無論它享有嚴格意義上法律效力抑或僅僅作爲參考依據，成案都具有局限性，具體在於任何案件都有個性，世界上很難有完全相同的案情，而不同執法官員對於成案內容的理解也可能存在片面，如果沒有相關律例作依據，不同執法官員的認識很難形成統一。如果允許直接引用成案作爲法律依據，不同執法官員對同一案件的處理可能會援引不同成案。譬如作過多位官員幕僚的汪輝祖就指出，「成案如程墨然，存其體裁而已。必援以爲準，刻舟求劍，鮮有當者。蓋同一賊盜，而糾夥上盜，事態多殊，同一鬥毆，而起釁下手，情形迥別。推此以例其他，無不皆然。人情萬變，總無合轍之事。小有參差，即大費推敲。求生之道在此，失入之故亦在此。不此之精辯，而以成案是援，小則翻供，大則誤擬，不可不愼也」〔註28〕。

　　成案價值在於，各級執法官員可以借助成案作爲參考依據，幫助其深入理解皇帝和各級問刑衙門對律例的態度，幫助其處理沒有明確法律規範作爲依據的案件。因此，成案即使沒有法律效力，也發揮著相當大的作用。正如「律一成而不易，例因時以制宜，讞獄之道，盡於斯二者而已。至情僞百變，非三尺所能該，則上比下比以協於中。此歷年舊案，亦用刑之圭臬也。」〔註29〕

　　說帖是中央各部院及其內部各司衙門處理具體問題的文書。中央六部等國家機關都有說帖，如分別掌控文武官員管理事務的吏部和兵部都有各自部門說帖，或類似於說帖的其他形式公文。由於資料所限，筆者在文中重點考察刑部說帖。對於刑案來說，刑部說帖具有重要參考價值。《刑案匯覽・凡例》記載「刑部說帖始自乾隆四十九年。因各司核覆外省題奏咨文並審辦詞訟各案，逐一擬稿呈堂閱畫，遇有例無專條情節疑似者，當經批交律例館覆核，於核定時繕具說帖，呈堂酌奪，再行交司照辦」〔註30〕。道光年間《說帖類編》序言記載，「雲城彭大司寇爲少寇時，始將積年成案付律例館查核，旁參詳考剖晰，疑似折衷而歸於至當，名曰說帖。殆猶古之用經義以斷獄者乎，然可以通律法所未備，而庶免乎畸輕畸重矣」〔註31〕。

〔註28〕〔清〕汪輝祖：「勿輕引成案」，載《佐治藥言》，北京：中華書局，1985 年版，第 11 頁。

〔註29〕〔清〕全士潮、張道源等：《駁案彙編》，何勤華等點校，北京：法律出版社，2009 年版，第 3 頁。

〔註30〕〔清〕祝慶琪等：《刑案匯覽》，尤韶華等點校，北京：法律出版社，2007 年版，第 0002 頁。

〔註31〕〔清〕刑部律例館：《說帖類編》卷首序，道光十五年律例館校鈔本，中國人民大學圖書館藏。

　　刑部說帖編制程序在於，地方督撫奏報的案件到達刑部後，主要分成兩種情形，一種是各省奏報案件（北京除外）由司務廳轉發相應清吏司，另一種是來自北京的案件，則由當月處轉發清吏司。〔註 32〕「清吏司在對案件提出處理意見之後，就將寫出書面材料上報。這一書面意見有一專門名稱，即『說帖』。清吏司將說帖呈送刑部的最高機構——部堂。部堂對說帖進行討論，分別情形，作出不同處理。若部堂認為該說帖的意見正確，即作出同意的批示，並將說帖還原清吏司；再由清吏司根據經批准的說帖，給案件原發生省份的總督或巡撫答覆。如果部堂認為說帖所記載的清吏司意見有所不妥，即具文指出不妥之處，隨同原說帖一起，送交律例館。律例館經過再次研討，拿出自己的處理意見，並將處理意見寫就一份新的『說帖』。律例館的這一意見具有最後效力，當然，作出原說帖的清吏司如果認為自己的意見並非不妥，還可以到律例館陳述自己的立場。律例館所做出的最終判決再經由部堂轉發原清吏司；清吏司根據律例館轉來的說帖，具文案件原發生省份的督撫，再由督撫轉到案件發生地的州、縣」〔註 33〕。

　　說帖和成案之間存在著密切的關係。刑部說帖主要由刑部律例館繕具，是在例無專條，情節疑似的案件中適用。成案通常是由刑部各司所定，而各司無法完全決定時，具體疑難案件則要請示律例館裁決，律例館裁決書即為刑部說帖。刑部說帖完全是「刑部諸司對全國各省送部覆核之重大刑案，根據招冊分析案情再依律例成案草擬讞語以呈刑部堂官參考之意見書」〔註 34〕。通常情況下，說帖是由律例館作出的回應，是更有難度的成案。和成案一樣，說帖也可以分成三種，一是如果說帖內容經由皇帝欽定成為通行，此種說帖成為通行，對於各級執法官員來說，要將其作為法律依據予以遵循。二是如果說帖內容是對現有律意例義解釋，此種說帖沒有法律效力，僅僅是一種解釋而已，但是有助於各級執法官員理解律例條文具體含義。三是如果說帖僅僅存於刑部內部，此種即為通常意義的說帖，它不是法律，沒有法律效力。

〔註 32〕　參見〔美〕布迪、莫里斯：《中華帝國的法律》，南京：江蘇人民出版社，1998
　　　　　年版，第 127 頁。

〔註 33〕　〔美〕布迪、莫里斯：《中華帝國的法律》，南京：江蘇人民出版社，1998 年
　　　　　版，第 127 頁至第 128 頁。

〔註 34〕　參見張偉仁：《中國法制史書目》，臺北：臺灣商務印書館，1976 年版，第 813
　　　　　頁。

　　說帖和成案一樣，都是一件件單獨存在。個別人出於某種需要，可能會對說帖進行收集整理，如《說帖類編》。《說帖類編》幾乎完全仿造《大清律例》體例編排內容，在每條律文後面，都附上相關說帖。如果某條律文後面附有多件說帖，通常按時間順序排列。如「名例‧職官有犯」律文後即附有大量說帖，筆者選取前三件，具體內容如下。

分駐官疑匿督役查拿致役扎斃人命事屬因公擬以革職	嘉慶十六年安徽司邱煌
生員圖賑糾眾呈求不服曉諭恃符咆哮罵官照學政全書生員糾眾相幫爲首擬軍	嘉慶十七年奉天司王虔
候選官並未在京託人投供驗到照違制律擬杖	嘉慶十八年福建司趙載鎔

　　上表左側內容是說帖的標題，可以看出題目是從內容中進行了抽象概括，從題目本身就可以預見具體情況應如何處理。右側是說帖形成時間、形成部門以及涉案人員，下文附有具體案情。《說帖類編》所載內容大多不爲《刑案匯覽》所載。《刑案匯覽》在選取刑部說帖時，有所側重，只是標準不明確。對於刑部數量龐大的說帖來說，《刑案匯覽》只能算是一個精華本。
　　筆者選取了一件在《說帖類編》和《刑案匯覽》中都有完整記載的說帖。

《說帖類編》	《刑案匯覽》
「戶律‧戶役‧收留迷失子女」 隨徵把總收留難婦始則自行作妾繼復嫁賣照收留迷失子女賣爲妻妾律擬徒——嘉慶二十年河南司高占魁	「戶律‧戶役‧收留迷失子女」 把總收留難婦爲奏後又轉賣
河南司 嘉慶二十年 一交核河南省咨高占魁收留難婦高楊氏等爲妾旋即嫁賣一案職等查律載收留良人迷失子女賣爲妻妾者杖九十徒二年半其自收留爲妻妾者罪亦如之又上年奏定新例出征官兵攜帶逃失良民子女照收留迷失子女律治罪各等語此案已革把總高占魁始則收留難婦劉楊氏岳李氏作妾繼因岳李氏不安於室將其嫁賣於人爲妾按新例應照收留迷失子女律治罪收留迷失子女賣爲妻妾與自爲妻妾均罪止杖九十徒二年半二罪俱發遣從一科斷該省將軍	河撫□咨高占魁收留難婦劉楊氏等爲妾旋即嫁賣一案。查律載：收留良人迷失子女賣爲妻妾者杖九十徒二年半，其自收留爲妻妾者罪亦如之。又，上年奏定新例：出征官員兵丁攜帶逃失良民子女，照收留迷失子女律治罪各等語。此案已革把總高占魁始則收留難婦劉楊氏、岳李氏作妾，繼因岳李氏不安於室，將其嫁賣與人爲妾，按新例，應照收留迷失子女律治罪，收留迷失子女賣爲妻妾與自爲妻妾均罪止杖九十徒二年半，二罪俱發應從一科斷，該省將該革弁照律擬徒與例相符，惟原咨內並未查新例，自應於稿尾內添敍明

革弁照律擬徒與例相符惟原咨內並未查 新例自應於稿尾內添敍明晰謹黏帖浮籤 呈閱恭候鈞定〔註35〕	晰。嘉慶二十年說帖〔註36〕

從前文內容可見，《刑案匯覽》所載說帖內容與《說帖類編》所載案件具體內容和處理辦法均基本相同。《說帖類編》還記載了「說帖」特有形式內容，這部分內容不爲《刑案匯覽》所載。在《說帖類編》中，一件說帖開篇文字是從該案內容中抽象出來的一般性說明，並簡要地說明了處理結果，這種形式非常適於各級官員在處理問題時迅速鎖定說帖內容，從中選出需要的內容。而說帖內容在《刑案匯覽》中所載內容僅相當於一個標題，遠沒有《說帖類編》記載得詳細、豐富。

在《刑案匯覽》中，作者彙集了說帖、成案和通行等多種內容。其中，通行具有法律效力，說帖是律例館作出的裁決，成案是刑部各司作出的裁決。說帖和成案都可以由皇帝欽定，通令內外問刑衙門一體遵行。由於《刑案匯覽》有強大影響力，書中收錄了通行，《刑案匯覽》中這部分內容就享有法律效力，另一個部分內容即說帖和成案，則具有參考價值。各級衙門官員在裁決具體案件時，有時會以《刑案匯覽》作爲參考依據，不嚴格區分其中通行、成案和說帖類別。《刑案匯覽》雖然由私人編輯，但是具有很大影響力。如光緒五年，科布多參贊大臣清安所上一道奏疏就清楚地表明了，「奏請飭部頒發大清律例、清漢中樞政考、刑案匯覽、文武處分則例、蒙古則例各一部以俾辦案事」。清安認爲這些律例、則例等「迄今年久諸多不全，遇有重大案件勢難科辦，不得不咨請部示」〔註37〕。由奏摺內容可見，《刑案匯覽》所輯說帖、成案、通行等內容雖係私人編輯，但是該書的價值和影響力在執法者心中甚至達到了和法律同樣效力，已經成爲各級衙門執法官員處理具體案件時的重要參考依據。清朝各級衙門援引比附案件通常都要呈報刑部，《刑案匯覽》所載案件大多由刑部作出，詳細研究此類案件，有助於呈報刑部案件順利通過，不被駁回，這樣有助於執法官員在京察和大計中取得優異成績，有助於議敍和升遷，所以各級官員都會深入研究《刑案匯覽》之類著作，這也是《刑案

〔註35〕 〔清〕刑部律例館：《說帖類編》，道光十五年律例館校鈔本，中國人民大學圖書館藏。

〔註36〕 〔清〕祝慶琪等：《刑案匯覽》，尤韶華等點校，北京：法律出版社，2007 年版，第 0474 頁。

〔註37〕 〔清〕清安：「奏請飭部頒發大清律例、清漢中樞政考、刑案匯覽、文武處分則例、蒙古則例各一部以俾辦案事」，光緒五年奏摺，中國第一歷史檔案館藏。

匯覽》在清朝中後期得到廣泛傳播的重要原因之一。

如前所述，通行、成案和說帖之間存在著密切關係。從法律效力角度來看，只有通行具有法律拘束力，沒有經過通行的成案或者說帖不是法律，沒有法律拘束力。通行作為一種法律淵源，各級執法官員在處理問題時必須遵循。從法律效力位階角度來看，通行與律、例之間是特別法與普通法之間的關係，通行是特別法，效力上有優先性。因此，各級執法官員不但要嚴格遵守通行，甚至要優先於律和例適用。而未經通行的成案和說帖不具有法律拘束力，成案和說帖發揮何種效用，只能視各級官員自身能力而定。通常情況下，各級執法官員在處理案件過程中，不能以成案和說帖作為法律依據，因為不被刑部認可。通行、成案和說帖並不僅限於刑部使用，清朝中央各部院機關都可以在本部門職權範圍內，編制通行、成案和說帖。通行則需要經過皇帝欽定。

4.2 「通行」中之制定法因素

制定法作為法律淵源，不但存在於律例和則例中，而且也大量存在於通行中。筆者從《乾隆朝旗鈔各部通行條例》中選取兩件通行，具體內容如下。

乾隆七年八月二十三日	戶部為奉旨「嗣後挑驗秀女，記名內如有太后、皇后之姊妹、兄弟之女，著戶部奏聞除名；若妃、嬪之姊妹、兄弟之女記名者，著內務府總管告訴太監大奏聞。永著為例，欽此」事。
乾隆八年閏四月十六日	禮部來文，為工部尚書公哈等具奏：嗣後考取教習，務須擇其年逾三旬，行無匪僻者，具結驗明考試一事。奉旨「交該部照所議行。欽此」事。

《乾隆朝旗鈔各部通行條例》是各旗對各部所頒發的通行條例進行的抄錄，該條例以時間為線索排列例文，這一編排方式有助於工作人員從中查找需要的條例。根據上表內容可以清楚地瞭解，各旗在抄錄通行條例時，首先記錄的是條例的頒佈時間，然後記錄條例的頒佈部門，如戶部、禮部等部院。工作人員從上述內容中，可以清楚地知道某一條例是哪個部門在什麼時間頒發的。在抄錄了具體時間和頒發部門之後，各旗記錄了某些特殊情況以及相關處理辦法，該部分是通行的主體內容，也是作為法律依據的內容部分。從通行條例的形式可以看出，清政府各部院主要採用了制定法形式，從具體情況中概括共性，再以抽象的表達方式為載體，對相關行為進行約束。各部院

並沒有採用類比式處理方式，而是採取了概括性處理方式，這一選擇充分發揮了制定法作爲法律淵源的概括性和有效性特點。

有關文武議處議敘等五項申明舊章通行照辦
浙江司——道光十九年
爲申明舊章通行各省循照辦理以歸畫一事查向來各省審擬咨部案件如有關文武議處議敘及接扣另參應免開參並生監斥革開復納贖等案各督撫均一面咨達本部一面分咨吏禮兵各部仍將分咨緣由於文內聲明吏禮兵各部即可據咨核辦毋庸再由本部移送原咨辦理至爲妥速近來各省每有僅止開列職揭專咨本部並未分咨吏禮兵各部因未接到該省咨文無從核辦須俟本部辦結後將原咨職揭移送查議議結後仍須將原咨送回本部存案似此輾轉移送逐案檢查不特稽延時日且易啓書吏舞弊之漸應令各督撫嗣後遇有前項案件一面咨部一面即行分咨各部辦理以昭詳慎又各省具奏案件均應抄錄原奏同全案供招送部核辦近來各省每有僅將供招送部並未抄錄原奏而供招內錯漏字句又復層見迭出殊非核實辦公之道應令各督撫嗣後具奏案件均另錄奏底一分與供招一併咨部以備查核又命盜等案揭帖內正犯到案初供年歲最關緊要若到官在本年而審擬具題已在次年秋審時核辦易致淆混近來各省每有將初供刪除僅敘供招殊屬草率應令各督撫嗣後仍將正犯初供詳晰聲敘以昭周備又外結徒犯一項必須詳敘全案供招限報部例有明文近來各省每有僅止聲明限期並未詳敘全案供招以致無憑細核應令各督撫嗣後外結徒犯務將全案供招詳細咨部以符定例又各省遞解軍流徒罪人犯定例遇有本犯及隨行親屬中途患病原解報明所在官司親驗出結留養醫治俟病痊起解如仍將患病日期報部如不行留養致有病故將該地方官交部議處其取結後犯人身死者官役免議若未取病結在途身死僉派官員交部議處解役擬徒例意至爲深遠近來各省遞解軍流徒犯在途患病該地方官每不照例驗明出結留養醫治率稱訊明本犯不願留養徑行撥解前進致人犯在途病故實屬玩視人命應令各督撫嚴飭該地方官嗣後遇有遞解一切人犯中途患病即行照例親驗出結留養醫治俟病痊起解若本犯實在不願留養亦應訊取供結報部備核如有並未訊供取結率稱本犯不願留養徑行撥解前進致犯在途病故者即將該官役照例分別參處治罪以昭慎重以上五項各省辦理多未畫一相應申明舊章通行直省各督撫一體查照辦理可也〔註38〕

從通行內容可見，道光十九年刑部浙江清吏司通行五項具體措施，此類措施已經有了法律規定，只是各省執法官員對法律的理解存在差異，具體辦理多有不同，頒發該通行的目的就在於統一所有官員認識，重新明確現有法律條文含義。這件通行所申明的五項內容都是以制定法形式再次頒佈，通令各省督撫一體遵行。內容都是針對文武官員議敘議處問題，即「有關文武議處議敘及接扣另參應免開參並生監斥革開復納贖等案」、「各省具奏案件」、「命盜等案」、「外結徒犯」、「各省遞解軍流徒罪人犯」五個方面。刑部對這五個方面都有了明確指示，具體內容涵蓋諸多方面，明確了督撫責任，有助於推

〔註38〕《刑部通行章程》，光緒十三年刻本，中國人民大學圖書館藏。

進案件審理工作，體現了處罰內容合法性與合理性有效結合。這五項內容並非源自成案，是以通行條例的制定法形式通行各省督撫及各級執法官員一體查照辦理，這樣有助於各級部門所作裁判整齊劃一。本件通行是刑部浙江清吏司於道光十九年頒行，具體採用了概括性處理方式，但與律例、則例條文內容相比，通行內容偏於具體，通常只反映了某一條例文。在律例或則例纂修年限，通行有時會通過立法技術納入律例或則例，更方便各級執法官員在處理問題時迅速準確找到法律依據。

　　制定法形式的通行很少能夠完整地保存下來，此類通行大多借助於律例和則例的纂修工作進而成為律例和則例的組成部分。在律例和則例纂修頒佈後，執法官員在案件處理過程中，將直接引用律例和則例條文，不再依據通行。這樣一來，那些單行的通行就沒有存在價值了。通行條例在律例或則例記載了相同或相似內容之後，就不再保存，即使對其進行彙編也沒有意義。

　　同治九年直至清末修律，刑部再也未能開館纂修《大清律例》。正因為清政府長期不開展律例纂修工作，這就使得具體工作中產生了大量通行例案。這些通行由於長期得不到整理，大量內容沉澱下來，越來越多，越來越雜，越來越亂。律例纂修工作中斷，通行無法得到系統整理，只能以通行例案彙編形式而存在。因此，同治九年之後的通行例案為後世學者所常見。

無論正佐各官凡有一切未完案件捐升離省等事照例議處
光緒二年
嗣後無論正佐各官凡有各項限緝人犯並承審案件經徵督催各項錢糧關稅等項以及一切未完案件人員捐升離省等事將朦混請咨之員照規避例議處其各上司等均比照交代未清人員離省定章一律分別議以降調私罪由（光緒二年閏五月十六日巡撫部院吳□□准咨）吏部咨考功司案呈本部奏前事等因相應知照可也吏部為通行事本部片奏再章程內開捐升離任指捐他省人員如有交代未清該上司不行扣留遽准出咨離省者將申詳之司道府州等官照徇庇例降三級調用督撫降一級調用俱私罪如不由司道府州詳請者將該督撫照徇庇例降三級調用私罪司道府州免議定章纂載至承緝督緝各項限緝人犯並承審案件經徵督催各項錢糧關稅承修承追賠補賠修以及一切未完案件限滿例關降調革職及展參例關降調革職人員與交代未清人員同一不准離省倘該員等捐升該上司率准出咨離省或出差他省他省督撫率行咨留辦公事竣後遂行給咨赴部或代為移請原省督撫給咨赴部例章均無議處明文致有此次直隸總督代湖南臨湘縣巡檢李鳳翎移請湖南巡撫給咨赴部一案應請嗣後無論正佐各官凡有前項情事除將朦混請咨之員照規避例議處外其各上司督撫等均比照交代未清人員離省定章一律分別議以降調私罪以杜徇庇而免取巧應請旨飭下各直省督撫一體遵照辦理謹附片具奏光緒二年五月初六日具奏奉旨依議欽此〔註39〕

──────────────────

〔註39〕　〔清〕刑部律例館：《通行條例》，光緒十四年刻本，中國人民大學圖書館藏。

　　這件通行由吏部於光緒二年頒佈。通行內容規定了，凡有各項限緝人犯，並承審案件經徵督催各項錢糧關稅等項，以及一切未完案件人員捐升離省等事，無論正佐各官，將朦混請咨之員，照規避例議處。通行對此類人員的上司均比照交代未清人員離省定章一律分別議以降調私罪。這件通行頒發的原因在於吏部則例中沒有相關規定而需要援引比附，最終由吏部處理，這一案件具有代表性，需要將其欽定爲通行，頒佈內外各直省一體遵行。如果日後出現相同或相似案件就有了處理依據。這充分體現了清政府在處理問題上的靈活態度，他們在某一問題沒有處理依據時，通過對某一代表性案件進行加工，將案中反映的共性問題和處理結果作爲日後處理問題的法律依據。本件通行採取的是同律例和則例規定緊密聯繫的處理方式，運用援引比附方法賦予舊內容以新活力，擴大原有律文和例文的適用範圍，進而解決相關問題。

　　這種以抽象性法律條文形式存在的通行，是一種制定法。通行的制定法內容通常只是針對某一具體行爲應如何規範作出相應的指示，通行內容或直接規定具體處理方式，或規定應當援引比附的例文。正是通過不同方式，將所有行爲都能納入法律適用範圍，實現對普遍行爲都能予以規範，各級執法官員可以採用從一般到特殊的演繹型方法論，適用統一標準解決。對於通行，正因爲清政府在不同時期針對不同事務進行處理，如果該通行適宜長期存在，纂修官員會在律例和則例纂修工作中，通過特定程序將此類通行以條文形式納入律例和則例。這樣一來，通行就不再是通行，而是律例和則例的組成部分。

4.3 「通行」中之判例法因素

　　通行中包含了大量制定法內容，也包含了大量判例法內容。通行中的判例法內容通常源自成案，起初是各部院對某一特殊問題的特別處理，形成案例，得到皇帝欽定後，再將該案例通令各級執法官員一體遵行。通行成案具有法律拘束力，各級執法官員在對進行處理問題時，要從通行成案中尋找法律依據，進而對相關問題進行處理。從法的效力位階來看，通行成案與律例和則例之間，是特別法和一般法的關係。在處理問題時，通行成案享有優先適用的法律效力。

無罪之人聽從拒捕照罪人拒捕為從減等
山東司——道光十八年
查律載犯罪拒捕於本罪上加二等毆所捕人至折傷以上者絞監候殺所捕人者斬監候為從各減一等又例載一切犯罪事發官司差人持票拘捕及拘獲後僉派看守押解之犯如有逞兇拒捕殺死差役者為首無論謀故毆殺俱擬斬立決為從謀殺加功及毆殺下手傷重致死者俱擬絞立決其但係毆殺幫同下手者不論手足他物金刀擬絞監候在場助勢未經幫毆成傷者改發極邊足四千里充軍若案內因事牽連奉票傳喚之人被追情急拒毆差役以及別項罪人拒捕並聚眾中途打奪均仍照拒捕追攝打奪各本律本例科斷又名例律載首從罪名各別者各依本律首從論各等語此案胥二把因竊擬軍解配中途脫逃在家潛匿經該縣票差捕役李成王隴等查拿該犯逃至胞兄胥大把家向胥大把並弟胥三把告知李成等追至圍捕該犯起意商同胥大把等拒捕與胥大把將王隴毆砍致傷並將李成砍傷先後身死該撫以胥二把逃軍拒殺官差應否照官司差人持票拘捕殺死差役例擬斬立決抑仍照別項罪人拒捕本律擬斬監候並從犯屬無罪之人其聽從拒捕應否即照拒捕為從本例分別下手輕重問擬抑照凡鬥擬罪例無明文咨部示覆等因本部查拒捕殺差分別者從問擬斬絞之例係專指有罪之人而言故本條例文之首即冠以犯罪事發差人持票拒捕字樣若本係無罪之人聽從拒捕自不得概援此例今胥二把係逃軍拒捕致斃奉票拘拿之差役二名自應照例問擬斬決其案內胥大把及胥三把二犯並非犯罪事發亦非差役票內指名拘捕之人核與拒捕殺差之例不符即謂其聽從拒捕究屬蔑法亦只可照罪人拒捕為從減一等律於首犯斬罪上減一等擬以滿流至傷差之案與殺差之案定例各有專條辦理即不能一致傷差之案除例內載明罪人事發在逃應分別問擬絞軍外其餘均止應加本罪二等本部前於道光十三年湖北省請示案內聲明例意通行各省與殺差之案並無干涉未便援以為據致滋牽混所有胥二把等一案應令該撫速行按例妥擬具題到日再行核辦仍通行各直省問刑衙門一體查照可也〔註40〕

　　從該件通行成案的內容可以看出，胥二把因竊擬軍解配中途脫逃在家潛匿，捕役李成、王隴等查拿胥二把，胥二把商同胥大把和胥三把拒捕，砍傷王隴、李成，二人先後身死。山東巡撫擬定胥二把「照官司差人持票拘捕殺死差役例」或「照別項罪人拒捕本律」，胥大把和胥三把係從犯聽從拒捕，應否照「拒捕為從本例」，抑或「凡鬥擬罪」，因為例無明文，所以山東巡撫向刑部咨示。刑部認為胥二把係逃軍拒捕，並且致斃奉票拘拿之差役二名，自應照「拒捕殺差」例問擬斬決，並對胥大把和胥三把行為進行具體處置，二犯「照罪人拒捕為從減一等」。刑部請山東巡撫按例妥擬，並將此案例通行各直省問刑衙門一體查照。從此該案成為判例法，享有法律效力，類似案件應當以此通行為法律依據進行處理。日後各級問刑衙門在處理拒捕殺差案件時，必然將案情和通行內容進行類比，如果案情與通行內容相類似，就要優先按照通行內容定罪量刑。如果案情與通行內容有所不同，則需要根據刑部

〔註40〕《刑部通行章程》，光緒十三年刻本，中國人民大學圖書館藏。

對案情的分析情況，擬用其他律例定罪處罰。如果涉及援引比附，各級問刑衙門仍要將處理結果奏報刑部。

在本件通行中，刑部提到了，「本部前於道光十三年湖北省請示案內聲明例意通行各省與殺差之案並無干涉，未便援以爲據，致滋牽混」。由此可知，刑部曾於道光十三年以通行形式頒佈過一件成案，但是那件通行成案內容與殺害官差案件之間沒有聯繫，因而不能成爲案件判處依據。在本件通行中，刑部明確了道光十三年通行成案不適用於殺害官差案件，本件通行成案有助於各級執法官員在日後處理問題時，明確兩件通行成案各自的適用範圍，有利於各級執法官員統一執法標準，妥善解決問題。

觸犯擬軍犯父呈請釋回准其比例減釋
貴州司——道光十九年
查呈首擬軍人犯非遇恩赦向不准查辦惟道光七年本部議覆廣西巡撫蘇□□咨民人林萬逞呈請將伊子林秀傑釋回一案因林秀傑係一時頂撞並非怙終屢犯林萬逞年逾七十煢獨無依准其釋回養親又道光八年本部現審案內奎保之父六達色以年老無依呈請將伊子釋回覈其情節奎保只係與同府當差之恒德結訟並無向伊父逞兇頂撞重情比照林秀傑成案准其釋回仍盡軍犯釋回照徒犯留養本例枷號一個月杖一百枷責後准其養親十六年據貴州巡撫咨報甘邦本因年老無依請將發遣之子甘源樹釋回經該撫以父母因子違犯呈請發遣解配後懇求釋回例無明文援照道光七年大定府民婦宋趙氏呈請將伊子宋世亮釋回成案比照觸犯父母遇赦查詢願領回家准其減徒照留養枷滿釋放例枷號一個月滿日釋放養親咨部經本部照擬核覆各在案今潘老蠟因出言頂撞被伊夫潘順呈送發遣覈其原案並無忤逆重情潘順因年老無依呈請將伊子釋回雖例無明文惟歷有成案自應衡情酌斷比依辦理潘老蠟應比照觸犯父母擬軍遇赦查詢願領回家准其減徒留養枷滿釋放例枷號一個月枷滿釋放准其養親至該撫聲明定例文以昭遵守等語查例難賅載既有成案可循辦理自無歧誤應毋庸另立專條以歸簡易相應咨覆該撫並通行直省各督撫一體查照辦理可也〔註41〕

此件通行內容是關於道光十九年刑部貴州清吏司接貴州巡撫咨送潘老蠟一案。潘老蠟因出言頂撞被伊夫潘順呈送發遣，根據案情內容，沒有明確的例文可供援引，只能咨送刑部。刑部列舉了四件通行成案，最終以道光七年大定府案爲依據，按「留養枷滿釋放例」決定「枷號一個月」，並將該件成案通行各直省督撫一體查照辦理。該通行成案一共列舉了五起案件，並對每起案件的特點都進行了詳細描述，五起案件之間的異同就清晰地呈現出來，簡潔明晰，一目了然。日後出現相關案件，各級執法官員就可以根據案情內容，

〔註41〕《刑部通行章程》，光緒十三年刻本，中國人民大學圖書館藏。

選擇具體通行成案作爲法律依據。

上述兩件通行成案都是以判例法形式存在於清朝法制中。它們詳細記錄了某一案件的具體情況，強調了案件的特別之處以及處理方法，這樣就對相同或相似案件的處理起到了法律依據作用。上述通行是以成案爲具體內容，各級官員在處理案件時，要詳細研究該通行成案所反映出的案件特殊性，再通過類比方法在具體案件處理過程中予以適用。

通行中的判例法內容主要以成案形式存在，成案通常會對具體案件處理方法或援引比附律例作出詳細說明。通過援引比附方法選擇某一律例條文作爲裁判依據，首先要求該案案情與成案所載案情相同或高度相似，微小差別可能就要援引比附不同條文，這就對各級官員提出很高要求，需要其對成案所載內容瞭解熟悉，對援引比附律例理解透徹，這與英美法系的判例法相似。對比英美法系判例法可以看出，通行成案所載案情可以視爲「附帶意見」，具有說服性法律效果，清政府各級執法官員在處理案件時，通過瞭解案情，對比通行成案所載內容，如果二者一致，即可說服官員選擇該通行成案作爲法律依據。通行成案援引比附的律例條文可以視爲「判決理由」，判決理由是英美法系法官所必須遵循的判例法中有嚴格法律約束力的那一部分內容。通行成案中所援引比附的律例條文，各級官員必須遵守。因此，各級官員在具體案件處理中，一旦確定適用某件通行，就要嚴格遵守通行內容及所援引比附的律例條文，而不能隨意選擇適用其他律例條文。

中國古代法律是一個長期積澱的成果，它以中國傳統文化爲核心，對中國傳統社會中的各種違法行爲都有相應規範約束，只要經濟增長方式和文化環境沒有重大改變，通常很難出現大量沒有法律規定的問題。中國傳統法律相對簡約，「天網恢恢，疏而不漏」，對於那些可能遺漏內容，法律規定援引比附，即可將網孔縮小，盡可能使違法行爲不被放過，盡力使違法行爲都能得到公正處理。通行成案中所援引比附的律例條文已經不再是律例和則例的一部分，更多是一種特殊處理，通行成案內容事實上成爲了違法行爲與合適刑罰之間結合的產物。

通行是一種「制定法」和「判例法」相混合的法源形式，通行條例屬於「制定法」形式，通行成案屬於「判例法」形式，二者都發揮了重要作用。「制定法」是一種概括性規定，有助於各級官員遵照辦理。「判例法」以成案形式存在，規定了具體案件處理方式，通過對案情比較研究，有助於加深理解成

案內容，日後出現相同或相似案件，可以直接依據通行進行處理。通行成案所援引比附的律例條文，是各級執法官員必須遵守的法律依據，相當於英美判例法中判決理由。如果通行成案類似案件頻發，律例或則例纂修人員可以通過立法技術將其納入律例或則例，成為法典的組成部分。如果某些通行內容不便於納入律例或則例，則始終以通行形式存在於世，絲毫不影響其法律效力。同律例和則例一樣，通行無論作為制定法還是作為判例法存在，都是皇權欽定的產物，是皇權中最高決定權的體現。從本質上看，清政府所頒佈的律例、則例和通行之間沒有區別。清朝以通行為工具，迅速解決棘手問題的方式，充分發揮了通行靈活實用的特點，也體現了清政府對制定法和判例法兩種不同法律淵源優點和價值的肯定。在通行中，制定法和判例法實現了完美結合，這也正是中國人智慧的體現。

第 5 章　改弦易轍：清朝中前期正式
法律淵源與清末修律

從 1644 年滿清入關開始，清政府共頒佈了三部律例、大量則例和數量難以統計的通行。上述法律淵源在很長一段時間內，組建了清朝中央政府的全部法律內容，但是這些法律沒能陪伴清政府走到最後。清朝末年，清政府開展了修律工作，直接後果就是終結了這三種法律淵源的歷史使命。

5.1 清末修律的曲折之路

二十世紀初，清政府宣佈開始大範圍修律活動。從表面來看，修律活動開始於二十世紀，而事實上，清政府在正式修律之前已經開展了一定程度地摸索工作。在此過程中，洋務派和維新派都為清末修律作出了一定貢獻。

5.1.1 清末修律的前奏

道光二十年（公元 1840 年），這一年爆發了影響中國歷史進程的重大事件——鴉片戰爭，從此開啟了中國「三千年未有之大變局」。以鴉片戰爭為開始的一系列對外戰爭，打開了天朝大門。為改變清政府在戰爭中的劣勢，從 1861 年至 1894 年，全國範圍內掀起了一場「師夷長技以制夷」的洋務運動。

早在鴉片戰爭發生的前一年，官居兩廣總督的林則徐就已經在廣州組織翻譯了《滑達爾各國律例》〔註 1〕。1864 年，美國傳教士丁韙良翻譯出版了美

〔註 1〕　林則徐組織翻譯的《滑達爾各國律例》具體內容參見魏源《海國圖志》。

國人惠頓的《萬國公法》，《萬國公法》後來成爲同文館使用的教材。由此開始，中國人在國際法領域逐漸瞭解英美國家法律理論。

以張之洞爲代表的洋務派，主張「中學爲體，西學爲用」〔註2〕。他們不同於頑固派，只要不動天朝根本，清政府可以在技巧方面學習西方。洋務運動最終目的在於「師夷長技以制夷」。洋務派的一系列舉措，使得西方那些不同於中國傳統法制的思想逐漸傳播開來，人們在意識領域內開始分解「中體」，吸收「西用」。大量有識之士深刻意識到中西文化之間的差異，將改革側重點逐漸從技術、軍事領域向政治、法律、制度領域轉移。他們希望能夠引進西方制度，推動清朝政治法律制度走向改良。

光緒二十年（公元 1894 年），甲午海戰爆發。甲午戰爭失敗結果宣告了洋務運動的破產，戰爭失敗的直接後果就是清政府和日本政府之間簽訂了《馬關條約》。這一消息傳到北京後，康有爲發動了「公車上書」，就此拉開了維新變法序幕。以康有爲爲首的維新派，提出要在中國建立以憲法爲核心的新式法律體系，建構三權分立制度。

康有爲在《上清帝第六書》中明確提到了，「近泰西政論，皆言三權，有議政之官，有行政之官，有司法之官；三權立，然後政體備」〔註3〕。隨後他在向光緒皇帝的奏疏中提到，「臣竊聞東西各國之強，皆以立憲法、開國會之故。國會者，君與國民共議一國之政法也。蓋自三權鼎立之說出，以國會立法，以法官司法，以政府行政，而人主總之，立定憲法，同受治焉……立行憲法，大開國會，以庶政與國民共之，行三權鼎立之制，則中國之治強，可計日待也」〔註4〕。從奏疏內容可知，康有爲在三權分立基礎上，明確提出了立憲法、開國會的設想。康有爲在《請君民合治滿漢不分摺》中進一步提到，「蓋民合於一，而立憲法以同受其治，有國會以會合其議，有司法以保護其民，有責任政府以推行其政故也……若聖意既定，立裁滿漢之名，行同民之實，則所以考定立憲國會之法，三權鼎立之義，凡司法獨立，責任政府之例，

〔註2〕 梁啓超：《清代學術概論》，上海：上海古籍出版社，2006 年版，第 97 頁。

〔註3〕 康有爲：「上清帝第六書」，載《康有爲全集》第四卷（國家清史編纂委員會‧文獻叢刊），姜義華、張榮華編校，北京：中國人民大學出版社，2007 年版，第 18 頁。

〔註4〕 康有爲：「請定立憲開國會摺」，載《康有爲全集》第四卷（國家清史編纂委員會‧文獻叢刊），姜義華、張榮華編校，北京：中國人民大學出版社，2007 年版，第 424 頁。

議院選舉之法，各國通例具存，但命議官遍採而慎擇之，在皇上一轉移間耳」〔註5〕。可見，康有為希望光緒帝能夠推行三權分立，不僅包括憲法、國會問題，還要做到司法獨立，設立責任政府等內容。

從康有為的設想可以看出，維新派要把清王朝建設成為一個三權分立的國家。他們不忍看到國家任人欺凌，希望像日本明治維新那樣，通過變法維新獲得改變命運的能力。但是戊戌變法在以慈禧太后為首的保守派強烈反對下，最終只能成為百日維新。

5.1.2 清末修律的開啓

雖然鎮壓了戊戌變法，但是慈禧太后並不甘心滿清王朝繼續受到列強欺壓。她利用了義和團運動，卻因為義和團運動得罪了列強。面臨八國聯軍鐵蹄壓境，慈禧太后帶領光緒皇帝選擇倉皇逃竄，出走西安。回到北京之後，慈禧太后痛定思痛，決定推行法律變革，於光緒二十八年（1902 年）下達聖旨。

> 中國律例，自漢唐以來，代有增改。我朝大清律例一書，折衷
> 至當，備極精詳。惟是為治之道，尤貴因時制宜，今昔情勢不同，
> 非參酌適中，不能推行盡善。況近來地利日興，商務日廣，如礦律、
> 路律、商律等類，皆應妥議專條。著各出使大臣，查取各國通行律
> 例，咨送外務部。並著責成袁世凱、劉坤一、張之洞，慎選熟悉中
> 西律例者，保送數員來京。聽候簡派，開館編纂，請旨審定頒發。
> 總期切實平允，中外通行。用示通變宜民之至意。〔註6〕

按照聖旨內容要求，袁世凱、劉坤一、張之洞舉薦沈家本、伍廷芳主持律例館，開館修律。光緒二十八年（1902 年）四月初六日，慈禧太后決定，「現在通商交涉事益繁多，著派沈家本、伍廷芳將一切現行律例，按照交涉情形，參酌各國法律，悉心考訂，妥為擬議，務期中外通行，有裨治理」〔註7〕。從此，清末修律大幕正式開啓。清末修律另一個原因在於，自 1843 年中英《五口通商章程》開始，清政府丟掉了治外法權。英美日葡等國允諾，如果清政府實行法律變革，他們可以放棄治外法權。期待可能回歸的治外法權，許多

〔註5〕 康有為：「請君民合治滿漢不分摺」，載《康有為全集》第四卷（國家清史編纂委員會·文獻叢刊），姜義華、張榮華編校，北京：中國人民大學出版社，2007 年版，第 425 頁至第 426 頁。

〔註6〕 《清德宗實錄》卷四百九十五，光緒二十八年二月癸巳。

〔註7〕 《清德宗實錄》卷四百九十八，光緒二十八年四月丙申。

官員踴躍支持變法，企圖通過法律變革收回治外法權。如沈家本在奏摺中明確提到的，「方今改訂商約，英、美、日、葡四國均允中國修訂法律，首先收回治外法權，實變法自強之樞紐」〔註8〕。

在沈家本主持下，律例館開始編纂大量法律，其中最顯著的代表就是《大清現行刑律》。《大清現行刑律》的頒布施行直接終結了《大清律例》的歷史任務。宣統三年（1911年），沈家本完成了《大清民律草案》編纂工作。正是在沈家本等法律人士的努力下，清王朝仿造日本體系，開始準備建立起依託大陸法系法典的新型法律制度。

1884年，日本學者穗積陳重在《法學協會雜誌》（第一期）上發表了《論法律五大族之說》一文，文中提出將世界法系分爲「印度法族、支那法族、回回法族、英國法族、羅馬法族」〔註9〕五種。穗積陳重所謂的「支那法族」包括亞細亞東岸諸國支那、日本、朝鮮等。「支那」即China的音譯。「支那法族」實際上就是中華法系〔註10〕。

雖然清朝後期，清朝統治者在思想上和制度上都發生一些變化，但是政府主體框架沒有發生變動。從法律制度角度來看，清政府於清末修律之前的法律體系整體上處於中國傳統法制範圍內，是中華法系重要組成部分。經歷過清末修律後的清政府努力建立起一套以民法、商法、刑法、訴訟法等爲主體的制度。上述法律主要是通過法典形式表達，清政府開始選擇採取單一制定法作爲法律淵源形式。從沈家本主持清末修律開始，清政府法律體系正式告別中國傳統法制，開始轉入新的航向，向大陸法系前進。

5.1.3 清末修律曲折原因分析

洋務派和維新派都未能正式開啓清政府變法修律的大門。洋務運動持續時間相對較長，從1861年延續到1894年，維新變法時間相對較短，從1895

〔註8〕 沈家本：「刪除律例內重法摺」，載寄簃文存卷一，《歷代刑法考》，北京：中華書局，1985年版，第2024頁。
〔註9〕 〔日〕穗積陳重：「法律五大族ノ說」，載《法學協會雜誌》第一號，東京：忠愛社，1884年，第38頁。
〔註10〕「中華法系」還有支那法族、中國法系、遠東法系等多個稱謂，但是上述稱謂所含中華法制的論述基本都是相同的，即中國傳統法律體系。在本文中，筆者將晚清法律變革之前，沒有受到西風東漸思想侵襲，在中國本土資源中獨立產生、成長、發展、壯大的傳統中國法制，以及受其影響的位處中國周邊國家的法律體系組成的有著共同法律淵源的系統，稱其爲「中華法系」。

年堅持到 1898 年。嚴格說來，二者均以失敗收場，其實二者失敗原因有共通之處，那就是它們都沒能處理好變化與皇權之間的關係。

中國幾千年傳統體制的核心問題實際上就是皇權問題。作為國家最高立法權、最高司法權和最高決定權的集合體，正是皇權構建了清朝中前期法律呈現出的制定法和判例法相混合的局面。滿洲在入關之後，佔據了明朝江山，取代了明朝的法統地位。滿清參漢酌金，大量吸收明朝頂層設計。自明洪武十三年朱元璋罷中書省廢丞相等官之時起，丞相這個一人之下萬人之上的職位正式退出歷史舞臺，有明一代再未設置丞相。清承明制，自滿清入關定鼎中原始，清政府中央國家機構中從沒有設置過丞相這一職位。所以明清兩朝不存在皇權與相權相互制衡的問題。

清朝也有不同於明朝的制度設計，如明朝藩王不住在首都，這樣才導致朱棣靠武力獲得皇位這一意外情況的出現。清朝吸取明朝教訓，規定了所有親王不再外任封王，都聚集在北京，目的在於接受皇帝看管。滿洲正規軍隊在入關之前以八旗為主，八旗分屬不同旗主。清朝皇帝只是兩黃旗旗主，比較而言，其餘六旗旗主也享有很大權力。清初諸多親王立有赫赫戰功，尤其是有戰功的旗主貝勒很容易在滿洲人心目中建立崇高地位。軍事力量和卓越戰功的雙重影響，更容易樹立起個人威望。如果出現幼主登基，這種威望會達到頂峰，超越皇帝，出現功高震主的情形。如六歲登基的順治帝與和碩睿親王多爾袞之間就存在張力。

順治帝繼承了皇太極統率的兩黃旗，多爾袞統率的正白旗加上同胞兄弟統率的鑲白旗，二者勢均力敵。多爾袞戰功卓著，位於和碩親王行列，三十多歲風華正茂。順治帝六歲登基，靠孝莊皇太后撫養，他能登上皇帝寶座依靠的正是多爾袞力挺。這樣一來，政局必然是多爾袞挾制順治帝統領天下，所以順治初年多爾袞能冠以「叔父攝政王」、「皇叔父攝政王」乃至「皇父攝政王」。反映在法律上，順治律制定、頒佈和實施工作基本由多爾袞完成，甚至可以說順治律是多爾袞的傑作。

從不同版本「順治律」的內容對比來看，順治律卷首所載剛林奏疏中存在一處明顯區別（參見附錄一和附錄二），即第一份奏疏比第二份奏疏多了十個字「皇叔父攝政王欽恤深心」〔註11〕。這十個字具有很強歷史意義，其背

〔註11〕附錄一所列題本中「皇叔父攝政王欽恤深心」是否真實存在過？如果兩個版本的順治律都是真實存在的，那麼哪一版本的順治律先出現，哪一版本的順

後隱藏了耐人尋味的歷史背景。順治七年（1650年）十二月初九日，「大清皇父攝政王」多爾袞薨於喀喇城，享年三十九歲〔註12〕。這個生前爲大清王朝立下汗馬功勞的「大清皇父攝政王」在死後達到了作爲臣子所能享有殊榮的頂峰。順治帝頒詔追尊其爲「懋德修道廣業定功安民立政誠敬義皇帝」，廟號成宗。〔註13〕中國人認爲蓋棺論定，這個「義」字足以濃縮了他的一生。

但是順治帝很快就對他的叔叔進行了清算〔註14〕，對依附於多爾袞的黨

治律是後來改動的呢。多爾袞被清算在很大程度上證明了「皇叔父攝政王欽恤深心」這幾個字曾經真實存在過，但是後來被刪除了。筆者沒有找到該件題本的原件，但是在張偉仁先生主編的《明清檔案》中查到了一些佐證。順治二年五月之前的題本內容中大部分都書寫「皇上、叔父攝政王」，但二者並沒有雙抬到同一高度，「叔父攝政王」矮「皇上」一格，從題本內容可以明顯看出二者不同地位。根據《實錄》記載，順治二年五月，「禮部議定攝政王稱號及儀注，凡文移皆書皇叔父攝政王」（《清世祖實錄》卷十六，順治二年五月甲辰）。從此，滿漢臣工在給皇帝與和碩睿親王多爾袞的題本中，皆須書名「皇上、皇叔父攝政王」，並且要將二者雙抬到同一高度。由此到順治五年十一月，臣工題本都是這樣書寫。順治五年十一月，多爾袞「加皇叔父攝政王爲皇父攝政王」（〔清〕蔣良騏：《東華錄》，北京：中華書局，1980年版，第93頁），筆者在《明清檔案》中發現，順治五年十一月之後的題本確實是「皇上、皇父攝政王」雙抬到同一高度。而實錄中對多爾袞加封「皇父攝政王」諱莫如深，上述例證可以證明多爾袞確實加封過「皇父攝政王」。

〔註12〕《清世祖實錄》卷五十一，順治七年十二月戊子。

〔註13〕參見〔清〕蔣良騏：《東華錄》，北京：中華書局，1980年版，第102頁。

〔註14〕根據《實錄》記載，在多爾袞死後的第十二天，順治帝就「命大學士剛林等，取攝政王府所有信符，收貯內庫。又命吏部侍郎索洪等，取賞功冊，收進大內」。由此，順治帝開始收繳多爾袞生前手中的權力，集合各項權力於己身。同月，「議政王議政大臣會議英親王阿濟格罪」。一個月後，議政王大臣會議得出結論，「議英王阿濟格應幽禁，籍原屬十三牛錄歸上，其前所取叔王七牛錄，撥屬親王多尼。投充漢人，出爲民，其家役量給使用，餘人及牲畜俱入官」。在很短的時間裏，滿洲權貴就將三兄弟中僅存的英親王削爵幽禁賜死。早於順治六年三月，「輔政德豫親王多鐸薨」。從此，再沒有人能爲大清皇父攝政王出頭了，他的臂膀開始被剪除。

順治八年正月庚申，順治帝詔告天下，正式宣佈親政。這標誌了一個新時代的開始，小皇帝要自己執掌這個龐大的帝國了，他的叔叔們曾經幫他打下了堅實基礎，現今終於要由他親自管理了。順治帝親政後所做的第一件大事就是徹底清算曾經爲他遮風擋雨的叔叔。順治八年二月，順治帝以多爾袞謀反爲罪名，將「睿王應籍沒、所屬家產人口入官。其養子多爾博、女東莪、俱給信王」。衛匡國在《韃靼戰紀》一書中詳細記載了順治帝如何處置多爾袞的遺體，順治帝「發現他叔父暗中玩弄陰謀詭計，覺察到他罪行的蛛絲馬蹟，從而對他的劣行十分憤怒；他下詔挖出他的身體，平毀他的雄偉陵墓。中國人認爲這是最重的懲罰，按中國習俗，陵墓是表示死者身份的。屍體被挖出

後，先用棍子打，再鞭屍，最後割掉腦袋，昭示阿瑪王罪行。這樣，他的壯麗陵墓被平毀。他在世時欠下的孽債，死後卻要償還」（〔意〕衛匡國：《韃靼戰紀》，載〔西〕帕萊福等著《韃靼征服中國史・韃靼中國史・韃靼戰紀》，何高濟譯，北京：中華書局，2008 年版，第 396 頁）。也許多爾袞做夢都不曾想到，他的生前身後經歷了大起大落，從死後的最高峰──「大清成宗皇帝」到開棺鞭屍，而這一切的締造者並非他人，恰恰是他的侄子，那個和他有著血緣關係的小皇帝。

順治帝在清算多爾袞黨羽時，處理的第一人是剛林。剛林是清初有很大影響力的滿洲官員，他在崇德元年即被授予內國史院大學士，在多爾袞死後，順治帝就派剛林入攝政王府取出所有信符，從這可以看出剛林的地位，也可以看出他熟悉多爾袞收藏信符的位置。這也從另一個方面看出多爾袞和剛林的緊密關係，剛林是睿親王的股肱之臣。

剛林的榮耀起於多爾袞也終於多爾袞，他一開始隸屬於滿洲正藍旗，後於崇德八年由多爾袞抬旗改隸滿洲正黃旗。有清一代，旗人抬旗，多數因戰功或奉職恪守、政績突出。在《清史稿・剛林傳》中僅僅提到「阿達禮有罪」為緣由改隸正黃旗（「阿達禮有罪」是指，崇德八年八月初九日，皇太極逝世，大清皇位出現真空，滿洲權貴經過內部協商，達成的結果是皇太極第九子福臨登基，年號順治，鄭親王濟爾哈朗和睿親王多爾袞共同輔理國政。而阿達禮和碩托在已經立福臨為君的前提下，仍主張多爾袞承繼大統，最終阿達禮和碩托以叛逆罪論斬）。剛林在阿達禮問題的處理過程中，究竟發揮過什麼作用，今天已經不得而知。當時的剛林隸屬滿洲正藍旗，正藍旗的主旗貝勒是肅親王豪格，豪格和多爾袞在繼承皇位的競爭中，都以失敗告終，但是多爾袞獲得了輔政王的權力，豪格則是完敗。崇德一朝，剛林一直擔任內閣首席大學士。入關之後，他的排位僅僅列於范文程之後，在朝中有極大的影響力。根據杜家驥教授的考證，崇德八年十月，「身為輔政王的鑲白旗主多爾袞製造了一次改旗事件，他通過奪同母弟正白旗主多鐸的十五個牛錄歸自己旗下，將同母兄阿濟格及其十幾個牛錄從自己旗下調入多鐸旗中，同時互易兩白旗纛，而使自己由原來掌半旗牛錄的鑲白旗主成為獨掌正白全旗的旗主」（杜家驥：《八旗與清朝政治論稿》，北京：人民出版社，2008 年版，第 228 頁）。多爾袞在執掌正白旗前後，沒有將自己的心腹大臣剛林轉入正白旗，反而將他從正藍旗抬入到皇帝親率的正黃旗，這究竟是何種原因呢？兩黃旗內有明確反對多爾袞入繼大統的索尼、鼇拜、圖賴等大臣，對多爾袞來說，這些人充滿敵意，而剛林轉入正黃旗能為睿親王作出什麼貢獻呢。他的身份是由多爾袞抬旗而轉變的，索尼、鼇拜等人不可能不知其中原因，他們也必然知道剛林是多爾袞的親信，多爾袞安插親信到對方陣營中的目的又是什麼呢。這也許是大清皇父攝政王留給我們永遠無法回答的疑問了。

多爾袞臨終前，曾單獨召見英親王阿濟格，對其言語後事，外人不知具體內容。阿濟格隨後派遣三百騎急速馳騁入京。「大學士剛林知其意。立策馬行日夜馳七百里。先入京，閉九門。遍告宗王、固山等為備。俄三百騎至，皆衷甲，盡收誅之」（〔清〕談遷：《北遊錄・紀聞下》，北京：中華書局，1997 年版，第 363 頁）。對順治帝來說，剛林有救駕之功，這時的剛林隸屬於滿洲正黃旗，順治帝是正黃旗旗主，剛林對自己的主子以肝腦塗地般報效、護駕，

羽和親信進行追責，對多爾袞常年打壓的官員舉行平反，對多爾袞掌權期間的領導集團進行大範圍調整。

在順治帝清算完多爾袞後，他將多爾袞作為主旗貝勒統領的正白旗收至麾下，從此皇帝開始統帥正黃旗、鑲黃旗、正白旗三旗，也就是所謂的「上三旗」。嚴格說來，上三旗的奴才是皇帝的奴才，下五旗的奴才則是其他主旗貝勒的奴才，二者在隸屬關係上存在不同。順治帝清算多爾袞的根本原因在於，本應由順治帝獨攬的皇權，卻被多爾袞佔用了。正是順治帝感覺到自己的皇權受到了侵害而產生的恥辱，他才對保他登基的叔叔進行瘋狂報復。

也許人在不覺間才會透露出自己心底裏的東西。正是從這個時候開始，清朝皇帝不斷將權力集中到個人手中，生怕自己獨享的皇權再次受到侵害。原本順治一朝的輔政大臣是睿親王多爾袞和鄭親王濟爾哈朗，後來多爾袞利用手中的權力將濟爾哈朗排擠在統治集團以外，獨攬輔政大權。康熙帝登基時，孝莊太皇太后正是以此為鑒，將輔政大臣定為索尼、蘇克薩哈、遏必隆和鼇拜，以讓四個人互相牽制。雍正帝以四十五歲高齡登基，乾隆帝二十四歲登基，二人正值壯年，不需要輔政大臣。嘉慶帝登基時，乾隆帝位居太上皇，也不需要輔政大臣。道光帝四十歲登基，咸豐帝二十歲登基，都不需要輔政大臣。咸豐帝在彌留之際仍擔心同治帝載淳手中的皇權受到侵害，欽定了八位顧命大臣。想必咸豐帝曾考慮過順治時期朝政情形，沒有任命奕訢作顧命大臣，就是擔心其奪走皇權。慈禧手段很高明，她不僅聯合奕訢剪掉顧命大臣，而且對奕訢卸磨殺驢，自己把持朝政幾十年，直到宣統帝即位。溥儀登基之後，由其父載灃攝政。終清一世，皇帝們都在努力將所有權力集中到自己手中，這一時期皇權的集中程度完全稱得上前無古人。在清朝，國家最高立法權、最高司法權、最高行政權、最高決定權等各項權力集於皇帝一身，皇帝享有最高法律地位。

從立法權角度來看，「順治律」出自多爾袞的支持與肯定，多爾袞依託皇權推出順治律。清朝司法實踐經過順治、康熙兩朝的積累，為雍正律出臺作

而主子如何對待奴才呢？順治八年閏二月乙亥，在大清皇父攝政王多爾袞獲得清算的一個月之後，內國史院大學士剛林因阿附多爾袞，並參與多爾袞移駐永平府的密謀，又擅改太祖實錄，被處以棄市，籍沒財產（《清世祖實錄》卷五十四，順治八年閏二月乙亥），這就是一代名臣的最終歸宿。剛林留下了這件帶有疑問的題本，並且刊載在歷朝頒佈的律例全書卷首，他的名字為世人所皆知。

了充足準備，雍正帝認爲，雍正律「民命攸關，一句一字必親加省覽，每與諸臣辯論商榷，折中裁定，或析異以歸同，或刪繁而就約，務期求造律之意，輕重有權，盡讞獄之情，寬嚴得體」〔註 15〕。雍正律正式名稱爲《欽定大清律》，雍正帝一句一字審查更是名符其實地「欽定」。正是在雍正帝的大力推行下，《欽定大清律》正式頒佈。皇帝對律例的重視，更奠定了律例的重要地位。乾隆帝對清朝法律也非常重視，《大清律例》《欽定吏部則例》和《欽定中樞政考》等法律都在乾隆初年即修訂刊刻。乾隆帝傚仿其父雍正帝，對重要法律文件基本都是親自詳覽，逐條欽定。「欽定」二字不是修飾，而是體現了皇權效力。法律有效性的基礎正是源於皇權的欽定，也正是皇權中的最高立法權賦予了清朝律例和則例以法律意義上的拘束力。

「制定法律的權力是一項皇權，由皇帝個人擁有並行使。但是，一項法律由大臣題議並由軍機大臣批准的情況並不少見；雖然最終的決定權無條件地屬於皇帝，但事實上，相當大的一部分法律，都是由大臣題議的，由大臣擬議的一條相當不錯的律文，被採納的機率要高得多。任何時候制定一部新的法律，都會在頒佈法律的序言裏，加入敕令，用以解釋該法律制定的原因及必要性。在絕大多數的情況下，該法律都是第一次付諸審判，然後再規定一個禁用的期限，只有經過了成功的適用之後，才成爲恒久的法律。與民意相悖的法律很難有長期的效力。皇帝的絕對權力可以輕而易舉的廢除那些臣民所反對的法律」〔註 16〕。皇權不僅賦予律例和則例以法律效力，甚至律例和則例纂修工作人員也需要由皇帝欽定，能夠獲得皇帝欽定負責纂修工作的官員都是皇帝親信。皇帝將纂修法律這一重要事務交給欽定官員去辦，既是對這些官員的重視，又是對法律規範的重視。欽定官員在纂修法律規範時，必然肝腦塗地，鞠躬盡瘁。由此產生的法律必然是皇帝意志的體現，也必然成爲維護皇權的工具。

正如韋伯所說，「中國的司法行政使司法與行政的界線完全消除。皇帝的命令在內容上具有教育和指令作用，對具體案件有著普遍的指導意義」〔註 17〕。中國司法制度的代表是一種家長制類型，清朝皇帝不僅享有最高立法權、最

〔註 15〕　「御製大清律集解序」，載《欽定大清律》，雍正三年刻本。

〔註 16〕　PAO CHAO HSIEH: The Government of China (1644-1911), Baltimore, The Johns Hopkins Press, 1925, P216.

〔註 17〕　〔德〕馬克斯・韋伯：《論經濟與社會中的法律》，張乃根譯，北京：中國大百科全書出版社，1998 年版，第 264 頁。

高行政權、最高決定權，而且享有最高司法權。多爾袞於順治五年七月改判的案件就說明了他掌握著最高司法權。中國第一歷史檔案館藏有大量刑科題本，這些題本大多是刑部奏報皇帝的案件，由皇帝最終裁決，這也說明了大清皇帝享有最終裁判權和最高司法權。

清朝皇帝最高司法權還體現在皇帝行使死刑案件最終裁決權。清代死刑立決案件都要向皇帝專門奏報，死刑案件先由地方督撫向皇帝具題奏報，然後由皇帝敕令三法司進行核查擬定，三法司將核擬結果再奏報皇帝，由皇帝作出最終裁決。清朝每年秋天都要舉行秋審。在秋審中，各部院負責人員處理地方上奏的斬監候和絞監候案件。秋審最重要的一項工作——「勾決」由皇帝親自處理。皇帝決定「予勾」案件，刑部咨行各省，由各省對犯人作出處決。皇帝決定「免勾」案件，可以緩決一年，多次緩決罪犯可能會減等免死。在清朝，只有皇帝有死刑決定權。

嘉慶二十一年諭：本日朕閱河南秋審情實人犯冊內，有盧得才一起，該犯在李全鋪內學習染匠，因遺失帳本，被李全攆逐，該犯往向李全之母李朱氏訴說，適李朱氏之女韓李氏攜帶四歲幼子韓令子歸寧，該犯向李朱氏訴說，李朱氏反斥其非，維時韓李氏適赴鄰舍間談，韓令子在旁。該犯拾取菜刀，砍傷李朱氏倒地，正欲逃逸。韓令子拉住衣服，喊叫殺人。該犯即將韓令子推跌，連砍斃命。韓令子年甫四歲，見李朱氏被砍倒地，即能拉衣喊叫，護其所親，其情甚爲可憫。該犯輒將幼孩立時砍斃，實屬兇惡異常。本日刑部具題江蘇省程參謀財搭死幼孩陶招觀一案，依謀殺十歲以下幼孩例擬斬立決。此案盧得才因韓令子救護李朱氏，立斃四歲幼孩，其情節不輕於程參一案。盧得才著改爲斬立決，嗣後如有十歲以下幼孩，因救護父母，被兇犯立時斃命者，俱照此例辦理。〔註18〕

上諭內容反映了清朝皇帝在死刑案件處理過程中的權力。嘉慶帝在處理河南秋審案件過程中，比照刑部奏報江蘇省案件，將砍死四歲幼孩的盧得才判處斬立決，並在上諭中描述了盧得才作案動機、過程、情節、後果等內容。嘉慶帝從情、理、法三個角度詳細論述了作出斬立決的原由，並將該判決著爲定例，使其成爲一件判例法，作爲各級問刑衙門日後處理類似案件的法律

〔註18〕〔清〕李鴻章等：《欽定大清會典事例》卷八百四，光緒二十五年版，中國人民大學圖書館藏。

依據，「如有十歲以下幼孩，因救護父母，被兇犯立時斃命者，俱照此例辦理」。嘉慶帝對這個案件的處理過程，充分展現了最高司法權及其派生的判例法。

　　對於大案要案，清朝皇帝都會重點關注，甚至直接過問。如雍正朝隆科多案、年羹堯案、曾靜案等，此類案件都是由皇帝親手主抓、親自督辦。難能可貴的是，雖然上述案件是雍正帝有意為之，但是案件處理過程完全按照法定程序〔註 19〕進行。清朝「皇帝掌握國家的最高司法權，不但親自裁決死刑案件和過問欽案大獄，並且對全國的司法活動進行控制和監督」〔註 20〕。根據鄭秦先生研究，皇帝直接控制和掌握全國司法審判的主要方式是匯題匯奏，主要包括四方面內容，一是死刑案件的年終匯題；二是徒流軍遣案件的年終匯題；三是刑部現審案件的按季匯奏、匯題；四是斬絞監犯病故、京師五城贓罪款項、官犯軍流下罪名等其他司法事實的匯題。〔註 21〕

　　判例法創制權與皇權中的最高司法權相關聯。不同於制定法創制程序，判例法創制程序一般需要先經過司法程序，形成具有生效判決的成案。地方一級一級呈報刑部的案件，一般都是大案、要案、難案，或者沒有處罰依據的案件。刑部要將此類案件處理結果奏報皇帝，由皇帝作出最終裁決。皇帝裁決的案件或刑部決定的案件最終能否成為判例法的關鍵在於皇帝親自決定，即由皇帝「欽定」。欽定之後的案件才能成為判例法，具有法律拘束力。未經欽定的案件只能藏於刑部，僅限於個別人知道，不為外界所知，此類案件不享有法律效力。前文所列案件就充分表明了這一程序，如果現行法律規定與具體案情之間不匹配，可能需要報請皇帝欽定，如果該案有法律依據價值，最終會以通行形式頒行全國遵循。此類通行內容通常包括上諭等內容，體現了判例法形式。判例法在則例或律例沒有纂修年限，主要以通行方式頒行，到了則例或律例纂修年限，有的通行會通過立法程序納入則例或律例中。納入法律規範的通行會呈現兩種形態，一種是繼續以判例法形式作為例文而存在，另一種是經過立法技術處理之後以制定法形式而存在。

〔註19〕　鄭秦先生在「皇權與清代司法」一文中對年羹堯案處理過程進行了詳細論述（具體內容參見鄭秦：《清代法律制度研究》，北京：中國政法大學出版社，2000 年版，第 78 至第 80 頁）。

〔註20〕　鄭秦：《清代法律制度研究》，北京：中國政法大學出版社，2000 年版，第 82 頁。

〔註21〕　參見鄭秦：《清代法律制度研究》，北京：中國政法大學出版社，2000 年版，第 82 至第 84 頁。

從皇權角度來看，一部清朝歷史就是列位皇帝都在努力將皇權推向集權頂峰的奮鬥史。清朝諸位皇帝集眾人之力，將中國幾千年皇權推向了集權的最高峰。此時的西方國家與滿清政府不同，無論是大陸法系還是英美法系，許多國家建立在分權的基礎上。這些國家無論是否明確三權分立，一般都設置了立法機關、行政機關、司法機關，它們之間處於或相對處於權力制衡狀態。傳統中國則恰恰相反，皇帝集眾多權力於一身，一人獨享最高立法權、最高行政權、最高司法權、最高決定權等各項最高權力。清朝各級官員只是代表皇帝執行各項事務，官員自身沒有權力，皇帝也可以隨時收回他們代行的權力。「挾天子以令諸侯」就在於天子享有最高權力，天子即天的兒子，天子發佈的命令臣民們都要服從，其他人不能享有這一權力，所以只能挾天子，代天子立言。傳統中國，君權神聖不可侵犯。從法律角度來說，代議制國家的法律規範通常由立法機關創制，不是君主個人意志的體現。立法機關由人民選舉代表組成，由代表組成的立法機關頒佈的法律通常反映了人民意志，這種法律以民權為依歸。清王朝的法律規範甚至中華法系的法律規範最終都由皇帝欽定，皇權賦予其以法律淵源的效力，這種法律必然是以君權為依歸。中西方法律之間根本區別即在此。

如前文所述，洋務派和維新派最終結局很容易預見。無論是師夷長技以制夷，還是師夷長技以自強，洋務派都在努力學習西方技術。對於政治、法律等制度設計，他們不想也無力改變現狀，他們只能選擇維護皇權，這樣不會產生根本變化。維新派想改變現狀，其理論設想建立在三權分立基礎之上，雖然提出皇帝超越於三權的地位，但是「禮部六堂官事件」直接將矛頭對準以慈禧太后為首的后黨，提拔袁世凱從直隸按察使至侍郎後補更是表明了光緒帝開始插手軍權。反觀戊戌年之清廷政局，雖然皇帝親政，但是皇權大部分仍掌握在慈禧太后手中，這樣一來，帝黨和后黨之間就出現了張力，皇權內部產生了分裂。沒有了慈禧太后的支持，變法活動容易玩火自焚。在不斷集權的皇權面前，維新派的分權行動使得矛盾迅速激化。最終在以慈禧太后為首的封建勢力聯合絞殺下，變法活動歸於失敗。百日維新，曇花一現。

5.2 清末修律轉向大陸法系之緣由

清末修律活動引發了屹立在中華大地上幾千年的中華法系轟然坍塌，宣示了中華法系正式走向解體，從此成為過去時，中國近代法律制度開始轉向

大陸法系求法。清政府的選擇影響了中國人的思維，從此以後，中國一直在通向大陸法系的征途中前行。其實清朝能選擇大陸法系作爲變革目標看似偶然，實則蘊含了必然成分，很多內在因素促使它最終必須作出這一選擇。

　　從制度形式上看，中國古代專制主義統治已經延續了兩千年，以慈禧太后爲首的清政府領導人始終在努力維持這個體制不發生本質變化，這些人中以滿洲人居多，清王朝是滿洲政權，是滿洲自豪之所在，讓他們親手埋葬自己的成果，這本身就是一件極其困難的事情。清政府只是爲了挽救危局，繼續鞏固統治，迫不得已才接受改良派的主張。他們在無奈中祭起「預備立憲」的大旗，派出大量官員向世界各國學習先進立法經驗。改變現有法律制度這一前提已經確定，接下來所做的就只能是選擇走哪條路的問題。根據穗積陳重的研究成果，當時世界範圍內有很大影響力並且仍有生命力的法系只剩下英美法系和大陸法系，清政府接下來要走的路，只能在這二者之間作出選擇。

5.2.1 英美法系之放棄

　　乾隆五十八年（公元 1793 年）七月，以馬戛爾尼勳爵爲特使的英國使團來到北京。在這之前，雖然中英兩國之間貿易量逐年增加，但是政治上交流的機會很少。馬戛爾尼代表英皇向乾隆帝提出了許多要求，這些要求涉及到經濟、法律、文化等多個領域。對於法律方面的要求，英王主要集中在國際貿易和稅收領域，稅收內容是希望清政府答應英國船隻在其他各海口交易時照例上稅〔註 22〕。英國提出這一要求是期望清政府根據現有法律收稅，而不是任意地課徵。以往各國派使者到清朝，通常是以一種朝貢的姿態進行，而不是基於平等要求。乾隆帝沒有意識到滿清與英國之間的實力差別，他回絕了英國船隻在其他各海口交易等事項，將英國使團打發回去。清政府所代表的中國傳統法制和英國所代表的英美法系進行了在法律領域內的第一次接觸，只是乾隆皇帝的強硬作風使得這一接觸最終沒能達成有效協議。

　　常年貿易逆差使得英國成爲 1840 年鴉片戰爭爆發的始作俑者。中英江寧條約的簽訂首開中國歷史上不平等條約的先河，從此中英之間的不平等條約逐年增加。以恭親王奕訢、直隸總督李鴻章爲首的洋務派在與洋人的交流中最爲惱火，能臣弱國使得他們無力以三寸不爛之舌對抗其他國家的強大武

〔註22〕《清高宗實錄》卷一千四百五十三，乾隆五十八年八月己卯。

力，只能求助於國際法以幫助他們挽回一絲顏面。清政府在這一時期派遣的留學生大多都要學習國際法內容課程，以便於在外交活動中能夠熟練運用。1839 年，林則徐就組織翻譯了《滑達爾各國律例》，1861 年開始至戊戌變法，國內翻譯了大量法律著作，如《萬國公法》、《公法會通》、《公法便覽》、《各國交涉公法》等 18 種，其中和國際公法領域相關 8 種，和司法審判相關 3 種，和軍法相關 3 種，其他法律 4 種。這些著作譯者中，有六人爲英國籍，有六人爲美國籍，有六人爲中國籍。〔註23〕

上述著作以丁韙良翻譯的《萬國公法》最爲著名，甚至同文館所使用的教材就是這本，英美等國對清政府的影響最早正是從國際法領域開始的。英美等國對清朝官員影響非常大，清朝官員在和各國政府官員交流過程中，努力使自己行爲符合國際法要求，這個時候的清政府引進了英美等國的國際法，清政府在國際法領域迅速與英美接軌。英國人赫德長期擔任清朝海關總稅務司；美國人丁韙良長期擔任京師同文館總教習，兼任清政府國際法顧問，擔任京師大學堂總教習等職務；美國人蒲安臣曾經擔任中國首任全權使節，這些英美人士在清政府中有很強影響力。因此，清政府在變法修律過程中選擇英美法系發展道路是可以理解的，甚至英國最高元首是國王，這與清朝現實情況類似。

清朝中前期正式法律淵源中含有大量判例法內容，二者在形式上具有某種共通性，如果選擇判例法，似乎存在可行性。但清政府最終沒有選擇英美法系道路，因爲選擇英美法系發展道路，將出現一個難以解決的重大問題。英美法系實行判例法，圍繞判例法建立起一套與之相適應的制度和司法體系。如果仔細探究英國法律體系和司法系統，就會發現清朝中前期判例法內容和英美法系判例法之間存在差異。

從傳統法律角度來看，自秦朝統一六國建立大一統國家開始，直到明朝末年，中原地區漢人主要生活在以成文法爲法律形式的統治之下。正如穗積陳重所說，中華法系法律淵源代表是「諸律」，中國歷史上各朝各代基本都繼承了這一傳統，頒佈了諸多法律供人們遵守。清朝是一個外來民族建立的國家，入關之前，滿洲主要生活在東北區域，生活方式以牧獵爲主，流動性很強，法律領域以習慣法爲主。入關之後，滿洲繼受了明朝疆域、臣民以及政

〔註23〕 參見李貴連：《近代中國法制與法學》，北京：北京大學出版社，2002 年版，第 70 頁。

治成果，甚至還開創了一個空前龐大的疆域版圖，新疆、西藏等地民族都成為了清王朝統治下的臣民。清朝繼承了明朝主體結構，以北京為首都，重點控制區域仍然是中原和江南地區，這樣一來，清朝就建立在一個有著悠久成文法歷史傳統統治區域的基礎之上。滿洲在入關之前已經確立了「參漢酌金」指導思想，他們所有行為都在努力符合這一原則，漸漸趨向於漢人生產和生活方式，將法律規範從習慣法向成文法轉變，最終承襲了明朝延續下來的成文法傳統。

反觀英國，盎格魯撒克遜時代的英國由日耳曼人所建立的蠻族王國組成，直到七世紀才逐漸從分裂走向統一。那一時期的英國法律主要以習慣法為主，習慣法是由那些在法庭上起作用的一代一代相傳的民眾習俗所構成。國王儘管參與創建郡法庭和百戶區法庭，但是自己卻很少司職於法律，其責任主要是監督法律實施工作。這一時期的國王只是法律的執行者而非法律的制定者。經歷諾曼征服之後的英國由於征服者本身沒有一套現成的法律，他們就需要創建出一整套法律。而「盎格魯‧撒克遜人的法律，原甚瑣碎。不久，諾曼人就運用他們立法上的長處，彙集已有的法律，並確定各種習慣法，盡可能地給習慣一種確定的形式」〔註24〕。諾曼人創建了王室法院、令狀制、陪審制等一系列制度，漸漸形成了一種巡迴審判方式，將各地習慣法收集到法院，並以判例形式固定下來，漸漸積少成多，進而形成了一個以判例法法律淵源為載體的法律體系。英國法律之所以稱為普通法，就是針對地區習慣法而言。從這點來看，普通法內在源泉是以法院判決為基礎的判例法。判例法由大量個別先例組成，一般情況下，這種組成並沒有一定的法理規律可循，需要法官自己學習區別技術，逐漸發現尋找先例的竅門。美國繼承了英國這一法律傳統，成為判例法國家。可見，清王朝和英國政府建立的基礎不同，清王朝建立是在一個成文法傳統國家的基礎之上，英國則建立在一個不成文法傳統國家的基礎之上。

從法律創制主體角度來看，清朝法律首先由各部院負責起草，最終由皇帝欽定。未經欽定的內容不享有法律拘束力，各級執法官員不必遵循，甚至於如果遵循了未經欽定的內容，要受到刑部甚至皇帝的問責。普通成案只在刑部內部具有參考意義，其本身並不具有法律拘束力，採用成案不能大張旗

〔註24〕　〔美〕阿瑟‧庫恩：《英美法原理》，陳朝璧譯，北京：法律出版社，2002 年版，第 12 頁。

鼓，更不能推行各省督撫一體遵辦。只有皇帝欽定才是法律頒行的前提條件，正式法律條文也都要交由統一出版機構——武英殿刊刻。清朝法律只能由皇帝賦予法律效力。

英國法律體系存在的緣由和目的則完全不同。判例法建立的基礎是王室法院，而不是國王所代表的皇權，判例法核心內容是由法官們在巡迴審判中收集的各地習慣，這些習慣內容通過判例法形式保存下來。甚至於英國國王都只能是法律的執行者，而非法律的創制者。英國法律存在的目的正是在於抵制王權。清朝判例法在欽定後，會以通行方式頒佈內外直省一體遵辦，英國判例法系統則是一個開放體系，它只能以判決形式存在於法院內部。只要法官判決持續出現，它就不會缺乏生命力。隨著法官判決數量逐漸增加，源源不斷的活力注入判例法體系，每個新判決制定出來，就成為判例法體系的一部分，法官有必須遵循的責任和義務。

從法官素質和專業能力角度來看，清朝各級執法官吏大多通過科舉考試進入官僚階層。清朝科舉考試承襲於明朝，主要是在四書五經中選擇考試題目，所以官員在通過科舉考試之前的生活就是整天和四書五經打交道，莘莘學子皓首窮經的唯一目的就是通過科舉考試。在中國，科舉是改變人生命運的唯一考試，他們在求學階段唯一任務就是從禮、仁、理等角度探究和闡釋傳統文化。相對來說，法律不為士子所重視，在傳統文化看來，法只是「術」的層面而非「道」的層面。法律常常是那些已經通過科舉考試成為官員的人，才需要學習和研究的內容。因為一旦外放為官就需要解決錢穀、刑名等重要問題。《吏部則例》中載有「考校律例」〔註25〕一條，這樣會督促官員們學習與錢穀、刑名等業務職責有關的律例和則例，一方面在處理問題時可以得心應手，另一方面可以應付京察大計等考核任務。當然，如果官員玩不轉律例和則例，可以聘請助手協助處理律例和則例事務有關工作。清朝有許多專門

〔註25〕「查律內凡國家百司官吏務要熟讀講明律意剖決事務每遇歲底在內在外各從上司官考校若有不能講解不曉律意者官罰俸一月吏笞四十等語嗣後內外各該上司飭令所屬官員務將各該衙門應行律例留心講解京官交與各部院堂官考校外官交與督撫飭令知府直隸州於所屬州縣就近考校各該督撫於屬員因公進見之時留心考課歲底將內外各官通曉律例者咨明吏部註冊陞選之時注明能曉律例以示鼓勵不能講解者照例議處各衙門吏典即令各該管官歲底考校其通曉律例者五年役滿咨部之日於咨內聲明考職時照武闈好字號之例卷面印一通曉律例字樣酌量優取以示鼓勵如有不能講解者照律笞四十」，載《欽定吏部則例》，乾隆三十七年刻本，中國人民大學圖書館藏。

協助官員從事刑名錢穀等具體業務的人員，這些人大多未能通過科舉考試，自然無法成為官僚體制中的一員，他們只能選擇依附於官員，靠這種技巧養家糊口。正確解讀法律內容和嫻熟運用法律進行裁判就成為此類人員謀生的重要手段。官員們在日常工作中可以依靠幕友、書吏、長隨、衙役等人員幫助他們處理刑名、錢穀有關問題。上述人員可以協助各級官員理解律例和則例內容；可以幫助官員時刻關注朝廷頒發的通行，以便於及時掌握皇帝想法；還可以協助官員在裁決中引用最合事宜的法律條文，對具體案件作出正確裁判。

相反，英國法官大多是法律專業出身，接受過嚴格專業的訓練。英國判例法系統是一個龐大的體系，甚至可以用卷帙浩繁來形容。法官們要學會運用區別技術，從浩如煙海的判例法體系中找出最合適的先例，進而能夠對案件作出最為適當地裁決。先例查找工作是一項十分專業且特別困難的任務，因為判例法本身就不是一個可以用某一標準進行衡量的體系，先例查找工作通常需要依靠法官日常積累，否則難以快速找到和待處理案件最相匹配的先例。區別技術不僅體現在先例查找工作，因為即使找到了相關判例，也不是判例每一個部分都有法律意義上的拘束力。每個判例都要進一步細化為判決理由和附帶意見兩個部分。法官們在審判具體案件時，需要嚴格遵循的是判決理由，而不是附帶意見。附帶意見只是以附帶形式而存在，沒有法律拘束力，不需要法官遵循。附帶意見起到幫助理解的說服性作用，這種作用要綜合考慮纂寫該先例法官的學識、聲譽、名譽、知名度等多種情況來具體決定該說服性效力。一件判例哪部分是判決理由，哪部分是附帶意見並沒有標識清楚，需要承辦法官依據區別技術加以區分。

相對於英國法官的素質能力，那些通過科舉考試進入統治階層的清朝官員更熟悉禮樂文明，明白「禮之所去，刑之所取，失禮則入刑，相為表裏者也」〔註26〕，他們知道違反禮制行為的處罰方式。如果實行判例法，清朝官吏沒有經過特別訓練，自然無法面對龐雜的判例法系統，單靠自己很難選出合適的判例作為斷案依據。顯然，清朝官員不能勝任這一工作，清政府不適宜選用英美法系判例法作為法律淵源。

從適用範圍來看，清朝判例法和英國判例法之間存在很大差別。在英國，各級法院都可以制定判例法，但某一法院制定的判例法效力只及於本級和下

級法院。本級法院法官創制或發現的判例法，後續法官都要服從，但上級法院並非必須遵守，判例法對上級法院法官沒有嚴格拘束力。判例法的法律效力不是法官權力賦予，雖然很多學者認為判例法通常就是法官自己發現或者自己制定，但從本質來說，判例法之所以有法律淵源效力，是因為判例法所發現的普遍規則自身享有社會範圍內的約束力。

清朝司法情況與英國司法情況不完全一致。在清朝，只有皇帝可以欽定判例法，刑部和其他衙門沒有制定判例法的權力，也只有皇權才是判例法產生的唯一淵源。當某一成案需要以通行方式頒佈內外直省一體遵辦時，只能由皇帝親自認可，才能成為通行。清朝通行成案一般由刑部發起，再由皇帝欽定，或者因為某一案件具有一定影響力，皇帝欽定其成為通行。各級執法官員必須將通行成案內容視為法律予以嚴格遵守。通常情況下，不僅各級官吏甚至皇帝本人也必須遵守先前頒佈的通行成案。如果皇帝要作出相反判決，其必須說明改判理由，並再次以通行形式頒發內外直省。無論是祖宗制定的判例法還是皇帝本人早先制定的判例法，只要這一判例法成為大家都要遵守的法律，其修改就不再是皇帝任意的選擇。皇帝在欽定判例法時，不但要考慮具體案情，而且要說清具體量刑，甚至要表明量刑根據。無論是基於傳統文化抑或其他考慮，皇帝必須要向人們說明這樣做的理由，以便各級執法官員能夠準確把握案件精神和實質內容。在清朝，判例法是皇權的產物，其內容不像英國判例法那樣複雜，不需要法官運用區分技術。清朝判例法體系更易於非法律專業人士讀懂學透，清朝判例法案件處理部分的內容就是判決理由，需要嚴格遵循，清朝各級執法官員沒有選擇適用的餘地。

清朝判例法淵源於皇權，是皇權中立法權和司法權相結合的產物。作為判例法的通行成案，通常結果是經過法律纂修程序進入則例和律例，成為其組成部分，有的通行成案可以直接納入律例，有的通行成案需要抽象出概括性內容，再以制定法形式融入律例之中。英國判例法則是對抗王權的工具，它根源於司法審判權，國王也必須遵守判例法。英國判例法是限制君權，維護司法獨立的重要工具。司法機關獨立審判使得判例法源源不斷產生，逐漸形成了一個龐大判例法體系，至今仍在不斷充實完善。英國的國王或君主不能干涉判例法體系的形成和發展，在司法裁判問題上其要聽從法官裁決。在西方語境下，法律是對抗王權的名詞，是一種反對專制的力量，法律的目的和作用與清朝所代表的中國傳統法制不同。維護皇權的中國傳統法制判例法

內容與限制君權的英美法系判例法內容，在終極價值上完全不同，中華法系集權與英美法系分權之間存在著本質區別，如果清政府照搬英美法系，相對來講更難，慈禧太后選擇變法最終目的正是爲了維護皇權。目的和手段的一致性以及法律價值的差異性都使得清政府很難選擇英美法系判例法制度作爲變革目標。

5.2.2 大陸法系之選擇

　　既然英美法系之路存在障礙，反觀具有同樣生命力的大陸法系，清政府在清末修律之前，幾乎沒有引入過大陸法系法律，但是移植大陸法系法律有經驗可以借鑒，清朝一衣帶水的近鄰剛剛經歷了明治維新。日本曾經是中華法系一份子，日本模仿中國傳統法制建立了自己的法律體系，而經歷了明治維新的日本則換了一條法制發展之路，通過君主立憲形式，肯定天皇統治權力，走上大陸法系道路。清末五大臣經過一系列考察後，奏報的結果也是推薦德國和日本模式，德國威廉二世在憲法確認下建立君主專制政體，不用通過分權方式解構皇權，甚至可以通過立憲形式明確皇權效力，這一模式爲以慈禧太后爲首的清朝統治者所青睞。中國和日本同洲同文，中日之間交流相對便利，文字類似，日本著作便於翻譯，大量日文表述甚至可以不經翻譯直接閱讀。在清末修律時，沈家本邀請了岡田朝太郎、松岡義正、志田鉀太郎、小河滋次郎等日本法律專家幫助清廷制定新律。中國和日本地理位置較近，有利於派遣專員考察，赴日經費相對較少，成本相對較低。此外，最有力度征服清政府的事實是，身處彈丸之地的日本在日俄戰爭中打敗了強大的俄國，獲得了戰爭勝利。在當時，這是不可想像的，這個難以置信的勝利對清政府是個極大的震動，從此日本成爲清廷學習的偶像。

　　從法律淵源來看，明治維新後的日本不再屬於中華法系，它和德國一樣成爲大陸法系代表，大陸法系以國家制定法爲主要法律淵源。相對而言，中華法系也有自己的制定法傳統，從出土文獻記載可知，中國從戰國時期就開始頒佈成文法律，當時的法律打破了「刑不可知，威不可測」〔註27〕的傳統。成文法公佈使得老百姓都能知曉法律內容，各級執法官員在裁決時有了明確的斷案依據。當時的法律沒有區分制定法和判例法，甚至可能混雜在一起。

〔註27〕李學勤：《十三經注疏・春秋左傳正義》卷四十三，昭公六年，晉杜預注，唐孔穎達等正義，北京：北京大學出版社，1999 年版，第 1227 頁。

從戰國以來，傳統中國一直固守成文法傳統。清朝也不例外，從滿洲入關後頒佈的第一部法律——「順治律」開始，清朝也開始走成文法的路子，由於這部法律基本抄襲於明律，所以法典內容直接承襲了明律的制定法傳統。但滿洲是少數民族，有民族習慣法，入關之後雖然抄襲大量明朝法律，但是「參漢酌金」指導思想意味著他們會將民族特色融入其中。清初律例反映民族特色之處並不顯著，特色內容大多集中在則例之中，法律內容大多以制定法形式存在。如前文所述，清朝律例主要採用制定法形式，則例尤其是處分則例大多也是採用制定法形式，這一傳統基本奠定了清朝的制定法發展路線。

清朝制定法和傳統中國歷朝歷代頒佈的法律基本一樣，都由皇權最終欽定。清朝法律制定程序通常是由皇帝授意或各部堂官主動請纓，皇帝欽定纂修人員名單，纂修工作人員制定或修訂條文，向皇帝陸續呈報法律草案內容，皇帝欽定法律內容等組成。清朝法律在制定之初，不區分行政行為與立法行為，通常由各部院制定關於本部門職能的則例，呈報皇帝欽定。各部院官吏在日常工作中發現問題，通過長期實踐檢驗出最合適的解決辦法，借助纂修則例機會，將經驗變成法律條文，納入則例，在全國範圍內推廣。相反，大陸法系國家區分立法權與行政權，法律通常由立法機關制定，法律內容由行政機關執行。而日本和德國的成功經驗有力地證明了，立法權和行政權可以統一在皇權之下，這一模式正是清政府所期待的，其與清政府變法初衷實現了一定程度的契合。

清朝承襲了歷代王朝成果，繼承了法典編纂模式，法典是個包羅萬象的集合體，其以刑罰為主線，囊括了各級衙門管轄的事務。除了律例，清朝還頒佈了大量則例，則例內容大多具有開創性，有的則例甚至是民族習慣法的總結，不同於律例「五刑」體系，如理藩院則例主要採用罰畜等刑罰方式。清朝一般採用分而治之的方針，針對不同民族採取不同策略，對待漢人基本沿用明朝做法，採用傳統「五刑」為主刑罰體系，對待少數民族則在借鑒漢人傳統法律基礎上，通過成文法形式將少數民族習慣法固定下來，用法律條文作為執法依據。通過一步步地努力，制定法逐漸成為了清朝法律的主要淵源。大陸法系國家也是採用制定法作為法律淵源，二者在形式上具有共通性。除卻文化因素，如果清政府將大陸法系法律條文直接拿來使用，也存在一定程度可行性。

同大陸法系一樣，清朝制定法通常由各級執法官員直接在裁決中引用，

官員首要任務是嚴格依照法律規定辦事，一旦法律出現空白，官員享有一定的自由裁量權，即援引比附權力，官員不能以法律沒有規定爲理拒絕受理民間詞訟。在處理沒有法律規定的詞訟糾紛時，官員可以援引最相近的法律條文作爲裁決依據，但是在援引比附之後，要向刑部乃至皇帝奏報，最終由皇權予以確認判決的法律效力，此類判決並不當然地立即發生法律效力。

　　清朝制定法和判例法共存於同一部律例或則例之中，這一點與大陸法系情況有所不同。在清朝法律中，有的條款以制定法形式表達，有的條款以判例法形式表達，制定法通常是由立法機關制定，判例法通常是由司法機關形成，二者區別在於通過法律發現抑或法律創造程序制定。立法權是制定法來源，司法權是判例法來源，二者分屬不同機關。通常情況下，立法機關和司法機關不存在合一的可能性。清朝法律之所以能實現制定法和判例法融合，正是因爲皇權至高無上。清朝皇權是一個集立法權和司法權於一體的最高權力，法律無論是以制定法還是以判例法形式而存在都是不矛盾的，因爲這兩項權力本來就是皇權的兩個側面，它們都是從不同角度來詮釋至高無上的皇權。清朝法律正是皇帝意志的體現，是皇帝通過自己所掌控的皇權制定的。當一部法律以制定法形式出現，就是皇權中的立法權發揮作用，以判例法形式出現，則是皇權中的司法權發揮作用。在同一部法律之中，制定法和判例法並存的現象正是源於皇權的至高無上。經過筆者考證，清朝律例和處分則例通常使用制定法形式，即使條文中存在判例法，判例法所佔比重也相對較輕。處分條款不採用判例法形式，主要是爲了使各級執法官員盡可能地減少使用類比方法，減少出入人罪。清政府通過制定法形式，統一官員認識，避免各級官員依據法律條文作出相反判決。大陸法系國家法律體系以制定法爲主，即使存在少量判例法，二者也不相混合，不可能共存於同一部法律之中。清朝法律和大陸法系法律之間有一定的共通性，清政府採用大陸法系制定法形式，有利於官員們統一理解、統一適用法律，有利於不同官員在同一案件的處理結果上達成一致。

　　可見，清朝中前期正式法律淵源和大陸法系法律淵源之間存在著大量共通的地方，這使得清末修律工作選擇大陸法系方向更爲容易，可以在短期內完成諸多改變。日本和德國的成功經驗也爲清政府所期許，他們期待依靠修律工作收回治外法權，依靠修律工作同國際接軌，依靠修律工作增強綜合國力。法律淵源的共通性加大了清末修律工作取道大陸法系的可行性，而且這

種轉向的代價最小，日德的成功經驗極大地增強了以慈禧太后爲首的清政府領導人的信心，最終由沈家本和伍廷芳主持的取道大陸法系修律工作的大幕就這樣拉開了。

5.3 清朝法制：中華法系與大陸法系之分野

清末修律工作推動了清朝法制轉向大陸法系，以制定法作爲法律淵源，從此清朝法制離開了中華法繫傳統，向一個全新的領域進發，中華法系也由此終結。清朝中前期法制是中華法系發展到最後階段的成果，清朝末期法制變化則成爲中國法制摸索大陸法系的起點。全部清朝法制的發展變化體現了中華法系和大陸法系在中國的分野。

5.3.1 中華法系傳承之終結

自 1884 年穗積陳重發表《論法律五大族之說》一文開始，中華法系作爲一個重要名詞日益爲人們所重視。1928 年，美國學者威格摩爾教授在其《世界法系概覽》一書中，將世界上的法系劃分爲十六種，其中就包含「中華法系」。威格摩爾將中華法系單獨成章，表明了對中華法系的重視，他不僅將中華法系視爲一個獨立系統，而且和大陸法系、英美法系處於同一歷史高度。

1964 年，法國學者勒內·達維德在《當代主要法律體系》一書中，將世界上的法系主要分成羅馬日耳曼法系、社會主義法系、普通法系、其他的社會秩序觀與法律觀四個組成部分。在其他的社會秩序觀和法律觀中，又具體劃分爲伊斯蘭法、印度法、遠東各國法（中國法和日本法）、馬達加斯加與非洲各國法四個部分。對於中國法的單獨成章，也可以看出達維德對中國法成爲一個獨立體系的支持和信任。但是達維德沒有把中華法系看作與羅馬日耳曼法系、普通法系處於同一歷史地位，這很可能是因爲中華法系在 1902 年之後逐漸成爲歷史，沒有任一國家的法律體系在形式上或事實上以承繼中華法系而存在。

1977 年，德國學者茨威格特和克茨在《比較法總論》一書中，將世界上的法系分成羅馬法系、德意志法系、英美法系、北歐法系、社會主義法系、其他法系六個組成部分。其中其他法系又可以細化爲遠東法系、伊斯蘭法、印度教法，而遠東法系就是中國法和日本法的統稱。茨威格特和克茨也將中

國法看作是一個相對獨立的法系。

從世界範圍內有影響力的比較法學者研究成果來看，世界主要法系可以有多種分類，有的分類標準比較粗獷，可以分成幾大法系，有的分類標準比較精緻，可以分成更多法系。無論以何種標準來看，羅馬法系、英美法系、中華法系都可以截然分開。

中華法系自 1884 年開始作爲一個專屬名詞正式問世，爲許多學者所重視。從國外學者的經歷看，只有穗積陳重經歷過那個時代，目睹了中華法系的成就。其餘學者只能從書本和資料中去認識那個曾經爲億萬中國人固守了幾千年的中華法系。

在中國，梁啓超先生首次提出「法系」一詞。1904 年，他在《中國法理學發達史論》一文中提到「近世法學者稱世界四法系，而吾國與居一焉，其餘諸法系，或發生蚤於我，而久已中絕；或今方盛行，而導源甚近。然則我之法系，其最足以自豪於世界也。夫深山大澤，龍蛇生焉，我以數萬萬神聖之國民，建數千年綿延之帝國，其能有獨立偉大之法系，宜也」〔註 28〕。這時的中華法系已經在風雨飄搖中走向落寞。清末修律工作給了它最後一擊，將中華法系送出歷史舞臺，從此中華法系的時代落下了帷幕，直到今天，這一大幕也不曾開啓，也許永遠不會再開啓。

公元前 536 年，鄭國執政大夫子產命令把鄭國法律條文鑄到一個銅鼎上公佈於眾，史稱「鑄刑書」〔註 29〕。這是史書中首次明確向全社會公佈成文法，從此中國開始了以成文法爲主的時代，這一次公佈成文法也開啓了一個不僅屬於中國人而且屬於全世界的中華法系〔註 30〕時代。

〔註 28〕 梁啓超：《飲冰室文集之十五》，載《飲冰室合集》卷二，北京：中華書局，1988 年版，第 42 頁。

〔註 29〕 李學勤：《十三經注疏・春秋左傳正義》卷四十三，昭公六年，晉杜預注，唐孔穎達等正義，北京：北京大學出版社，1999 年版，第 1225 頁。

〔註 30〕 採用子產鑄刑書作爲中華法系開啓的標誌，這一界定有點武斷。因爲子產鑄刑書只是開啓了一個成文法的時代，在這一時間之前肯定有諸多法律，因爲不是成文法，具體內容難以考證，甚至夏商周時代的法律都是中華法系的組成部分，因此，中華法系的源頭難以釐清。中華法系的源頭很難說是從法的出現開始的，甚至也很難說是從刑的出現開始的，中國傳統社會是一個禮治社會，「夫禮，天之經也，地之義也，民之行也」（《左傳・昭公二十五年》）。中國人的行爲主要受禮約束，「出禮入刑」，即只要違背了禮的行爲，就納入刑的管轄。「德禮爲政教之本，刑罰爲政教之用」（〔唐〕長孫無忌等：《唐律疏議・名例》，劉俊文點校，北京：法律出版社，第 3 頁）。由此可見，相對

中華法系從產生走到消亡，始終伴隨著成文法傳統，它在法律淵源領域內鑄就了大量具有代表性的作品。

魏國李悝在總結各諸侯國立法司法經驗的基礎上，結合魏國具體情況，制定了中國歷史上第一部成文法典——《法經》。《法經》可以分為《盜》《賊》《囚》《捕》《雜》《具》六個組成部分。商鞅攜《法經》入秦，助秦孝公變法改革，正所謂「商鞅相孝公，為秦開帝業」〔註31〕。

1975 年 12 月，湖北雲夢出土了秦墓竹簡，竹簡記錄的主要是秦國法律。秦始皇統一六國之後，沒有精力繼續搞大規模立法活動，他只是將原有秦國法律制度推廣到全部疆域。因此，可以從秦墓竹簡中推論出秦朝法律淵源的種類。秦墓中出土的法律裏主要包括律、令、式、廷行事、法律答問等。根據《史記·秦始皇本紀》記載，秦初併天下之後，將「命為制，令為詔」〔註32〕。《漢書·蕭何傳》中記載了，「沛公至咸陽，諸將皆爭走金帛財物之府分之，何獨先入收秦丞相御史律令圖書藏之」〔註33〕。可見，秦朝法律中包括了大量的律、令內容，秦朝法律淵源正是以律和令為主。從漢相蕭何對律、令的重視程度也可以看出秦朝的律、令非常重要，它們不僅是秦朝的法律淵源，還是維護社會穩定的重要工具。秦朝苛法並非一無是處，因為蕭何懂得它們的作用和價值。

漢代法律淵源主要分成律、令、科、比四種。漢後唐前的各個朝代，法律淵源資料典籍大多散佚，諸多不全，難以涵蓋各朝全部法律淵源。雖然缺乏史料，難以對各個朝代的全部法律淵源進行考證，但是仍可以鉤沉出部分

於德禮，刑罰只是一個附屬品，是維護禮治的，因此，很難從純法律甚至刑罰的角度去界定中華法系的起源。相對來說，中華法系的最重要特點就是其建立了成文法傳統，各朝各代基本都有自己的代表性法律，這些法律對於周邊國家的法律制定也發揮了巨大的影響作用。在本文中，筆者是從中華法系成文法傳統這一特點來界定中華法系的源頭，這一特點正是從子產鑄刑書開始，所以筆者將這一事件作為中華法系的序幕。當然，這一界定是筆者無奈之舉，中華法系出現的時間肯定比目前斷定的時間早。而從子產鑄刑書開始，到 1902 年清末法律改革為止，時間橫跨近 2500 年。單從這一時間就能表明中華法系是一個源遠流長的法系，在本文中，筆者姑且將其存在時間暫定為 2000 多年。

〔註31〕〔東漢〕王充：《論衡全譯》，袁華忠、方家常譯注，貴陽：貴州人民出版社，1993 年版，第 1741 頁。

〔註32〕〔漢〕司馬遷：《史記》，北京：中華書局，1959 年版，第 236 頁。

〔註33〕〔漢〕班固：《漢書》，北京：中華書局，1962 年版，第 2006 頁。

朝代的部分法律淵源。從程樹德先生的《九朝律考》來看，法經之後的著名
律文主要包括，秦律、漢律、魏律、晉律、梁律、陳律、後魏律、北齊律、
後周律。除了這些律文，各個朝代還有其他方面的法律，如晉朝至少存在律、
令兩種法律淵源，二者分開使用，其中「律以定罪名，令以存事制」〔註34〕。

　　隋朝是一個短暫王朝，但它建立了一個大一統的國家。隋律包含了開皇
律和大業律兩部。隋朝律令格式並行，唐朝繼承了開皇舊制，「唐之刑書有四，
曰：律、令、格、式」〔註35〕。目前完整保留下來的法典最早只能追溯到唐
律，令、格、式大多已經散佚。唐朝法律繼承了中國傳統法律諸多內容。如
北齊曾經以「格」作爲法律淵源，這一法律淵源形式爲唐朝所繼承，「唐律令
格式並行，蓋沿齊制」〔註36〕。唐朝律、令、格、式之間有著嚴格區別，不
僅體現在名字上，而且體現在各自所規定的內容中。其中「律以正刑定罪，
令以設範立制，格以禁違止邪，式以軌物程事」〔註37〕。據寅恪先生考證「律
令性質本極近似，不過一偏於消極方面，一偏於積極方面而已」〔註38〕，這
一論斷有助於進一步把握唐朝各法律淵源之間區別。

　　唐後宋前的中國在相當長時間內處於分裂戰亂狀態，這一時期的法律淵
源難以完整保存下來。相對來說，宋朝史料保存得相對多一些，宋朝基本繼
承了唐朝法律成果，正如《宋史・刑法志》所記載的，「宋法制因唐律、令、
格、式，而隨時損益則有編敕，一司、一路、一州、一縣又別有敕。……神
宗以律不足以周事情，凡律所不載者一斷以敕，乃更其目曰敕、令、格、式，
而律恒存乎敕之外」〔註39〕。丘濬記載了，「唐有律，律之外又有令格式。宋
初因之，至神宗更其目曰《敕令格式》，所謂敕者，蓋唐之律也」〔註40〕。可
見，宋朝法律淵源包含多種，大體有律、敕、令、格、式等形式。元朝是蒙

〔註34〕〔宋〕李昉：《太平御覽》卷六百三十八，「刑法部四」，歙鮑崇城重校，嘉慶
　　　　二十三年版，第七頁。
〔註35〕〔宋〕歐陽修、宋祁：《新唐書》，北京：中華書局，1975 年版，第 1407 頁。
〔註36〕程樹德：《九朝律考》，北京：中華書局，2003 年版，第 407 頁。
〔註37〕〔唐〕李林甫等：《唐六典》，陳仲夫點校，北京：中華書局，1992 年版，第
　　　　185 頁。
〔註38〕陳寅恪：《隋唐制度淵源略論稿》，臺北：臺灣商務印書館，1994 年版，第 107
　　　　頁。
〔註39〕〔元〕脫脫等：《宋史・刑法志》，北京：中華書局，1977 年版，第 4962 頁至
　　　　第 4964 頁。
〔註40〕〔明〕丘濬：《大學衍義補》，林冠群、周濟夫校點，北京：京華出版社，1999
　　　　年版，第 887 頁。

古族建立的政權，他們採用的法律淵源基本不同於其他朝代，主要有《至元新格》、《風憲弘綱》、《大元通制》、《元典章》及《至正條格》等。根據胡興東副教授的研究成果，元朝雖然沒有唐律式的法典，但是它的法律是以判例和因事制定的單行法規爲中心構建起來的。〔註41〕這一點不同於秦統一以來的其他朝代，體現了蒙古族統治的特殊性。

朱元璋在建立明朝之後，於吳元年（1367 年）即著手頒佈律令，所以明初律令並行。最初的律文篇目一準於唐律，之後則經過多次修改。洪武二十二年（1389 年），明朝政府再次修訂《大明律》，將名例律關於篇首，下面按六部歸類，分爲吏、戶、禮、兵、刑、工六律。洪武三十年（1397 年），明朝正式頒佈《大明律》，從此成爲定稿，歷朝相沿無改。吳元年，朱元璋頒佈了《大明令》，它是元明交替之際的過渡性法令，對大明律的制定產生了很大影響。有明一代，《大明令》始終具有法律約束力。

除《大明律》和《大明令》外，明代還有榜文、大誥、會典、條例等多種法律淵源。黃彰健先生在「明洪武永樂朝的榜文峻令」一文中指出，「明代刑律大致可分三期：1‧洪武永樂，以榜文爲主，律爲輔。2‧仁宣英景四帝，以洪武三十年所定律（包含律誥）爲主，不許深文。3‧明憲宗以後，例輔律而行」〔註42〕。明初即有條例存在，如洪武二十五年，「刑部言，律條與條例不同者宜更定。太祖以條例特一時權宜，定律不可改，不從」〔註43〕。到明朝中後期，條例法律地位漸漸提升。

黃彰健先生對建文帝即位詔、成祖詔、仁宗即位詔、宣宗即位詔、英宗即位詔、景帝即位詔、英宗復辟詔、憲宗即位詔進行了詳細考察，得出結論，「洪武以後各朝所定例，在新君即位時，並行革去」〔註44〕。可見，明代早期條例沒有延續性，只有本朝皇帝在位期間才有法律效力。隨著時間推移，「新定的例愈來愈多，爲了整齊劃一，便於檢閱，不使所定的例輕重失倫，在明孝宗弘治十三年遂制定《問刑條例》。明孝宗即位詔與宣宗英宗憲宗不同，孝

〔註41〕 參見胡興東：《中國古代判例法運作機制研究》，北京：北京大學出版社，2010年版，第 1 頁。

〔註42〕 黃彰健：「明洪武永樂朝的榜文峻令」，載《明清史研究叢稿》，臺北：臺灣商務印書館，1977 年版，第 262 頁。

〔註43〕 〔清〕張廷玉等：《明史‧刑法志》，北京：中華書局，1974 年版，第 2283頁至第 2284 頁。

〔註44〕 黃彰健：「明洪武永樂朝的榜文峻令」，載《明清史研究叢稿》，臺北：臺灣商務印書館，1977 年版，第 259 頁。

宗即位詔即不提『所有條例盡行革去』，此即因憲宗時臣工已發現此一措施不
妥，不宜再因襲」〔註 45〕。從弘治十三年開始，問刑條例才被看作是明代長
期有法律效力的法律淵源。

　　「明憲宗以後，例輔律而行。在明憲宗孝宗時，所定的例有些仍用榜文
公佈，使人民知悉。而在孝宗以後則漸漸少見。當時民間流傳應用的，應爲
史語所所藏成化條例弘治條例這一類的書。這些書均係鈔案牘全文，非榜文
體裁。……明代刑律自憲宗以後，例係輔律而行，而不欲破律，則是眾人所
公認的」〔註 46〕。

　　從子產鑄刑書開始，到《大明律》《大明令》《問刑條例》《明大誥》、詔
書、榜文等組成的明朝法律淵源，一部部法典就像一顆顆奪目的珍珠鑲嵌在
中華法系這條玉帶上。1644 年只是人類歷史長河中的滄海一粟，但又不是普
通的一年。這一年，一個陝西人率領了一支起義軍埋葬了統治中國 276 年的
大明王朝，隨後一個前明將領打開了山海關的大門，放進了驍勇善戰的八旗
勁旅，消滅了起義軍。從此，這個來自東北的民族佔領了中原廣大地區，開
啓了中華法系所依託的最後一個王朝——「清」。

　　清朝在建國之初就確定了「參漢酌金」〔註 47〕的戰略指導思想，基本承
襲了明朝的典章制度。在機構設置上，清仿傚明設立了中央六部，並仿造明
朝法律制度建立了自己的法律體系。明朝制度是傳統中國歷代王朝的積澱，
到清朝學習、接納、吸收時，這套制度已經達到相當完備程度。從今天來看，
君權、制度、文化都處於一個高峰。從法律角度來說，清朝仿造明朝法律頒
佈的大清律，已經不僅僅是清朝自己的產物，它的形成和變遷更多是中華法
系積澱和集成的體現。對比明清律和唐律內容，可以發現明清律和唐律之間
有著明顯的承繼關係。「唐律十二篇的篇目完全被明清律所採納，其中某些篇
目毫無變化，某些篇目則合二而一」〔註 48〕。清律是對明律，甚至是對唐律

〔註45〕黃彰健：「明洪武永樂朝的榜文峻令」，載《明清史研究叢稿》，臺北：臺灣商
　　　　務印書館，1977 年版，第 260 頁至第 261 頁。

〔註46〕黃彰健：「明洪武永樂朝的榜文峻令」，載《明清史研究叢稿》，臺北：臺灣商
　　　　務印書館，1977 年版，第 262 頁。

〔註47〕〔清〕寧完我：「寧完我請變通大明會典設六部通事奏」，載羅振玉編《天聰
　　　　朝臣工奏議》，載潘喆等編《清入關前史料選輯》第二輯，北京：中國人民大
　　　　學出版社，1989 年版，第 82 頁。

〔註48〕〔美〕布迪、莫里斯：《中華帝國的法律》，朱勇譯，南京：江蘇人民出版社，
　　　　1998 年版，第 58 頁。

的繼承。〔註49〕清代法律完全可以代表中華法系特徵。從立法角度來說，它「立法平允」〔註50〕，體現了中華法系的特色。清朝作爲中國歷史上最後一個封建王朝，它在法制領域的成就將中華法系的發展又推上一個巔峰。

公元前 536 年，子產用「鑄刑書」方式拉開了中華法系的序幕，1902 年中華法繫於沈家本、伍廷芳主持的清末修律工作中謝幕。這一謝幕並不完美，甚至有些悲涼，這是一個時代的終結。清王朝作爲中華法系所依託的最後一個朝代，清朝的立法成就也成爲中華法系發展的最後一個助推器。1840 年前的清朝，尤其是康雍乾時期的清朝在各個領域內的發展都達到了頂峰。一個時代的繁榮可以體現在諸多方面，反映在法律領域就是雍正年間頒佈的律文基本符合當時的社會生活狀況，以至於乾隆以後沒有必要再作進一步修改，這一立法成就也是中華法系成文法律發展到極致的體現。清律只是清王朝所頒佈眾多法律中的一種，是以刑部爲首的各級問刑衙門所適用的法律，問刑衙門和百姓生活息息相關，律文保持穩定，有助於百姓日常生活穩定，百姓熟知法律內容，自然重視律典內容。清政府頒佈法律的數量之多，令人歎爲觀止，而大部分則例與百姓甚至是漢人日常生活幾乎無關。如享有少數民族案件管轄權的理藩院，其部頒則例和大清律例使用頻繁程度幾乎相近，只是適用範圍局限於蒙古族、藏族等少數民族區域，青海回疆等地也有適用自己地域範圍的法律，清朝滿洲宗室適用宗人府則例，可見清朝法律非常完備，各部法律之間分工明確，幾乎不會留有漏洞，即使發現律文沒有覆蓋的問題，皇權可以作出補救，這一時期也是清朝法律發展最爲完備的時期。

中華法系法律淵源從唐律到清律，甚至於從法經到清律是一個逐漸發展完善的過程，上述律典內容本質上沒有變化，都是中國傳統文化的體現。律典內容不僅適應了社會發展需要，更體現了中國人的智慧和文化，滿足了中國傳統社會各項需要。

中國歷史上共有兩個盛世，即「開元盛世」和「康乾盛世」。奇怪的是，這兩個盛世都是少數民族締造的。也許唐和清作爲外族政權，相對而言更有

〔註49〕「自漢以後，刑律代更。至隋開皇中，定笞杖徒流死爲五刑，而其法遂不可易。唐律篇目，一仍隋舊，惟《疏議》爲獨詳。宋與明，實擴摭而損益之。嘗考唐律所載律條，於今異者八十有奇，其大同者四百八十一有奇。今之律文與唐律合者，亦十居三四。蓋其所從來者舊矣。」（〔清〕張玉書：「刑書纂要序」，載《清朝經世文編》，賀長齡輯，臺北：文海出版社，第 3236 頁）。

〔註50〕〔清〕張之洞：《勸學篇》，北京：華夏出版社，2002 年版，第 23 頁。

危機感，必須付出更大努力以證明自己繼承中國政權的合法性。相反，漢人政權沒有必要證明自己血統純正，坐享其成，難以創造盛世。盛極而衰是任何事物都無法逃脫的規律，康乾盛世在乾隆之後變爲「嘉道中衰」，滿清綜合國力大幅度下降，各方面能力都在削弱，在與列強的「交流」中始終處於弱勢地位，大量喪權辱國的條約就此產生，清王朝逐漸走向沒落。以慈禧太后爲首的清政府領導人主動要求變法而開展修律工作，奏響了落日的輓歌，中華法系發展的鼎盛時代戛然而止，留給國人無盡的遺憾。

5.3.2 轉道大陸法系之起點

　　必然中夾雜著偶然，偶然中決定了必然，清末修律工作使得清朝法制開始拋棄中華法繫傳統，正式取道大陸法系，大陸法系發展道路決定了清末修律工作的方向。對於當時的中國人來說，大陸法系非常陌生，但大陸法系也是有著悠久歷史的法系，具有蓬勃的生命力。

　　公元 1135 年，古羅馬查士丁尼《國法大全》原稿在意大利北部的阿馬爾菲被偶然發現，這引起了法學界的濃厚興趣和普遍關注。隨後的幾個世紀，遍佈於歐洲各個國家和城市的許多學校和諸多學派開始大範圍研究和傳播羅馬法，他們把羅馬法基本原則、概念、制度和精神應用到具體的社會實踐中去，用羅馬法作爲探討和解決各種法律問題的對策。在這樣的歷史進程中，羅馬法復興對歐洲文化發展的影響非常大，以至於羅馬法復興、宗教改革和文藝復興，在歐洲文化史上被稱爲著名的「三 R 運動」〔註 51〕。羅馬法的復興波及了德國、法國、意大利等西歐大部分國家和地區。這些主要以羅馬法爲基礎發展起來的國家和地區，由於分享著共同的傳統和相似的法律運作體系，在今天被劃分爲同一個法系，即大陸法系。

　　從《國法大全》內容來看，羅馬法淵源主要包括制定法、執法官告示和法學家的解釋〔註 52〕三個組成部分。羅馬法的制定法內容主要包括法律、平民會決議、元老院決議和皇帝諭令等四個部分。相對於執法官告示和法學家解釋，制定法居於壓倒性優勢地位，是羅馬法精華之所在，也在羅馬法所有

〔註 51〕羅馬法復興（Revival of Roman Law）、宗教改革（Reformation）、文藝復興（Renaissance）三個名詞的英文開頭都是「R」，因此合起來稱爲「三 R 運動」。

〔註 52〕參見〔英〕巴里‧尼古拉斯：《羅馬法概論》，黃風譯，北京：法律出版社，2004 年版，第 16 頁至第 38 頁。

法律淵源效力位階中居於最高地位。甚至可以說，制定法構成了羅馬法主體。

大陸法系直接淵源於羅馬法傳統，其內在法律淵源中最古老部分就包括直接來自公元 6 世紀查士丁尼皇帝統治時期所編纂的羅馬法、羅馬天主教會教會法、商法三個組成部分〔註53〕。大陸法系法律淵源是由法律、法規和具有法的意義的習慣〔註54〕三個部分所組成，其他形式無法成爲大陸法系法律淵源。

大陸法系的法律內容適應現代貿易發展需要，清政府正是希望借助大陸法系的法律內容以繼續維持其對國家的統治，收回治外法權，這樣可以挽回些許顏面。日本和德國的成功經驗更是讓清政府有信心能夠完成這一轉型，只是國人沒有信心讓他去實現自己的改變。1912 年 2 月 12 日，隆裕太后帶著末代皇帝溥儀，正式宣佈宣統皇帝遜位，從此清王朝結束了 268 年歷史。帝制中國走到了盡頭。

清末修律埋葬了中華法系，並將中國法制引向了大陸法系。此後，許多仁人志士都在努力推動中國法制沿著大陸法系方向前進。清末修律工作不僅改變了清政府內部法律制度的結構，更是引發了人們思想的震動。大陸法系法律制度和法律思想逐漸深入民心，成爲這個國家在法律領域內努力發展的保障。

中國法制近代轉型在制度上看是從清末修律工作開始的，但實際上在1840 年中國社會就已經開始了近代轉型。1839 年林則徐引入近代第一本國際法開始，西方近代法律思想就開始傳入中國。正是林則徐、魏源等人將西方近代法律思想傳入中國，幾代中國人的努力加上幾十年西方法文化的輸入，最終成就了清末修律工作。對於中國法制來說，民眾思想上發生變化，推動國家制度進行變革成爲可能。也正是這種思想上的先行，使得清末修律轉向大陸法系後沒有出現回流。

從 1644 年清朝入關開始直到 1912 年清帝遜位爲止，清朝法制的發展歷史體現了中華法系發展到最高峰並退出歷史舞臺，大陸法系被引入中國並成爲中國法制努力建設的方向。中華法系在這 268 年歷史進程中不斷發展，到達了它的巔峰。西方不僅用堅船利炮，而且用思想文化打開了滿清大門，堅

〔註53〕 參見〔美〕梅利曼：《大陸法系》，顧培東、祿正平譯，北京：法律出版社，2004 年版，第 6 頁至第 13 頁。

〔註54〕 參見〔美〕梅利曼：《大陸法系》，顧培東、祿正平譯，北京：法律出版社，2004 年版，第 24 頁。

船利炮打開了貿易大門，思想文化打開了意識思維的大門，由此開啓了一個新的時代，一個不再屬於中華法系的時代，中華法系讓位給大陸法系也是歷史的必然。如果把清朝法律淵源看作是一個整體，這個整體不僅包括所有的律、則例和通行，甚至包括清末修律工作中產生的大量成果，但是這兩部分不相容，各自代表了中華法系成果和大陸法系特色。清朝中前期正式法律淵源中制定法和判例法並存的形式，是中國人的傑作，充分體現了固定性和靈活性相結合的特點。但是中華法系沒能在二十世紀繼續存在，它的離去帶走了中國法制一個時代，一個曾經屬於中國創造的時代，一個充滿了中國智慧的時代，一個影響了億萬中國人甚至影響了東亞以及東南亞許多國家和民族的時代。

終上所述，中國傳統法制在清朝末年發生了改變，從中華法系向大陸法系轉變。清末修律工作將清朝中前期正式法律淵源中律、則例和通行並存的情形改爲制定法獨存形式，刪除了法律淵源中判例法成分，只保存了單一制定法成分。制定法和判例法的根源——皇權，一直是中國歷史發展的主題。「秦有天下，變封建而爲統一，地方分權之制變爲中央集權之制，君民共主之世變爲君權專制之世。及漢有天下，承秦之弊，以天下爲一家一姓之私產，浸假而君主私有土地矣，浸假而君主獨操賞罰矣，浸假而君主干涉教育矣，舉立法行政司法三大權悉歸之一人一姓」〔註55〕，從此之後傳統中國進入了「君爲主，天下爲客」〔註56〕的歷史。清朝將皇權推向了集權的頂峰，洋務派改革因爲不想觸動皇權這一核心問題而失敗，分權行爲使得維新派最終命運只能歸於失敗。清末修律之路在曲折中前進。以慈禧太后爲首的清朝統治者爲了繼續維護統治地位，於二十世紀之初被迫宣佈實行修律工作。清政府任命沈家本和伍廷芳作爲主持修律大臣，開展了轟轟烈烈修律工作。

在晚清法律改革過程之中，以慈禧太后爲首的清政府領導人之所以選擇走向大陸法系，其初衷還是祖宗之法不可變，清末修律工作宗旨即是「不戾於我國歷世相沿之禮教民情」〔註57〕，只是日本成功經驗給了這位大清朝的

〔註55〕「中國古代限抑君權之法」，載《國民日日報彙編第二集》，臺北：中央文物供應社，1968 年版，第 21 頁。

〔註56〕〔明・清〕黃宗羲：《明夷待訪錄・原君》，長沙：嶽麓書社，2008 年版，第 6 頁。

〔註57〕〔清〕朱壽朋編：《光緒朝東華錄》，張靜廬等點校，北京：中華書局，1984 年版，第 5809 頁。

聖母皇太后以換湯不換藥的錯覺。當然，中華法系制定法傳統和大陸法系制定法傳統存在某種共通之處，轉向大陸法系也相對來說更容易，代價更小，成本更低。清末修律是滿清官方行爲，但是它所產生的影響即使在清朝滅亡之後仍指引了幾代中國人爲之努力。從此，中華法系在中華大地上消失，取而代之的是一個相對陌生的大陸法系。從清朝法制整體來說，清朝中前期法律制度是中華法系完備時期的代表，清末修律工作所頒佈的法律條文是對大陸法系的引進。從法系角度來說，清朝法制是中國法制建設的分水嶺，它是終點也是起點，是中華法系的終點，是大陸法系的起點。一個兩千多年時代的終點，一個新千年時代的起點。

結　語

　　在開篇案例中，大清皇父攝政王多爾袞之所以能夠改判三法司對案件定擬的結果，正源於他掌握著皇權。從表面來看，這一判決結果是和碩睿親王兼任攝政王所代表的王權作出；但從實質上看，這一判決結果卻是由皇帝所享有的皇權作出。在清朝乃至中國歷史上各朝各代，皇權都是中國社會中的最高權力，皇權是一個權力的集合體，包括了最高立法權、最高司法權、最高行政權、最高決定權等各項權力。最高司法權只是皇權的一個方面。多爾袞攝政時的皇帝是順治帝，皇權是皇帝所應享有的權力，這一權力自然應當屬於順治帝。但是順治帝在這一時期尚未親政，一切政務由攝政王代為處理。順治初年，攝政王有兩個人，和碩睿親王多爾袞和和碩鄭親王濟爾哈朗。多爾袞利用權術排擠濟爾哈朗，獨攬攝政大權。因此，在某種程度上可以說，順治初年，多爾袞才是這個帝國的實際掌舵人，雖然名義上是皇帝掌握皇權，但是實際上是皇父攝政王控制皇權。反映到這個案件中，多爾袞利用手中皇權對三法司奏報的定擬結果作出了改判，該判決發生法律效力，並且為日後相同或相似案件的處理工作確定了法律標準。

　　多爾袞之所以作出改判，很可能是他不習慣漢人的處理方式，改為對滿洲習慣法的追認。入關前，滿洲對誤傷致死犯罪基本都會採用賠一人方式作為處罰結果。如果多爾袞僅僅作出這一改判也就罷了，但是他還要求刑部將該改判後的結果創製成法律加入到已經頒佈實行的《大清律集解附例》中去，從此該案件及其處理方式成為各級官員所必須遵循的執法依據，更是成為所有人都必須遵循的法律依據。這一處罰結果與傳統「笞、杖、徒、流、死」五刑體系並不兼容，加入到現有條文就會同五刑體系之間產生張力。清政府

創造性地發明了一種特別方式，即將它以判例法形式納入律例之中，這種判例法形式和其他制定法條文之間產生了法律效力位階，判例法法律效力優先於制定法法律效力。各級執法官員在日後處理與該案件情節相同或相似案件時，都要首先採納該判例法內容進行處理。

在對開篇案件進行解讀過程中，筆者整理出清朝中前期正式法律淵源體系，並且以法律淵源爲線索，發現了晚清修律工作最終選擇大陸法系作爲發展方向，蘊含了一些必然因素。

一、清王朝中前期正式法律淵源可以分成律、例、通行三種類型

筆者運用歷史考證方法，從清朝中前期中央政府頒佈的法律制度中，找尋各級執法官員所要遵循的正式法律淵源。進而發現，清朝中前期法律淵源可以分成律、則例和通行三種。這三種法律淵源基本構成了清王朝於 1644 年入關之後至清末修律之前這一時期的全部法律淵源。

在這期間，清政府一共頒佈了三部律例，即順治年間頒佈的《大清律集解附例》、雍正年間頒佈的《欽定大清律》和乾隆年間頒佈的《大清律例》。作爲清朝入關後頒佈的第一部律例，《大清律集解附例》在清初穩定政局方面，發揮了巨大作用。1644 年，明王朝退出歷史舞臺，清王朝從關外遷入關內。久居塞外的清政府幾乎沒有頒佈過成文法典，他們對各種違法行爲的處理方式極具民族特色，不同於「笞、杖、徒、流、死」五刑體系，常常出現的處罰方式是貫耳鼻、射背、打腮、割耳等滿洲舊習。入關之後的清政府如果想對轄區內漢人進行有效管理，就要採用中國傳統法制五刑體系。既然無法把關外刑罰體系帶入關內，就要求清政府制定出一套滿足漢人需要的法律制度。在這樣歷史背景下，《大清律集解附例》編纂工作被提上議事日程。漢人基本處於明朝統轄區域，適用明律二百多年。對漢人來說，明律條款已經爛熟於心。選擇適用舊法和創造一部新法之間，顯然後者更加困難。清政府選擇對明律進行修改後予以使用，具體負責纂修明律以形成《大清律集解附例》的官員大多在明政府中工作過，他們知識背景以及對明律熟悉程度使得他們難以擺脫明律影響。這樣一來，《大清律集解附例》中的大量內容借鑑自明律就從理論成爲現實，事實也的確如此，《大清律集解附例》大部分內容直接承自明律，甚至混入不合時宜的內容。經過順治、康熙兩朝司法實踐經驗積累，清政府在雍正初年對《大清律集解附例》進行了修改，最終出臺了《欽定大清律》。這部雍正年間頒佈的律例將律文定爲四百三十六條，以後歷朝相

沿無改，就此定下了清朝律文主體部分，「不易常經」正是自《欽定大清律》開始。《欽定大清律》對《大清律集解附例》的改進工作還表現在，《欽定大清律》在每條律文之後加入了大字總注，並對律文後附條例進行了分類，分成「原例」、「增例」和「欽定例」三種。對於《欽定大清律》上述兩點改進，在乾隆帝登基後引發了朝內討論。律例合編體系的突出特點是簡約性，大字總注增添了許多枝蔓，使原本清晰的結構變得不明朗。「原例」、「增例」和「欽定例」的劃分則帶來了更大問題，「原例」是《大清律集解附例》中的例文，「增例」是康熙年間的例文，「欽定例」是雍正帝欽定的例文，這一分類標準顯得混亂且沒有必要。乾隆帝在即位之初，就著手解決《欽定大清律》存在的問題。律例纂修官員大刀闊斧地砍除了大字總注的編排體例，將大字總注內容或變爲條例附於律文之後，或添入小注。纂修工作還除去了例文分類，進一步解決了例文混亂問題。纂修工作對律文主體結構未進行改變。這一工作成就了中國封建社會最後一部成文律典——《大清律例》。《大清律例》頒佈之後直至清末修律，清政府進行了二十四次律例纂修工作，只是對例文部分進行修改，對律文部分幾乎沒有改動。這充分體現了乾隆初年律文編纂工作的成功，鑄就了「不易常經」。

除三部律例外，清政府在其統治的中前期內還頒佈過眾多則例，可以說清政府設置了多少部門，就頒佈了多少部則例。律例和則例共同構築了一個龐大的成文法體系，共同撐起了清朝法制主體框架。乾隆帝還通過上諭形式確定了律例和則例定期纂修時間。到了相應年限，各部堂官就要奏請皇帝開館纂修各部則例或律例。在歷次律例纂修工作中，例文內容改動較大，相對來說沒有固定條款，任何一條例文都可能隨著時間推移或情事變化而增加或刪除。而清朝律文自《欽定大清律》後基本固定，相對於成熟的律文，歷次律例纂修工作幾乎只是針對例文部分進行修改。所以相對於作爲「不易常經」的律文，例文就是「隨時損益」之法，以滿足社會發展需要。清朝律文內容基本承自明律，繼承了中國傳統法制的血脈，例文內容則是清朝特色，其他部院仿造律例體例編纂了自己的部門則例，甚至部分職能部門也有了自己的則例。則例纂修工作基本仿造律例纂修工作，就這樣，律例和則例混雜在一起，共同組建了清朝法律淵源。清朝則例眾多，大多以管理機關名字冠名。在某種程度上看，律例也是一種則例，而且是刑部則例。刑部現行則例於雍正年間被納入律例之後，終清一世再沒有以刑部命名的則例存在，律例中的

例文內容實際上就是刑部則例，而且歷次律例纂修工作均由刑部堂官向皇帝奏報發起，具體纂修工作由刑部工作人員具體負責。因此，律例完全可以看作刑部的部門則例，甚至刑部督捕清吏司有《督捕則例》作爲自己的則例，刑部秋審處有《秋審章程》作爲自己的則例。吏部、戶部、禮部、工部都有以自己部門名稱冠名的則例，中央六部中兵部的部門則例卻是以《欽定中樞政考》命名。該部則例按照清朝軍事力量八旗和綠營的區別，分成兩個部分——《八旗中樞政考》和《綠營中樞政考》。而八旗作爲戶口基本單位和社會組織，還存在一部則例是《欽定八旗則例》，八旗則例主要由八旗都統衙門適用。總之，清朝法律出現了「不易常經」和「隨時損益」之法混雜的局面，在一定程度上也是滿漢融合的產物。

在沒有進行律例或則例纂修的年限，如果出現一些有影響的，沒有相應法律依據予以適用，且需要緊急處理的特殊案件，則最終奏報皇帝特別處理，並以通行的方式頒佈內外直省一體遵行或者各級問刑衙門一體遵辦。日後如出現相同或相似案件，則將該通行作爲處理的法律依據。通行是一種「因事制宜」的產物，其簡便易行的特點有效地填補了律例和則例的空白。在律例或則例開館纂修的年限，通行可能會被納入律例或則例成爲其組成部分，可能因律例或則例中加入了相反的內容而失效，可能因時過境遷而不再適用，可能因新通行頒行而廢止，也可能以通行的形式長期存在下去。

律、則例和通行三者共同構成了清朝中前期正式法律淵源。鴉片戰爭之後，清政府陷於內憂外困，無暇顧及律例和則例纂修工作。通行憑藉其獨具的靈活方便特點而爲清政府所青睞，通行作爲法律淵源的作用得到了充分發揮，有效地滿足了清政府各項工作需要，使清政府能夠繼續維護統治。律、則例和通行都是清王朝重要法律淵源，它們共同構成了清朝法律淵源體系，在不同時期各自都發揮了重要作用。

從法律效力位階來看，律、則例和通行處於不同地位。律例同其他各部院則例一樣，具有同等法律效力，刑部事務多依賴於律例，其他部院事務多依賴於則例，二者只是分工不同，法律效力幾乎沒有區別。就刑部內設衙門來說，有律例全書、督捕則例、秋審章程等。其中律例全書是一般法，督捕則例和秋審章程是特別法。律例全書適用於刑部各衙門以及地方各級問刑衙門，督捕清吏司專門適用督捕則例，秋審處專門適用秋審章程，其他衙門無權干涉督捕和秋審事宜。督捕則例和秋審章程要優先於律例全書適用，但因

督捕則例和秋審章程具有適用範圍的限制性，二者產生衝突而需要優先適用特別法的概率不大。通行作爲一種特別法律規範，與律例和則例不同，律例和則例是一般法，通行是特別法，根據特別法優先於一般法原則，在某一具體問題的處理上，通行的法律效力要優先於律例和則例的法律效力。

二、清王朝中前期正式法律淵源可以分爲制定法和判例法兩種形式

筆者運用法理學研究方法對清朝中前期正式法律淵源——律、則例和通行進行分析，從三種法律淵源內容中都發現了制定法內容和判例法內容。可以斷言，如果拋卻法律淵源表現形式，僅以法理學爲視角，清朝中前期正式法律淵源可以分爲制定法和判例法。

明律內容繼承了中國傳統的制定法法律淵源，繼承了中國傳統法制的特點，從《法經》開始，到秦律、漢律，直到唐律，制定法都是中國傳統法制所採用的主要法律淵源，雖然法律中時常夾雜著一些判例法內容，但從比重上看，制定法一直處於優勢地位。清朝首部律例基本抄自明律，這一做法使得清朝繼承了明律傳承下來的中國傳統法制。這也決定了制定法必然成爲清朝法律淵源的主要形式。清廷後來頒佈的《欽定大清律》和《大清律例》都承襲了《大清律集解附例》編纂的形式和體例。這些都證明了，清王朝主要採用制定法法律淵源作爲律例內容的主要載體。

除了採用制定法作爲法律淵源，清政府也採用了判例法作爲法律淵源，如本文開篇案例中涉及的攝政王改判內容，多爾袞對三法司奏報的結果不但進行了改判，而且將此種處理方式上升爲法律依據，推廣到類似案件的處理工作中。清朝初年，朝廷不流行使用通行作爲法律依據，該案件處理結果並未以通行形式頒佈。多爾袞的做法更爲直接，將其納入律例，成爲律例組成部分，直接寫在「鬥毆及故殺人」律文前，優先於律文適用。除了該條判例，律例中尚存諸多判例法內容。《欽定大清律》繼承了《大清律集解附例》的編纂體例，甚至於《欽定大清律》中判例法內容遠多於《大清律集解附例》中判例法內容。直到《大清律例》的問世，律例中的判例法內容才大幅度減少。清朝三部律例都體現了律例具體內容中混雜了制定法內容和判例法內容。

這種混合形式不僅體現在律例內容中，還體現在則例內容中。清朝則例數量眾多，甚至可以認爲律例也是一部則例，這樣就從另一方面證明了，則例（律例）中也存在著制定法內容和判例法內容。如前文所述，從其他部院則例內容中也可以看出，制定法和判例法幾乎並存於每一部則例之中。在律

例中，律文部分的編纂工作相對嚴格，律文內容基本承自明律，與則例條款不同。則例更多體現的是清朝特色，其內容幾乎是清朝獨創。律例幫助清政府實現了對廣大社會民眾的有效控制，清政府其他部院則仿造律例編纂體例，創建了自己的部門則例，且則例纂修工作基本仿自律例纂修工作，這進一步拉近了二者的相似度。因此，則例借鑒律例在條文中大多採用制定法作爲法律淵源的載體，制定法內容在則例中隨處可見，這也從另一方面反映了律例乃至中國傳統法制的巨大影響力。

相對於律例，判例法內容在則例中所佔比例更大。與律例不同，則例不需要較多顧忌，則例條文大多不爲普通民眾所知曉，這就使得則例內容編排可以相對隨意，只要方便有關工作人員理解就已足夠，因此，則例中判例法內容更多，上諭、聖旨、臣工條奏等內容在則例中隨處可見。相對而言，則例中的處分則例制定法內容較多而判例法內容很少，如吏部處分則例和兵部處分則例。究其原因，可能與判例法更多注重法官自由裁量權有關，判例法內容相對於制定法內容彈性更大，如果沒有對例文的準確理解，官員在案件處理過程中很容易出入人罪。判例法作爲法律淵源對於非專業出身人士來說，更難以把握，與判例法緊密相連的區別技術，其具體操作需要經過專業訓練，才能熟練掌握。判例法對於法官基本素質和能力的要求更高，那些通過科舉考試而進入官僚階層的士子難以勝任這種工作，這樣一來，具體操作容易出現偏差，這就需要在制定有關處分問題的法律依據時，儘量避免使用判例法作爲法律淵源，其目的也正是在於避免不同執法官員就同一具體情況進行分析處理時，可能會作出不同處理結果。因此，在制定有關處分方面的法律規範時，清朝立法者儘量採用制定法作爲法律淵源。

除律例和則例外，清王朝中前期正式法律淵源——通行之中也包含了大量的制定法內容和判例法內容。通行不同於律例和則例的地方在於，其沒有固定的稱謂，只是將某一具體問題或案件的處理方式通令各級執法官員一體遵行而已。通常情況下，律例或則例對常見問題的處理方式已經作出詳細規定，通行所起的作用僅僅是查缺補漏而已，對於特別情況才使用通行予以規範。深入研究通行內容，可以發現通行既可能採用制定法形式，又可能採用判例法形式，具體採用何種方式大多由於各部院向皇帝奏報內容的體裁，由皇權予以欽定，當然有時也可能是源自皇帝的一時任性而已。通常來說，作爲制定法形式而存在的通行名稱是通行條例，作爲判例法形式而存在的通行

名稱是通行成案。無論是通行條例還是通行成案，二者都反映了清政府所頒佈的通行中包含了制定法內容和判例法內容。

三、清朝中前期正式法律淵源可以進行這兩種劃分的終極原因在於皇權

通過從法律規範創制機關、創制權限和創制方法角度，對清朝中前期正式法律淵源進行解構，可以發現制定法和國家最高立法權緊密聯繫在一起，判例法和國家最高司法權緊密聯繫在一起。在權力分立國家，如果出現制定法和判例法混合在同一部法律之中的情形就會產生一個悖論，因爲立法權和司法權通常掌握在不同國家機關手中，直接的結果就是制定法和判例法以相對獨立形式而存在，不會出現清朝這種制定法和判例法混雜的局面。

這一弔詭局面的形成，正是清朝乃至中國傳統社會的特有產物。從秦始皇統一六國並確定皇帝這一稱號開始，中國歷史上各部法律通常都是由皇帝予以欽定後加以頒佈，皇帝總攬最高立法、最高司法、最高行政、最高決定等諸多大權於一身，這些權力分享著同一個名稱，即皇權。清朝也不例外，反而呈現出進一步集權的態勢。清初，多爾袞的改判行爲及諸多越權行爲都是假借皇權作出的，甚至可以說是多爾袞綁架了皇權，才能作出頒佈法律以及進行改判等系列行爲，這些行爲的有效性都是建立在皇權的基礎上，否則全體官員乃至社會百姓不會服從多爾袞的命令。自多爾袞死後，清朝列位皇帝努力將皇權牢牢掌握在自己手中，一刻不敢停歇，清朝皇帝的集權程度幾乎達到了中國傳統社會的頂峰，正是強有力的集權使得最高立法權和最高司法權統一在皇權之內。最高立法權產生了制定法，最高司法權作出了終審判決，如果皇帝覺得某一判決具有某種示範意義，再由皇權欽定成爲法律規範，以判決結果作爲法律依據，這種法律規範通常是以判例法形式表達出來。也正是清朝存在一個強大的皇權，才使得清朝中前期正式法律淵源呈現出制定法和判例法並存的特點。

清王朝皇權的強大不僅體現在法律創制方面，更體現在晚清法律變革之中。清末修律工作開啓之前的曲折之路更是證明了皇權的不可侵犯，對於強大皇權，要通過各種方式引導它主動作出改革，才有可能獲得成功，如果採用分權等方法進行削弱，反而可能使矛盾激化，最終結果只能歸於失敗。

對於清朝各種法律淵源來說，其之所以享有法律效力，全在於皇權的欽定。皇權沒有欽定的內容，不是法律，不能享有法律約束力。成案和說帖中沒有欽定的部分就不是法律，中央和地方各級執法官員不需要遵循未經「欽

定」的任何內容。一旦經由皇帝欽定，這些內容會以律、則例或通行的形式而存在，其中所包含的制定法內容和判例法內容都要爲各級執法官員所遵守，因爲那是皇權的化身，是欽定的產物。皇權欽定既是法律有效程序，又是必備要件。清朝法律是否有效，關鍵在於能否獲得皇權欽定。因此，無論制定法還是判例法，最終都要從皇權尋求效力來源。

四、清朝中前期正式法律淵源爲中華法系發展作出了巨大貢獻

中國歷朝歷代頒佈了大量法律，現存最早成文法典可以追溯到唐律，一部部法律相互接力，組建了中華法系的成文法體系，構建了中華法系的成文法傳統。清王朝作爲中國封建社會所依託的最後一個王朝，所創造的法制是中華法系發展到最後階段的產物。清朝中前期正式法律淵源所呈現制定法和判例法並存的形式豐富了中華法系成果，也將中華法系的發展推到了頂峰。

清初頒佈的《大清律集解附例》繼承了明律內容，進而繼承了中國傳統法制的血脈，主要採用了以制定法法律淵源作爲載體。清政府隨後頒佈的律、則例和通行都延續了制定法形式。從清初到清末，制定法都是清王朝主要採用的法律淵源。從《法經》到《大清律例》，中華法系兩千多年的法制傳統幾乎都是以制定法爲主。清政府在入關之後至清末修律之前，沒有發生過根本性變革，對於中華法系的發展，也是繼承大於革新。縱觀律、則例和通行，制定法都是主要的法律淵源。

但是清朝也有例外，這種例外並非清朝首創。據學者考證，元朝也有判例法。元朝沒有唐律式的成文法典，在中國古代法律體系中，元代是判例法發展最爲明顯的時期〔註1〕。清朝中前期正式法律淵源中也出現了判例法內容，除元朝和清朝外，其他朝代判例法內容並不如此明顯，這或許與兩個王朝的締造者都是少數民族有關，蒙古和滿洲作爲中國北方少數民族，最初都生活在長城之外，定鼎中原前，蒙古和滿洲漢化情形並不明顯，幾乎都保留著很強的民族特色。正是在少數民族文化同漢文化交流融合過程中，少數民族習慣法與中國傳統制定法相互作用，進而產生了判例法，豐富了中華法系的法律淵源。制定法反映了漢人特點，民族特色很難直接融入漢文化，需要在某種程度上進行變通。相對元朝，清朝統治中原時間更長，清朝統治者漢化程度更高，清朝繼承中華法系元素更多。正是漢文化與少數民族文化的融

〔註1〕 參見胡興東：《中國古代判例法運作機制研究》，北京：北京大學出版社，2010年版，第67頁。

合，成就了清王朝中前期制定法和判例法相結合的特點，這一特點爲中華法系進一步發展作出了巨大貢獻。

五、清朝中前期正式法律淵源證明了中華法系矗立於大陸法系和英美法系之間

清王朝承接了明王朝傳遞下來的中國傳統法制接力棒，並根據自己民族特點，在「參漢酌金」思想指導下，推動中華法系進一步發展。雖然擁有判例法的元朝也是中華法系的組成部分，但是其蒙古民族色彩過於濃烈，元朝始終同中華法系核心內容保持一定距離，甚至有的學者將元朝作爲蒙古法系與清朝所處的中華法系對立起來〔註2〕。清朝中前期法制的出現使得中華法系制定法和判例法並存的現象更加明顯。

相對於大陸法系，中華法系更重視判例法，因爲制定法穩定性有餘、靈活性不足，隨時修改會讓普通民眾難以適應，也難於瞭解最新條文內容。判例法可以很好地解決了這一問題，其所承載的案件情況可以使各級執法官員詳細瞭解判決的歷史背景，從而有利於掌握執法尺度，以便於在類似案件中適用，而隨時頒佈判例也可以有效地解決律例和則例等制定法不能及時纂修的問題。

相對於英美法系，中華法系則更重視制定法，因爲判例法靈活性有餘、穩定性不足。判例法是一個龐雜的整體，體系性相對較弱，近似於無序的集合體，一項新的裁決就產生一件新的判例。判例法的開放性體系不利於專業素質相對較差的執法官員瞭解和掌握。制定法的穩定和易懂有助於執法官員統一理解法律內容，避免了對於某一法律內容的理解出現偏差，從而使得不同官員對於同一案件作出不同的判決結果。

中華法系很好地結合了制定法穩定性和判例法靈活性的特點，將二者融爲一體，使它們能夠互相彌補對方缺陷，充分發揮對方優勢。中華法系的這一結合充分體現了中國人的智慧，將兩個距離很遠的事物共存，以一方優點彌補另一方缺點，進而充分發揮各自作用。當今世界各國之間交流日益密切與頻繁，大陸法系和英美法系也在一定程度上呈現了融合的態勢，大陸法系各國開始出現制定判例活動，英美法系各國也開始頒佈制定法。這也表明了

〔註2〕　參見康斯坦：「從蒙古法看清代法律多元性」，載張世明等主編《世界學者論中國傳統法律文化（1644～1911）》，北京：法律出版社，2009年版，第426頁。

制定法和判例法兩種法律淵源可以共存，清朝中前期法制所呈現的特點也證明了這一共存現象存在合理性。清朝中前期法制成果所體現的制定法與判例法結合的特點，並沒有證明中華法系融合了大陸法系和英美法系，也沒有證明中華法系超越大陸法系和英美法系。中華法系的法律成果並沒有借鑒大陸法系和英美法系的法律成果，其是中華法系獨立發展、自主探索的產物，是滿足中國社會需要的結果。但正是這一成果表明了，中華法系締造的所有成果並非全部過時或不合時宜，有些內容也體現了某種趨勢的合理性。單憑這一成果，中華法系足以矗立於大陸法系和英美法系之間。

　　本文只是從法律淵源角度對清朝中前期法制進行剖析。相對於中華法系各個朝代的立法實踐以及清王朝豐富的司法實踐，這只是一個開始。

附錄一

內翰林國史院掌院事大學士臣剛林等謹題爲清律奉

旨審校臣等考訂已完恭請

聖裁頒佈以昭法守事前刑部尚書吳達海等屢遵

明旨纂修清律該刑部侍郎黨崇雅啓心郎額兒革兔率壹其夏庫庚愛額

記庫課羅科烏黑能員外柯士芳許弘祚宋調元將前書纂完我隨送到院

該臣范文程臣剛林臣祁克格臣馮銓臣洪承疇臣甯完我暨刑部啓心

郎額兒革兔裁議已定又該刑部侍郎提橋房可壯再四詳覈率同啓心

郎白色純周天成郎中范芝張毓中宋炳夏之中蕭應聘宋從心周璜段

騰藻毛永齡韓養醇員外郎王鳳林司務周再勳傅作衡逐篇磨勘尚書

吳達海督令員外郎金燦繕寫進呈

皇上

皇叔父攝政王欽恤深心惟恐一有未當不便遵行仍命臣范文程臣剛林臣

祁克格臣馮銓臣甯完我臣宋權再加審定斟酌滿漢務合時宜臣等謹

同學士蔣元恒督記庫課羅科亢得時能兔他其哈封沙爾杜及刑部

郎中范芝宋炳張毓中逐款翻閱校正他其哈封嗔打紅筆貼式哈封莽

計兔筆貼式戴陽阿年哈等繕寫完畢仍發刑部隨該侍郎房可壯員外

郎王鳳林司務傅作衡等對閱隨付郎中韓養醇員外郎金燦訂刻今已

告竣臣等謹將刊完大清律集解附例拾卷具疏奏進伏乞

聖鑒裁定頒行中外庶法守昭明臣民永知遵守矣爲此具本謹題請

旨於順治四年三月二十四日題本日奉

聖旨是大清律著頒行

附錄二

《大清律集解附例》
中國國家圖書館古籍部藏，編號 02387

內翰林國史院掌院事大學士臣剛林等謹題爲清律奉

旨審校臣等考訂已完恭請

聖裁頒佈以昭法守事前刑部尚書吳達海等慶遵

明旨纂修清律該刑部侍郎黨崇雅啓心郎額兒革兔率同壹其夏庫耿愛額

記庫課羅科烏黑能員外柯士芳許弘祚宋調元將前書纂完隨送到院

該臣范文程臣剛林臣祁克格臣馮銓臣洪承疇臣甯完我暨刑部啓心

郎額兒革兔裁議已定又該刑部侍郎提橋房可壯再四詳覈率同啓心

郎白色純周天成郎中范芝張毓中宋炳夏之中蕭應聘宋從心周瑣段

騰藻毛永齡韓養醇員外郎王鳳林司務周再勳傳作衡逐篇磨勘尚書

吳達海督令員外郎金燦繕寫進呈

皇上惟恐一有未當不便遵行仍命臣范文程臣剛林臣祁克格臣馮銓臣甯

完我臣宋權再加審定勘酌滿漢務合時宜臣等謹同學士蔣元恒督額

記庫課羅科亢得時能兔他其哈封沙爾杜及刑部郎中范芝宋炳張毓

中逐款翻閱校正他其哈封嗔打紅筆貼式哈封莽計兔筆貼式戴陽阿

年哈等繕寫完畢仍發刑部隨該侍郎房可壯員外郎王鳳林司務傳作

衡等對閱隨付郎中韓養醇員外郎金燦訂刻今已告竣臣等謹將刊完

大清律集解附例拾卷具疏奏進伏乞

聖鑒裁定頒行中外庶法守昭明臣民永知遵守矣爲此具本謹題請

旨於順治四年三月二十四日題本日奉

聖旨是大清律著頒行

參考文獻

一、古籍類

1. 〔清〕伊桑阿、王熙等纂修：《大清會典》，康熙二十九年版刻本，載《大清五朝會典》，北京：線裝書局，2006 年版。

2. 〔清〕尹泰、張廷玉等纂修：《大清會典》，雍正十年版刻本，載《大清五朝會典》，北京：線裝書局，2006 年版。

3. 〔清〕允祹、傅恒等纂修：《欽定大清會典》，清乾隆二十九年版，載《文津閣四庫全書》二〇五，北京：商務印書館，2005 年版。

4. 〔清〕托津、曹振鏞等編修：《欽定大清會典》，嘉慶二十三年刻本。

5. 〔清〕昆岡、徐桐等編修：《欽定大清會典》，光緒二十五年刻本，中國人民大學圖書館藏，編號：27/2。

6. 〔清〕李鴻章等編修：《欽定大清會典事例》，光緒二十五年刻本，中國人民大學圖書館藏，編號：27/2。

7. 〔清〕鄂海等編修：《六部則例全書》，康熙五十五年刻本，中國國家圖書館藏，編號：03606。

8. 〔清〕傅恒等編修：《欽定吏部則例》，乾隆三十七年刻本，中國人民大學圖書館藏，編號：27/246。

9. 〔清〕阿桂等編修：《欽定吏部則例》，乾隆四十八年刻本影印，載《故宮珍本叢刊》，中國國家圖書館藏，海口：海南出版社，2000 年版。

10. 〔清〕文孚等編修：《欽定吏部則例》，道光四年刻本，中國人民大學圖書館藏，編號：2742/4。

11. 〔清〕恩桂等編修：《欽定吏部則例》，道光二十三年刻本影印，中國人民大學圖書館藏，臺北：成文出版社。

12. 〔清〕于敏中等編修：《欽定戶部則例》，乾隆四十六年刻本，載《故宮

珍本叢刊》，中國國家圖書館藏，海口：海南出版社，2000 年版。

13. 〔清〕明珠等編修：《中樞政考》，康熙十一年刻本，中國國家圖書館北海分館藏，編號：12136。

14. 〔清〕明珠等編修：《中樞政考》，康熙十一年刻本，北京大學圖書館藏。

15. 〔清〕鄂爾泰等編修：《欽定中樞政考》，乾隆七年刻本，北京大學圖書館藏。

16. 〔清〕鄂爾泰等編修：《欽定中樞政考》，乾隆七年刻本，中國人民大學圖書館藏，編號：27/90-3。

17. 〔清〕來保等編修：《欽定中樞政考》，乾隆二十九年刻本，北京大學圖書館藏。

18. 〔清〕尹繼善等編修：《欽定中樞政考》，乾隆三十九年刻本，北京大學圖書館藏。

19. 〔清〕尹繼善等編修：《欽定中樞政考》，乾隆三十九年刻本，中國國家圖書館北海分館藏，編號：44730。

20. 〔清〕尹繼善等編修：《欽定中樞政考》，乾隆三十九年刻本，中國國家圖書館北海分館藏，編號：9645。

21. 〔清〕福隆安等編修：《欽定中樞政考》，乾隆五十年刻本，北京大學圖書館藏。

22. 〔清〕保寧等編修：《欽定中樞政考》，嘉慶八年刻本，北京大學圖書館藏。

23. 〔清〕保寧等編修：《欽定中樞政考》，嘉慶八年抄本，中國國家圖書館北海分館藏，編號：12310。

24. 〔清〕保寧等編修：《欽定中樞政考》，嘉慶十三年刻本，中國國家圖書館北海分館藏，編號：46449。

25. 〔清〕保寧等編修：《欽定中樞政考》，嘉慶十三年刻本，中國人民大學圖書館，編號：27/90-1。

26. 〔清〕明亮等編修：《欽定中樞政考》，道光五年刻本，中國人民大學圖書館藏，編號：27/182。

27. 〔清〕明亮等編修：《欽定中樞政考》，道光五年刻本，中國人民大學圖書館藏，編號：27/90。

28. 〔清〕明亮等編修：《欽定中樞政考》，道光五年刻本，中國人民大學圖書館藏，編號：27/117。

29. 〔清〕長齡等編修：《欽定中樞政考續纂》，道光十二年刻本，中國人民大學圖書館藏，編號：27/90-2。

30. 〔清〕伯麟等編修：《欽定兵部處分則例》，道光三年刻本，中國人民大

學圖書館藏,編號:2743/59。

31. 〔清〕鄂爾泰等編修,《欽定八旗則例》,乾隆七年刻本,載《四庫未收書輯刊》壹輯 25,北京:北京出版社,2000 年版,中國人民大學圖書館藏。

32. 〔清〕尹繼善等編修:《欽定八旗則例》,乾隆三十九年刻本,北京大學圖書館藏。

33. 〔清〕福隆安等編修:《欽定八旗則例》,乾隆四十四年刻本,中國國家圖書館北海分館藏,編號:12304。

34. 〔清〕剛林等編修:《大清律例集解附例》,順治年間刻本,中國國家圖書館古籍部藏,編號:00972。

35. 〔清〕剛林等編修:《大清律例集解附例》,順治年間刻本,中國國家圖書館古籍部藏,編號:02386。

36. 〔清〕剛林等編修:《大清律例集解附例》,順治年間刻本,中國國家圖書館古籍部藏,編號:02387。

37. 〔清〕剛林等編修:《大清律例集解附例》,順治年間刻本,中國國家圖書館北海分館藏,編號:51905。

38. 〔清〕剛林等編修:《大清律例集解附例》,康熙年間刻本,中國國家圖書館古籍部藏,編號:00973。

39. 〔清〕剛林等編修:《大清律例集解附例》,康熙年間刻本,中國國家圖書館古籍部藏,編號:03752。

40. 〔清〕剛林等編修:《大清律例集解附例》,康熙年間刻本,中國國家圖書館北海分館藏,編號:49247。

41. 〔清〕朱軾等編修:《欽定大清律》,雍正三年刻本,中國人民大學圖書館藏,編號:2743/8。

42. 〔清〕朱軾等編修:《欽定大清律》,雍正三年刻本,載《四庫未收書輯刊》壹輯 26,北京:北京出版社,2000 年版,中國人民大學圖書館藏。

43. 〔清〕徐本等編修:《大清律例》,乾隆五年刻本,中國人民大學圖書館藏,編號:274/59-1。

44. 〔清〕徐本等編修:《大清律例》,乾隆五年刻本,田濤、鄭秦點校,北京:法律出版社,1999 年版。

45. 〔清〕劉統勳等編修:《大清律例》,乾隆三十三刻本,載《文津閣四庫全書》,二二四,北京:商務印書館,2005 年版。

46. 〔清〕劉統勳等編修:《大清律例》,乾隆三十三刻本,載《文淵閣四庫全書》,672-673,臺北:臺灣商務印書館,1986 年版。

47. 〔清〕楊曰鯤等編修:《大清律例》,嘉慶八年刻本,中國人民大學圖書館藏,編號:274/59。

48. 〔清〕蔣攸銛等編修：《大清律例》，道光六年刻本，張榮錚等點校，天津，天津古籍出版社，1995 年版。

49. 〔清〕黃機等編修：《刑部現行則例》，康熙六十一年刻本，中國國家圖書館北海分館藏。

50. 〔清〕徐本等編修：《督捕則例》，乾隆八年刻本，中國人民大學圖書館藏，編號：274/50。

51. 〔清〕刑部律例館編：《大清律纂修條例、督捕則例》，嘉慶六年刻本，中國人民大學圖書館藏，編號：274/27。

52. 〔清〕刑部律例館編：《說帖類編》，道光十五年刻本，中國人民大學圖書館藏，編號：274/26。

53. 〔清〕《刑部通行章程》，光緒十三年，中國人民大學圖書館藏。

54. 〔清〕刑部律例館編：《通行條例》，光緒十四年刻本，中國人民大學圖書館藏，編號：2742/3。

55. 〔清〕刑部律例館編：《成案備考》，嘉慶十三年刻本，中國人民大學圖書館藏，編號：2743/25。

56. 〔清〕托津等編修：《欽定理藩院則例》，嘉慶二十二年刻本，中國人民大學圖書館藏，編號：272/2。

57. 〔清〕松森等編修：《欽定理藩院則例》，光緒十七刻本，中國人民大學圖書館藏，編號：272/2-3。

58. 〔清〕載銓等編修：《欽定宗人府則例》，道光二十年刻本，中國人民大學圖書館藏，編號：274/48。

59. 〔清〕奕誴等編修：《欽定宗人府則例》，同治七年刻本，中國人民大學圖書館藏，編號：274/48。

60. 〔清〕崇綸：《大清律例根源》，同治十年刻本，安徽敷文書局，中國人民大學圖書館藏，編號：2743/1。

61. 〔清〕祝慶祺：《刑案匯覽》，道光十四年刻本，中國人民大學圖書館藏，編號：274/2。

62. 〔清〕祝慶祺：《刑案匯覽》，咸豐二年刻本，中國人民大學圖書館藏，編號：27/125。

63. 〔清〕祝慶祺：《刑案匯覽》，尤韶華等點校，北京：法律出版社，2007 年版。

64. 〔清〕祝慶祺：《刑案匯覽》，北京：北京古籍出版社，2004 年版。

65. 〔清〕吳壇：《大清律例通考》，光緒十二年刻本，中國人民大學圖書館藏，編號：2743/2。

66. 〔清〕薛允升：《讀例存疑》，光緒三十一年刻本，中國人民大學圖書館

藏，編號：274/7。

67. 〔清〕黨崇雅：「爲遵旨特報成招重囚事」，順治朝題本，刑罰類，1836—14，中國第一歷史檔案館藏。

68. 〔清〕黨崇雅：「欽奉上傳事」，順治朝題本，刑罰類，1836—19，中國第一歷史檔案館藏。

69. 〔清〕清安：「奏請飭部頒發大清律例、清漢中樞政考、刑案匯覽、文武處分則例、蒙古則例各一部以俾辦案事」，光緒五年，中國第一歷史檔案館藏。

70. 〔清〕剛林等編修：《順治三年奏定律》，載楊一凡、田濤主編《中國珍稀法律典籍續編》第五冊，哈爾濱：黑龍江人民出版社，2002 年版。

71. 〔清〕永瑢、紀昀等編修：《文津閣四庫全書》，北京：商務印書館，2005 年版。

72. 〔清〕永瑢、紀昀等編修：《文淵閣四庫全書》，臺北：臺灣商務印書館，1986 年版。

73. 〔清〕陳夢雷、蔣廷錫等編修：《欽定古今圖書集成》，民國二十三年版，上海：中華書局，中國人民大學圖書館藏，編號：313/26-1。

74. 〔清〕陳夢雷、蔣廷錫等編修：《欽定古今圖書集成》，二零零六年版，濟南：齊魯書社，國家清史編纂委員會藏。

75. 顧廷龍主編：《續修四庫全書》，上海：上海古籍出版社，2002 年版。

76. 羅琳主編：《四庫未收書輯刊》，北京：北京出版社，2000 年版。

77. 〔清〕鄂爾泰等編修：《欽定八旗通志》，載《文淵閣四庫全書》，臺北：臺灣商務印書館，1986 年版。

78. 《大清律例按語》，道光二十七年刻本，中國人民大學圖書館藏，編號：2743/22。

79. 《兵部則例》，乾隆年間抄本，中國國家圖書館藏，編號：03568。

80. 《欽定中樞政考》，版本不詳，中國國家圖書館北海分館藏，編號：12302。

81. 《欽定中樞政考》，版本不詳，中國國家圖書館北海分館藏，編號：12303。

82. 《欽定八旗則例》，版本不詳，中國國家圖書館北海分館藏，編號：12307。

83. 《乾隆朝旗鈔各部通行條例》，載楊一凡、田濤主編《中國珍稀法律典籍續編》第六冊，哈爾濱：黑龍江人民出版社，2002 年版。

84. 《大清律例匯輯便覽》，據清光緒二十九年刊本影印，臺北：成文出版社，1975 年版。

85. 《明實錄》，中央研究院歷史語言研究所校，北京：中國書店，1983 年版。

86. 《盛京刑部原檔（清太宗崇德三年至崇德四年）》，中國人民大學清史研究所、中國第一歷史檔案館譯，北京，群眾出版社，1985 年版。

87. 《滿文老檔》，中國第一歷史檔案館、中國社會科學院歷史研究所譯注，北京：中華書局，1990 年版。

88. 《清實錄》，北京：中華書局，1986 年版。

89. 《大清太祖高皇帝實錄》，臺北：華文書局，1969 年版。

90. 《大清太宗文皇帝實錄》，臺北：華文書局，1970 年版。

91. 《大清世祖章（順治）皇帝實錄》，臺北：華文書局，1970 年版。

92. 《大清聖祖仁（康熙）皇帝實錄》，臺北：華文書局，1970 年版。

93. 《大清世宗憲（雍正）皇帝實錄》，臺北：華文書局，1970 年版。

94. 《大清高宗純（乾隆）皇帝實錄》，臺北：華文書局，1970 年版。

95. 《大清仁宗睿（嘉慶）皇帝實錄》，臺北：華文書局，1970 年版。

96. 《大清宣宗成（道光）皇帝實錄》，臺北：華文書局，1970 年版。

97. 《大清文宗顯（咸豐）皇帝實錄》，臺北：華文書局，1970 年版。

98. 《大清穆宗毅（同治）皇帝實錄》，臺北：華文書局，1970 年版。

99. 《大清德宗景（光緒）皇帝實錄》，臺北：華文書局，1970 年版。

100. 《大清宣統政績實錄》，臺北：華文書局，1970 年版。

101. 張偉仁主編：《明清檔案》，臺北：聯經出版事業公司，1988 年版。

102. 故宮博物院掌故部編：《掌故叢編》，北京：中華書局，1990 年版。

103. 《景印摛藻堂四庫全書薈要》，臺北：世界書局，1988 年版。

104. 《滿文老檔》，中國第一歷史檔案館、中國社會科學院歷史研究所譯注，北京：中華書局，1990 年版。

105. 中央研究院歷史語言研究所編：《明清史料》，臺北：維新書局，1972 年版。

106. 懷效峰主編：《清末法制變革史料》，北京：中國政法大學出版社，2010 年版。

107. 《睡虎地秦墓竹簡》，北京：文物出版社，1978 年版。

108. 〔漢〕司馬遷撰：《史記》，北京：中華書局，1959 年版。

109. 〔漢〕班固撰：《漢書》，北京：中華書局，1962 年版。

110. 〔東漢〕王充：《論衡全譯》，袁華忠、方家常譯注，貴陽：貴州人民出版社，1993 年版。

111. 〔宋〕范曄撰：《後漢書》，北京：中華書局，1965 年版

112. 〔唐〕長孫無忌等撰：《唐律疏議》，劉俊文點校，北京：法律出版社，1999 年版。

113. 〔唐〕李林甫等撰：《唐六典》，陳仲夫點校，北京：中華書局，1992 年版。

114. 〔後晉〕劉昫等撰：《舊唐書》，北京：中華書局，1975 年版。

115. 〔宋〕歐陽修、宋祁撰：《新唐書》，北京：中華書局，1975 年版。

116. 〔宋〕竇儀等撰：《宋刑統》，薛梅卿點校，北京：法律出版社，1999 年版。

117. 〔宋〕李昉等編修：《太平御覽》，歙鮑崇城重校，嘉慶二十三年版。

118. 〔元〕脫脫等撰：《宋史》，北京：中華書局，1977 年版。

119. 〔元〕《大元通制條格》，郭成偉點校，北京：法律出版社，2000 年版。

120. 〔明〕劉惟謙等撰：《大明律》，懷效峰點校，北京：法律出版社，1999 年版。

121. 〔明〕《皇明制書》，據〔明〕張鹵校刊，〔明〕萬曆年間刻本影印，臺北：成文出版社，1969 年版。

122. 〔明〕傅鳳翔編纂：《皇明詔令》，據〔明〕嘉靖刻本影印，臺北：成文出版社，1967 年版。

123. 〔明〕海瑞撰：《海瑞集》，陳義鍾編校，北京：中華書局，1962 年版。

124. 〔明〕雷夢麟撰：《讀律瑣言》，懷效峰等點校，北京：法律出版社，2000 年版。

125. 〔明〕丘濬：《大學衍義補》，林冠群、周濟夫校點，北京：京華出版社，1999 年版。

126. 〔明〕姚思仁注：《大明律附例注釋》，北京：北京大學出版社，1993 年版。

127. 〔明·清〕黃宗羲：《明夷待訪錄·原君》，長沙：嶽麓書社，2008 年版。

128. 〔清〕法式善撰：《陶廬雜錄》，涂雨公點校，北京：中華書局，1997 年版。

129. 〔清〕福格撰：《聽雨叢談》，汪北平點校，北京：中華書局，1984 年版。

130. 〔清〕蔣良騏撰：《東華錄》，林樹惠、傅貴九點校，北京：中華書局，1980 年版。

131. 〔清〕劉餘祐撰：《畫一法守疏》，載《皇清奏議》卷五，《續修四庫全書》，史部詔令奏議類，上海：上海古籍出版社。

132. 〔清〕全士潮等校刊：《駁案新編》，據清乾隆四十六年刊本影印，臺北：成文出版社，1968 年版。

133. 〔清〕全士潮、張道源等編：《駁案彙編》，何勤華等點校，北京：法律出版社，2009 年版。

134. 〔清〕沈家本著：《漢律拾遺》，臺北：臺灣商務印書館，1976 年版。

135. 〔清〕沈家本撰：《歷代刑法考》，北京：中華書局，1985 年版。

136. 〔清〕沈家本編：《明律集解附例》，據清光緒二十四年重刊本影印，臺北：成文出版社，1969 年版。

137. 〔清〕沈家本編：《枕碧樓叢書》，北京：知識產權出版社，2006 年版。

138. 〔清〕沈之奇撰：《大清律輯注》，懷效峰等點校，北京：法律出版社，2000 年版。

139. 〔清〕談遷撰：《北遊錄》，汪北平點校，北京：中華書局，1997 年版。

140. 〔清〕譚嗣同撰：《仁學》，印永清評注，鄭州：中州古籍出版社，1998 年版。

141. 〔清〕汪輝祖撰：《佐治藥言》，北京：中華書局，1985 年版。

142. 〔清〕王明德撰：《讀律佩觿》，何勤華等點校，北京：法律出版社，2001 年版。

143. 〔清〕王士禛撰：《池北偶談》，靳斯仁點校，北京：中華書局，1982 年版。

144. 〔清〕王先謙撰：《東華續錄》，載《續修四庫全書》，史部編年類，上海：上海古籍出版社。

145. 〔清〕魏源撰：《聖武記》，韓錫鐸、孫文良點校，北京：中華書局，1984 年版。

146. 〔清〕魏源撰：《海國圖志》，陳華等點校注釋，長沙：嶽麓書社，1998 年版。

147. 〔清〕許槤、熊莪編：《刑部比照加減成案》，何勤華等點校，北京：法律出版社，2009 年版。

148. 〔清〕薛允升撰：《唐明律合編》，懷效峰等點校，北京：法律出版社，1999 年版。

149. 〔清〕葉夢珠撰：《閱世編》，來新夏點校，北京：中華書局，2007 年版。

150. 〔清〕張廷玉等撰：《明史》，北京：中華書局，1974 年版。

151. 〔清〕張之洞撰：《勸學篇》，北京：華夏出版社，2002 年版。

152. 〔清〕昭槤撰：《嘯亭雜錄》，何英芳點校，北京：中華書局，2006 年版。

153. 〔清〕朱壽朋編：《光緒朝東華錄》，張靜廬等點校，北京：中華書局，1984 年版。

154. 〔清〕張廷玉等編修：《Hesei Toktobuha Hafan i Jurgan i Kooli》，乾隆七年刻本，中國國家圖書館藏。

155. 〔清〕尹繼善等編修：《Hesei Toktobuha Coohai Jurgan i Baita Kooli》，乾隆三十九年刻本，中國國家圖書館藏。

156. 〔清〕鄂爾泰等編修：《Hesei Toktobuha Jakūn Gūsai Kooli Hacin i Bithe》，乾隆七年刻本，中國國家圖書館藏。

157. 〔清〕剛林等編修：《Daicing Gurun i Fafun i Bithe Suhe Hergen Sindafi Kooli be Kamcihabi》，康熙年間抄本，中國國家圖書館藏。

158. 〔清〕朱軾等編修:《Daicing Gurun i Fafun i Bithe Suhe Hergen Sindafi Kooli be Kamcihabi》,雍正年間抄本,中國國家圖書館藏。

二、著作類

1. 蔡樞衡著:《中國刑法史》,北京:中國法制出版社,2005 年版。

2. 陳顧遠著:《中國文化與中國法系》,北京:中國政法大學出版社,2004 年版。

3. 陳顧遠著:《中國文化與中國法系》,臺北:三民書局,1977 年版。

4. 陳戍國點校:《周禮・儀禮・禮記》,長沙:嶽麓書社,2006 年版。

5. 陳寅恪著:《隋唐制度淵源略論稿》,臺北:臺灣商務印書館,1994 年版。

6. 陳寅恪著:《金明館叢稿二編》,北京:生活・讀書・新知三聯書店,2001 年版。

7. 陳朝璧著:《羅馬法原理》,北京:法律出版社,2006 年版。

8. 程樹德著:《九朝律考》,北京:中華書局,2003 年版。

9. 戴炎輝著:《唐律通論》,臺北:國立編譯館、正中書局,1970 年版。

10. 戴炎輝著:《中國法制史》,臺北:三民書局,1979 年版。

11. 戴逸主編:《簡明清史》,北京:人民出版社,2002 年版。

12. 戴逸、李文海主編:《清通鑒》,太原:山西人民出版社,1999 年版。

13. 戴逸、張世明著:《18 世紀的中國與世界》(軍事卷),瀋陽:遼海出版社,1999 年版。

14. 定宜莊著:《清代八旗駐防研究》,瀋陽:遼寧民族出版社,2003 年版。

15. 董茂雲著:《比較法律文化:法典法與判例法》,北京:中國人民公安大學出版社,2000 年版。

16. 杜家驥著:《八旗與清朝政治論稿》(國家清史編纂委員會・研究叢刊),北京:人民出版社,2008 年版。

17. 杜家驥主編:《清嘉慶朝刑科題本社會史料輯刊》(國家清史編纂委員會・檔案叢刊),天津:天津古籍出版社,2008 年版。

18. 樊增祥著:《樊山政書》,北京:中華書局,2007 年版。

19. 范忠信等著:《情理法與中國人》,北京:中國人民大學出版社,1992 年版。

20. 范忠信著:《中國法律傳統的基本精神》,濟南:山東人民出版社,2001 年版。

21. 范忠信著:《中西法文化的暗合與差異》,北京:中國政法大學出版社,2001 年版。

22. 費孝通著:《鄉土中國・生育制度》,北京:北京大學出版社,1998 年版。

23. 馮爾康著：《雍正傳》，上海：上海三聯書店，1999 年版。

24. 傅衣凌著：《明清時代商人及商業資本・明代江南市民經濟試探》，北京：中華書局，2007 年版。

25. 傅衣凌著：《明清農村社會經濟・明清社會經濟變遷論》，北京：中華書局，2007 年版。

26. 傅宗懋著：《清代督撫制度》，臺北：國立政治大學，1963 年版。

27. 高潮、馬建石主編：《中國歷代刑法志注譯》，長春：吉林人民出版社，1994 年版。

28. 高道蘊等編：《美國學者論中國法律傳統》，北京：中國政法大學出版社，1994 年版。

29. 高浣月著：《清代刑名幕友研究》，北京：中國政法大學出版社，2000 年版。

30. 高其才：《中國習慣法論》，北京：中國法制出版社，2008 年版。

31. 郭松義著：《倫理與生活》，北京：商務印書館，2000 年版。

32. 何勤華著：《中國法學史》，北京：法律出版社，2000 年版。

33. 賀衛方著：《超越比利牛斯山》，北京：法律出版社，2003 年版。

34. 胡興東著：《中國古代判例法運作機制研究》，北京：北京大學出版社，2010 年版。

35. 懷效峰著：《明清法制初探》，北京：法律出版社，1998 年版。

36. 黃茂榮著：《法學方法與現代民法》（第五版），北京：法律出版社，2007 年版。

37. 黃仁宇著：《萬曆十五年》，北京：生活・讀書・新知三聯書店，1997 年版。

38. 黃彰健著：《明代律例彙編》，臺北：臺灣商務印書館，1994 年版。

39. 黃彰健著：《明清史研究叢稿》，臺北：臺灣商務印書館，1977 年版。

40. 江必新著：《中國法文化的淵源與流變》，北京：法律出版社，2003 年版。

41. 蔣廷黻著：《中國近代史》，上海：上海古籍出版社，1999 年版。

42. 居正著：《爲什麼要重建中國傳統法制》，北京：中國政法大學出版社，2009 年版。

43. 康有爲撰：《康有爲全集》（國家清史編纂委員會・文獻叢刊），姜義華、張榮華編校，北京：中國人民大學出版社，2007 年版。

44. 李貴連著：《近代中國法制與法學》，北京：北京大學出版社，2002 年版。

45. 李紅海著：《普通法的歷史解讀》，北京：清華大學出版社，2003 年版。

46. 李鳴主編：《青藍集》，北京：法律出版社，2002 年版。

47. 李學勤主編：《十三經注疏·春秋左傳正義》，晉杜預注，唐孔穎達等正義，北京：北京大學出版社，1999 年版。

48. 羅爾綱著：《綠營兵志》，北京：中華書局，1984 年版。

49. 梁方仲著：《明代賦役制度》，北京：中華書局，2008 年版。

50. 梁啟超著：《飲冰室合集》，北京：中華書局，1989 年版。

51. 梁啟超著：《清代學術概論》，上海：上海古籍出版社，1998 年版。

52. 梁啟超著：《中國歷史研究法》，上海：上海古籍出版社，1998 年版。

53. 梁啟超著：《梁啟超法學文集》，范忠信選編，北京：中國政法大學出版社，2000 年版。

54. 梁啟超著：《中國近三百年學術史》，北京：中國社會科學出版社，2008 年版。

55. 梁治平著：《法律的文化解釋》，北京：生活·讀書·新知三聯書店，1994 年版。

56. 梁治平著：《法辯：中國法的過去、現在與未來》，北京：中國政法大學出版社，2002 年版。

57. 梁治平著：《尋求自然秩序中的和諧》，北京：中國政法大學出版社，2002 年版。

58. 梁治平著：《清代習慣法：社會與國家》，北京：中國政法大學出版社，1996 年版。

59. 梁治平著：《在邊緣處思考》，北京：法律出版社，2003 年版。

60. 林詠榮著：《中國法制史》，臺北：大中國圖書公司，1976 年版。

61. 劉風景著：《判例的法理》，北京：法律出版社，2009 年版。

62. 劉廣明著：《宗法中國》，上海：上海三聯書店，1993 年版。

63. 劉小萌著：《清代北京旗人社會》（國家清史編纂委員會·研究叢刊），北京：中國社會科學出版社，2008 年版。

64. 柳詒徵著：《中國文化史》，北京：中國社會科學出版社，2008 年版。

65. 呂思勉著：《中國制度史》，上海：上海教育出版社，1998 年版。

66. 馬建石、楊育棠主編：《大清律例通考校注》，北京：中國政法大學出版社，1992 年版。

67. 馬小紅著：《禮與法：法的歷史連接》，北京：北京大學出版社，2004 年版。

68. 馬釗主編：《1971～2006 年美國清史論著目錄》，北京：人民出版社，2007 年版。

69. 孟森著：《明史講義》，上海：上海古籍出版社，2002 年版。

70. 孟森著：《清史講義》，北京：中華書局，2006 年版。

71. 那思陸著：《明代中央司法審判制度》，北京：北京大學出版社，2004 年版。

72. 那思陸著：《清代中央司法審判制度》，北京：北京大學出版社，2004 年版。

73. 那思陸著：《清代州縣衙門審判制度》，臺北：文史哲出版社，1982 年版。

74. 潘華仿：《英美法論》，北京：中國政法大學出版社，1998 年版。

75. 潘維大、劉文琦：《英美法導讀》，北京：法律出版社，2000 年版。

76. 潘喆等編：《清入關前史料選輯》第二輯，北京：中國人民大學出版社，1989 年版。

77. 錢弘道：《英美法講座》，北京：清華大學出版社，2004 年版。

78. 錢穆著：《國史大綱》，北京：商務印書館，1994 年版。

79. 錢實甫編：《清代職官年表》，北京：中華書局，1980 年版。

80. 邱澎生、陳熙遠編：《明清法律運作中的權力與文化》，臺北：中央研究院、聯經，2009 年版。

81. 瞿同祖著：《清代地方政府》，范忠信等譯，北京：法律出版社，2003 年版。

82. 瞿同祖著：《中國法律與中國社會》，北京：中華書局，2003 年版。

83. 沈宗靈著：《比較法研究》，北京：北京大學出版社，1998 年版。

84. 蘇亦工著：《明清律典與條例》，北京：中國政法大學出版社，2000 年版。

85. 孫鎮平著：《清代西藏法制研究》，北京：知識產權出版社，2004 年版。

86. 陶百川編：《最新六法全書》，臺北：三民書局，1981 年版。

87. 陶希聖著：《明清政治制度》，臺北：臺灣商務印書館，1972 年版。

88. 陶希聖著：《清代州縣衙門刑事審判制度及程序》，臺北：食貨出版社，1972 年版。

89. 陶希聖、沈任遠著：《明清政治制度》，臺北：臺灣商務印書館，1983 年版。

90. 吳晗著：《讀史箚記》，北京：生活·讀書·新知三聯書店，1956 年版。

91. 吳琦著：《漕運·群體·社會：明清史論集》，武漢：湖北人民出版社，2007 年版。

92. 武樹臣等著：《中國傳統法律文化》，北京：北京大學出版社，1994 年版。

93. 徐珂編撰：《清稗類鈔》，北京：中華書局，2003 年版。

94. 薛波主編：《元照英美法詞典》，北京：法律出版社，2003 年版。

95. 王伯琦著：《近代法律思潮與中國固有文化》，北京：清華大學出版社，2005 年版。

96. 王景澤著：《清朝開國時期八旗研究（1583～1661）》，長春：吉林文史出版社，2002 年版。

97. 王立民著：《法律思想與法律制度》，北京：中國政法大學出版社，2002年版。

98. 王立民主編：《中國法律與社會》，北京：北京大學出版社，2006年版。

99. 王志強著：《法律多元視角下的清代國家法》，北京：北京大學出版社，2003年版。

100. 王鍾翰著：《清史補考》，瀋陽：遼寧大學出版社，2004年版。

101. 王鍾翰著：《清史雜考》，北京：中華書局，1963年版。

102. 王鍾翰著：《王鍾翰清史論集》，北京：中華書局，2004年版。

103. 汪世榮著：《中國古代判例研究》，北京：中國政法大學出版社，1997年版。

104. 許章潤主編：《薩維尼與歷史法學派》，桂林：廣西師範大學出版社，2004年版。

105. 蕭一山著：《清朝通史》，臺北：臺灣商務印書館，1985年版。

106. 楊鴻烈著：《中國法律發達史》，北京：中國政法大學出版社，2009年版。

107. 楊鴻烈著：《中國法律思想史》，北京：中國政法大學出版社，2004年版。

108. 楊鴻烈著：《中國法律在東亞諸國的影響》，北京：中國政法大學出版社，1999年版。

109. 楊念群著：《何處是江南》，北京：生活‧讀書‧新知三聯書店，2010年版。

110. 楊樹達著：《積微居小學金石論叢》，上海：上海古籍出版社，2007年版。

111. 楊樹達著：《積微居小學述林全編》，上海：上海古籍出版社，2007年版。

112. 楊一凡、劉篤才主編《法史考證重要論文選編‧法制叢考》（中國法制史考證‧乙編‧第三卷），北京：中國社會科學出版社，2003年版。

113. 楊一凡著：《明大誥研究》，南京：江蘇人民出版社，1988年版。

114. 楊兆龍著：《大陸法與英美法的區別》，陳夏紅編，北京：北京大學出版社，2009年版。

115. 尤韶華著：《明代司法初考》，廈門：廈門大學出版社，1998年版。

116. 曾憲義主編：《百年回眸：法律史研究在中國》，北京：中國人民大學出版社，2009年版。

117. 張建國著：《帝制時代的中國法》，北京：法律出版社，1999年版。

118. 張晉藩、郭成康著：《清入關前國家法律制度史》，瀋陽：遼寧人民出版社，1988年版。

119. 張晉藩主編：《清朝法制史》，北京：中華書局，1998年版。

120. 張晉藩著：《清律研究》，北京：法律出版社，1992年版。

121. 張晉藩著：《薪火集》，廈門：鷺江出版社，2003 年版。

122. 張晉藩著：《中國法律的傳統與近代轉型》，北京：法律出版社，1997 年版。

123. 張晉藩主編：《中國傳統法制的回顧與前瞻》，北京：中國政法大學出版社，2007 年版。

124. 張晉藩、李鐵著：《中國行政法史》，北京：中國政法大學出版社，1991 年版。

125. 張騏著：《法律推理與法律制度》，濟南：山東人民出版社，2003 年版。

126. 張豈之主編：《中國傳統文化》，北京：高等教育出版社，2005 年版。

127. 張豈之主編：《中國思想史》，西安：西北大學出版社，2003 年版。

128. 張豈之主編：《中國思想文化史》，北京：高等教育出版社，2006 年版。

129. 張世明等主編：《世界學者論中國傳統法律文化（1644～1911）》，北京：法律出版社，2009 年版。

130. 張偉仁著：《清代法制研究》，臺北：臺灣商務印書館，1983 年版。

131. 張偉仁主編：《中國法制史書目》，臺北：臺灣商務印書館、學生書局，1976 年版。

132. 張友漁、高潮主編《中華律令集成（清卷）》，長春：吉林人民出版社，1991 年版。

133. 張中秋編：《中國法律形象的一面》，北京：法律出版社，2002 年版。

134. 張中秋著：《中西法律文化比較研究》，北京：法律出版社，2009 年版。

135. 張中秋編：《中國傳統法制國際學術研討會文集》，北京：中國政法大學出版社，2007 年版。

136. 趙爾巽等纂：《清史稿》，北京：中華書局，1977 年版。

137. 鄭秦著：《清代法律制度研究》，北京：中國政法大學出版社，2000 年版。

138. 鄭秦著：《清代司法審判制度研究》，長沙：湖南教育出版社，1988 年版。

139. 鄭秦著：《中國法制史綱要》，北京：法律出版社，2001 年版。

140. 鄭秦、趙雄主編：《清代「服制」命案——刑科題本檔案選編》，北京：中國政法大學出版社，1999 年版。

141. 鄭天挺著：《清史探微》，北京：北京大學出版社，1999 年版。

142. 周保明著：《清代地方吏役制度研究》，上海：上海書店出版社，2009 年版。

143. 周惠民主編：《1945～2005 年臺灣地區清史論著目錄》，北京：人民出版社，2007 年版。

144. 周旺生著：《法理探索》北京：人民出版社，2005 年版。

145. 朱景文著：《比較法社會學的框架和方法——法制化、本土化和全球化》，北京：中國人民大學出版社，2001 年版。

146. 朱勇編：《〈崇德會典〉·〈戶部則例〉及其他》，北京：法律出版社，2003 年版。

147. 朱勇著：《清代宗族法研究》，長沙：湖南教育出版社，1987 年版。

148. 朱勇主編：《中華法系》，北京：法律出版社，2010 年版。

149. 遼寧大學歷史系編：《清初史料叢刊第八、九種——柵中日錄校釋、建州聞見錄校釋》，1978 年。

150. 中國社會科學院歷史研究所清史研究室編：《清史論叢》，北京：中華書局，1979 年版。

三、教材類

1. 付子堂主編：《法理學初階》，北京：法律出版社，2006 年版。

2. 葛洪義主編：《法理學》，北京：中國政法大學出版社，2002 年版。

3. 公丕祥主編：《法理學》，上海：復旦大學出版社，2002 年版。

4. 李龍主編：《法理學》，武漢：武漢大學出版社，1996 年版。

5. 沈宗靈主編：《法理學》，北京：高等教育出版社，1994 年版。

6. 舒國瀅主編：《法理學導論》，北京：北京大學出版社，2006 年版。

7. 孫國華主編：《法理學》，北京：中國人民大學出版社，1994 年版。

8. 孫笑俠主編：《法理學》，北京：清華大學出版社，2008 年版。

9. 張文顯主編：《法理學》，北京：法律出版社，1997 年版。

10. 周永坤主編：《法理學——全球視野》，北京：法律出版社，2000 年版。

11. 朱景文主編：《法理學》，北京：中國人民大學出版社，2008 年版。

四、譯著類

1. 〔德〕卡·馬克思、弗·恩格斯：《馬克思恩格斯全集》（第 16 卷），北京：人民出版社，1964 年版。

2. 〔奧〕凱爾森：《法與國家的一般理論》，沈宗靈譯，北京：中國大百科全書出版社，1996 年版。

3. 〔比〕R.C.范·卡内岡：《法官、立法者與法學教授》，薛張敏敏譯，北京：北京大學出版社，2006 年版。

4. 〔比〕R.C.范·卡内岡：《英國普通法的誕生》，李紅海譯，北京：中國政法大學出版社，2003 年版。

5. 〔德〕茨威格特、克茨：《比較法總論》，潘漢典等譯，北京：法律出版社，2003 年版。

6. 〔德〕卡爾・施密特：《陸地與海洋——古今之「法」變》，林國基、周敏譯，上海：華東師範大學出版社，2006 年版。

7. 〔德〕薩維尼：《論立法與法學的當代使命》，許章潤譯，北京：中國法制出版社，2001 年版。

8. 〔德〕韋伯：《經濟與社會》，閻克文譯，上海：上海人民出版社，2010 年版。

9. 〔德〕馬克斯・韋伯：《論經濟與社會中的法律》，張乃根譯，北京：中國大百科全書出版社，1998 年版。

10. 〔德〕韋伯：《儒教與道教》，洪天富譯，南京：江蘇人民出版社，1995 年版。

11. 〔俄〕B.B.拉札列夫：《法與國家的一般理論》，王哲等譯，北京：法律出版社，1999 年版。

12. 〔法〕勒内・達維：《英國法與法國法：一種實質性比較》，潘華仿、高鴻鈞、賀衛方譯，北京：清華大學出版社，2002 年版。

13. 〔法〕勒内・達維德：《當代主要法律體系》，漆竹生譯，上海：上海譯文出版社，1984 年版。

14. 〔加〕羅傑・塞勒：《法律制度與法律淵源》，項焱譯，武漢：武漢大學出版社，2010 年版。

15. 〔美〕阿蒂亞、薩默斯：《英美法中的形式與實質》，金敏等譯，北京：中國政法大學出版社，2005 年版。

16. 〔美〕阿瑟・庫恩：《英美法原理》，陳朝璧等譯，北京：法律出版社，2002 年版。

17. 〔美〕H.W.埃爾曼：《比較法律文化》，賀衛方、高鴻鈞譯，北京：清華大學出版社，2002 年版。

18. 〔美〕昂格爾：《現代社會中的法律》，吳玉章、周漢華譯，南京：譯林出版社，2001 年版。

19. 〔美〕彼得・G・倫斯特洛姆：《美國法律辭典》，賀衛方等譯，北京：中國政法大學出版社，1998 年版。

20. 〔美〕博登海默：《法理學：法律哲學與法律方法》，鄧正來譯，北京：中國政法大學出版社，2004 年版。

21. 〔美〕伯納姆：《英美法導論》，林利芝譯，北京：中國政法大學出版社，2003 年版。

22. 〔美〕伯納德・施瓦茨：《美國法律史》，王軍等譯，北京：中國政法大學出版社，1990 年版。

23. 〔美〕布迪、莫里斯：《中華帝國的法律》，朱勇譯，南京：江蘇人民出版社，1995 年版。

24. 〔美〕杜贊奇：《文化、權力與國家》，王福明譯，南京：江蘇人民出版社，1996 年版。

25. 〔美〕腓特烈‧G‧坎平：《盎格魯——美利堅法律史》，北京：法律出版社，2001 年版。

26. 〔美〕哈羅德‧J‧伯爾曼：《法律與革命》，賀衛方等譯，北京：中國大百科全書出版社，1993 年版。

27. 〔美〕哈羅德‧J‧伯爾曼：《法律與宗教》，梁治平譯，北京：中國政法大學出版社，2003 年版。

28. 〔美〕何炳棣：《明初以降人口及其相關問題（1368～1953）》，葛劍雄譯，北京：生活‧讀書‧新知三聯書店，2000 年版。

29. 〔美〕黃宗智：《清代的法律、社會與文化：民法的表達與實踐》，劉昶、李懷印譯，上海：上海書店出版社，2007 年版。

30. 〔美〕黃宗智：《法典、習俗與司法實踐：清代與民國的比較》，張家炎譯，上海：上海書店出版社，2007 年版。

31. 〔美〕黃宗智：《過去和現在：中國民事法律實踐的探索》，北京：法律出版社，2009 年版。

32. 〔美〕卡爾‧盧埃林：《普通法傳統》，陳緒剛等譯，北京：中國政法大學出版社，2002 年版。

33. 〔美〕卡拉佈雷西：《制定法時代的普通法》，周林剛等譯，北京：北京大學出版社，2006 年版。

34. 〔美〕惠頓：《萬國公法》，丁韙良譯，北京：中國政法大學出版社，2003 年版。

35. 〔美〕李中清、王豐：《人類的四分之一：馬爾薩斯的神話與中國的現實（1700～2000）》，陳衛、姚遠譯，北京：生活‧讀書‧新知三聯書店，2000 年版。

36. 〔美〕理查德‧A‧波斯納：《法理學問題》，蘇力譯，北京：中國政法大學出版社，2002 年版。

37. 〔美〕羅斯科‧龐德：《普通法的精神》，唐前宏等譯，北京：法律出版社，2001 年版。

38. 〔美〕羅斯科‧龐德：《法律史解釋》，鄧正來譯，北京：中國法制出版社，2003 年版。

39. 〔美〕邁爾文‧艾隆‧艾森伯格：《普通法的本質》，張曙光等譯，北京：法律出版社，2004 年版。

40. 〔美〕梅利曼：《大陸法系》，顧培東、祿正平譯，北京：法律出版社，2004 年版。

41. 〔美〕莫里斯：《法律發達史》，王學文譯，北京：中國政法大學出版社，

2003 年版。

42. 〔美〕小奧利弗・溫德爾・霍姆斯：《普通法》，冉昊、姚中秋譯，北京：中國政法大學出版社，2006 年版。

43. 〔美〕約翰・威格摩爾：《世界法系概覽》，何勤華等譯，上海：上海人民出版社，2004 年版。

44. 〔日〕大木雅夫：《比較法》，范愉譯，北京：法律出版社，1999 年版。

45. 〔日〕宮本英雄：《英吉利法研究》，駱通譯，北京：中國政法大學出版社，2004 年版。

46. 〔日〕棚瀨孝雄：《糾紛的解決與審判制度》，王亞新譯，北京：中國政法大學出版社，1994 年版。

47. 〔日〕淺井虎夫：《中國法典編纂沿革史》，陳重民譯，北京：中國政法大學出版社，2007 年版。

48. 〔日〕仁井田陞：《唐令拾遺》，栗勁等編譯，長春：長春出版社，1989 年版。

49. 〔日〕穗積陳重：《法律進化論》，黃尊三等譯，北京：中國政法大學出版社，1997 年版。

50. 〔日〕寺田浩明主編《日本學者考證中國法制史重要成果選譯・明清卷》（中國法制史考證・丙編・第四卷），鄭民欽譯，北京：中國社會科學出版社，2003 年版。

51. 〔日〕望月禮二郎：《英美法》，郭建、王仲濤譯，北京：商務印書館，2005 年版。

52. 〔日〕織田萬：《清國行政法》，李秀群、王沛點校，北京：中國政法大學出版社，2003 年版。

53. 〔日〕滋賀秀三等著：《明清時期的民事審判與民間契約》，王亞新等譯，北京：法律出版社，1998 年版。

54. 〔日〕滋賀秀三：《中國家族法原理》，張建國等譯，北京：法律出版社，2003 年版。

55. 〔瑞〕《瑞士民法典》，殷生根譯，北京：法律出版社，1987 年版。

56. 〔西〕帕萊福等著《韃靼征服中國史・韃靼中國史・韃靼戰紀》，何高濟譯，北京：中華書局，2008 年版。

57. 〔意〕彼得羅・彭梵得：《羅馬法教科書》，黃風譯，北京：中國政法大學出版社，1992 年版。

58. 〔意〕朱塞佩・格囉索：《羅馬法史》，黃風譯，北京：中國政法大學出版社，1994 年版。

59. 〔英〕巴里・尼古拉斯：《羅馬法概論》，黃風譯，北京：法律出版社，

2004 年版。

60. 〔英〕哈特：《法律的概念》，張文顯等譯，北京：中國大百科全書出版社，1996 年版。

61. 〔英〕赫德：《這些從秦國來——中國問題論集》（國家清史編纂委員會·編譯叢刊），葉鳳美譯，天津：天津古籍出版社，2005 年版。

62. 〔英〕傑裏米·邊沁：《論一般法律》，毛國權譯，上海：上海三聯書店，2008 年版。

63. 〔英〕靳克斯：《英國法》，張季忻譯，北京：中國政法大學出版社，2007 年版。

64. 〔英〕梅特蘭：《普通法的訴訟形式》，王雲霞等譯，北京：商務印書館，2009 年版。

65. 〔英〕梅因：《古代法》，沈景一譯，北京：商務印書館，1997 年版。

66. 〔英〕S.F.C.密爾松：《普通法的歷史基礎》，李顯冬等譯，北京：中國大百科全書出版社，1999 年版。

67. 〔英〕S·斯普林克爾：《清代法制導論》，張守東譯，北京：中國政法大學出版社，2000 年版。

68. 〔英〕斯當東：《英使謁見乾隆紀實》，葉篤義譯，北京：商務印書館，1963 年版。

69. 〔英〕威廉·布萊克斯通：《英國法釋義》，遊雲庭、繆苗譯，上海：上海人民出版社，2006 年版。

70. 〔英〕沃爾特·白芝浩：《英國憲法》，夏彥才譯，北京：商務印書館，2010 年版。

71. 〔英〕沃克著：《牛津法律大辭典》，李雙元等譯，北京：法律出版社，2003 年版。

72. 〔英〕約翰·奧斯丁：《法理學的範圍》，劉星譯，北京：中國法制出版社，2002 年版。

73. 〔英〕約翰·哈德森：《英國普通法的形成》，劉四新譯，北京：商務印書館，2006 年版。

五、論文類

1. 陳金釗：「論法律淵源」，載《法律科學》，1991 年第 4 期。

2. 陳金釗：「法律淵源：司法視角的定位」，載《甘肅政法學院學報》，2005 年第 83 期。

3. 程宗璋：「法律淵源新釋」，載《重慶廣播電視大學學報》，2002 年第 4 期。

4. 郭忠：「法律淵源含義辨析」，載《法治論叢（上海政法學院學報）》，2007 年 5 月第 22 卷第 3 期。

5. 何勤華：「清代法律淵源考」，載《中國社會科學》，2001 年第 2 期。

6. 胡震：「清代『通行』考論」，載《比較法研究》，2010 年第 5 期。

7. 梁治平：「英國普通法中的羅馬法因素」，載《比較法研究》，1990 年第 1 期。

8. 李龍、劉誠：「法律淵源的方法論思考」，載《江西公安專科學校學報》，2004 年第 5 期。

9. 李龍、劉誠：「論法律淵源——以法學方法和法律方法爲視角」，載《法律科學》，2005 年第 2 期。

10. 劉士國：「判例法與法解釋——創建我國判例制度的探討」，載《法學論壇》，2001 年第 2 期。

11. 劉作翔：「習慣作爲一種特殊條件下的法律淵源及其在司法中的適用」，載《南京大學法律評論》，2009 年秋季卷。

12. 劉作翔：「特殊條件下的法律淵源——關於習慣、政策、司法解釋、國際條約（慣例）在法律中的地位以及對『非正式法律淵源』命題的反思」，載《金陵法律評論》，2009 年春季卷。

13. 呂麗：「論《大清律例》『以例輔律』的原則」，載《吉林大學社會科學學報》，1999 年 7 月第 4 期。

14. 王果純：「法律淵源的概念與類型劃分」，載《衡陽師範學院學報》，2000 年 2 月第 21 卷第 1 期。

15. 王侃、呂麗：「明清例辨析」，載《法學研究》，1998 年第 2 期。

16. 熊命輝：「論清末法律淵源」，載《湘南學院學報》，2004 年 12 月第 25 卷第 6 期。

17. 張伯元：「《大明律集解附例》『集解』考」，載《華東政法學院學報》，2000 年第 6 期。

18. 鄭秦：「康熙《現行則例》：從判例法到法典化的回歸」，載《現代法學》，1995 年第 2 期。

19. 鄭秦：「康熙現行則例考——律例之外的條例」，載《歷史檔案》，2000 年第 3 期。

20. 周旺生：「重新研究法的淵源」，載《比較法研究》，2005 年第 4 期。

六、外文類

（一）英文

1. Derek Roebuck: *The Background of the Common Law*, Hong Kong, Oxford University Press, 1990.

2. Douglas E. Edlin: *Common Law Theory*, Cambridge, Cambridge University Press, 2007.

3. George Staunton: *Ta Tsing Leu Lee*, London, Printed for T. Cadell and W. Davies, 1810.

4. Henry Sumner Maine: *Ancient Law*, Beijing, China Social Sciences Publishing House, 1999.

5. John Austin: *Lectures on Jurisprudence*, Vol. 2, Beijing, China Social Sciences Publishing House, 1999.

6. John Chipman Gray: *The Nature and Sources of the Law*, 2nd Edition, New York, Macmillan Company, 1921.

7. Mary A. Glendon, Michael W. Gordon, Paolo G. Carozza: *Comparative Legal Traditions*, Beijing, Law Press, 2004.

8. Matthew Hale: *The History Of The Common Law Of England And Analysis Of The Civil Part Of The Law*, 6th, London, Printed For Henry Butterworth, Law-Bookseller, 1820.

9. Max Weber: *Economy and Society*, Vol. Two, Berkeley, University of California Press, 1978.

10. Melvin Aron Eisenberg: *The Nature of the Common Law*, Massachusetts, Harvard University Press, 1988.

11. O.W. Holmes: *The Common Law*, Boston, Little, Brown, and Company, 1881.

12. PAO CHAO HSIEH: *The Government of China(1644-1911)*, Baltimore, The Johns Hopkins Press, 1925

13. R.C.Van Caenegem: *The Birth of the English Common Law*, Cambridge, Cambridge University Press, 1988.

14. Roscoe Pound: *Jurisprudece*, ST. Paul, Minn. West Publishing CO. 1959.

15. Thomas Erskine Holland: *The Elements of Jurisprudence*, 12th Edition, Oxford, At The Clarendon Press, 1916.

16. William Blackstone: *Commentaries on the Laws of England*, London, The University of Chicago Press, 2002.

17. Chen, Fu-Mei Chang: "The Influence of Shen Chih-ch'I's Chi-chu Commentary upon Ch'ing Judical Decisions", in Jerome Alan Cohen, R. Randle Edwards, and Fu-mei Chang Chen, eds., *Essays on China's Legal Tradition*, Princeton: Princeton University Press, 1980, pp.170-221.

18. Jones, William C: "Studying the Ch'ing Code - the Ta Ch'ing Lu Li", in *American Journal of Comparative Law*, Vol.22, No.2, September 1974, pp.330-364.

（二）日文

1. 田中英夫著：《英米法總論》，東京：東京大學出版會，1980 年版。

2. 砂田卓士、新井正男著：《英米法原理》，東京：青林書院，1985 年版。

3. 滋賀秀三著：《清代中國の法と裁判》，東京：創文社，1984 年。

4. 滋賀秀三著：《中國家族法の原理》，東京：創文社，1967。

5. 滋賀秀三編：《中國法制史——基本資料の研究》，東京：東京大學出版會，1993 年。

6. 穗積陳重：「法律五大族ノ説」，載《法學協會雜誌》第一號，東京：忠愛社，1884 年。

7. 谷井陽子：「清代則例省例考」，載《東方學報》第六七冊，京都：東方文化學院京都研究所，1995 年。

8. 島田正郎：「清律の成立」，載《法律論叢》第五十四卷，第二・三合併號，東京：明大學會，1981 年。

9. 谷井陽子：「戶部と戶部則例」，《史林》73-6，京都：史學研究會，1990 年。

10. 滋賀秀三：「清朝の法制」，載板野正高等編《近代中國研究入門》，東京：東京大學出版會，1974 年。

11. 山根幸夫：「明・清の會典」，滋賀秀三編，《中國法制史——基本資料の研究》，東京：東京大學出版會，1993 年。

12. 加藤直人：「入關前清朝の法制資料」，滋賀秀三編，《中國法制史——基本資料の研究》，東京：東京大學出版會，1993 年。

13. 谷井俊仁：「清律」，滋賀秀三編，《中國法制史——基本資料の研究》，東京：東京大學出版會，1993 年。

14. 萩原守：「清朝の蒙古例——『蒙古律例』『理藩院則例』」，滋賀秀三編，《中國法制史——基本資料の研究》，東京：東京大學出版會，1993 年。

15. 寺田浩明：「清代の省例」，滋賀秀三編，《中國法制史——基本資料の研究》，東京：東京大學出版會，1993 年。

16. 中村茂夫：「清代の刑案——『刑案匯覽』を主として」滋賀秀三編，《中國法制史——基本資料の研究》，東京：東京大學出版會，1993 年。

17. 森田成滿：「清代の判語」，滋賀秀三編，《中國法制史——基本資料の研究》，東京：東京大學出版會，1993 年。

18. 岸本美緒：「明清契約文書」，滋賀秀三編，《中國法制史——基本資料の研究》，東京：東京大學出版會，1993 年。